PHILOSOPHY

哲学七讲

（大众读本）

王家忠　著

中国社会科学出版社

图书在版编目(CIP)数据

哲学七讲:大众读本/王家忠著. —北京:中国社会科学出版社,2016.6
(2016.12重印)
ISBN 978-7-5161-8308-3

Ⅰ.①哲⋯ Ⅱ.①王⋯ Ⅲ.①哲学—普及读物 Ⅳ.①B-49

中国版本图书馆 CIP 数据核字(2016)第 124035 号

出 版 人	赵剑英
责任编辑	刘志兵
特约编辑	张翠萍等
责任校对	周 昊
责任印制	李寡寡

出　　版	中国社会科学出版社
社　　址	北京鼓楼西大街甲 158 号
邮　　编	100720
网　　址	http://www.csspw.cn
发 行 部	010-84083685
门 市 部	010-84029450
经　　销	新华书店及其他书店
印　　刷	北京明恒达印务有限公司
装　　订	廊坊市广阳区广增装订厂
版　　次	2016 年 6 月第 1 版
印　　次	2016 年 12 月第 2 次印刷
开　　本	710×1000　1/16
印　　张	14.75
字　　数	251 千字
定　　价	49.00 元

凡购买中国社会科学出版社图书,如有质量问题请与本社营销中心联系调换
电话:010-84083683
版权所有　侵权必究

目 录

第一讲 哲学是时代精神的精华 ……………………………（1）
 一 哲学是"智慧之学"
   ——哲学是世界观与方法论 ………………………（1）
 二 "问题就是时代的声音"
   ——哲学是时代精神的抽象 ………………………（3）
 三 实践是哲学之本
   ——解释世界与改变世界 …………………………（5）
 四 哲学是"文化的活的灵魂"
   ——文化自觉与哲学自觉 …………………………（7）

第二讲 物质、意识与实践 ………………………………（9）
 一 一切皆变，无物常驻
   ——物质与运动 ……………………………………（9）
 二 地球上最美的花朵
   ——意识的起源与作用 ……………………………（17）
 三 社会生活本质上是实践的
   ——实践及其基本形式 ……………………………（27）
 四 天行健，君子以自强不息
   ——客观规律性与主观能动性 ……………………（38）

第三讲 社会存在、社会意识与社会文明 ………………（44）
 一 人类只有一个地球
   ——社会物质生活条件 ……………………………（44）

二　人是要有一点精神的
　　——社会意识及其构成 …………………………………… (51)
三　以文化人，天下文明
　　——社会文明及其构成 …………………………………… (61)
四　"硬实力"与"软实力"比翼齐飞
　　——从经济社会到文明社会 ……………………………… (66)

第四讲　联系、发展与规律 …………………………………… (77)
一　城门失火，殃及池鱼
　　——事物的普遍联系 ……………………………………… (78)
二　芳林新叶催陈叶，流水前波让后波
　　——事物的永恒发展 ……………………………………… (86)
三　一阴一阳之谓道
　　——变化发展的规律 ……………………………………… (94)
四　联系变化之网的纽结
　　——唯物辩证法的范畴 …………………………………… (117)

第五讲　社会矛盾、社会变革与社会发展 …………………… (133)
一　民以食为天，人以群相聚
　　——生产力与生产关系的矛盾运动 ……………………… (133)
二　政治是经济的集中体现
　　——经济基础与上层建筑的矛盾运动 …………………… (140)
三　穷则变，变则通
　　——社会变革与社会发展 ………………………………… (145)
四　群众是真正的英雄
　　——群众与个人 …………………………………………… (155)

第六讲　认识、真理与价值 …………………………………… (166)
一　蚂蚁、蜘蛛与蜜蜂
　　——感性认识与理性认识 ………………………………… (166)
二　吾爱吾师，吾更爱真理
　　——科学的真理观 ………………………………………… (173)

三　求真与有用
　　　——真理与价值 ································ (185)
　四　读万卷书，行万里路
　　　——坚持"知行合一" ···························· (191)

第七讲　自由、必然与人的解放 ···························· (196)
　一　会当凌绝顶，一览众山小
　　　——从必然王国到自由王国的飞跃 ················ (196)
　二　我们的出发点和落脚点是人
　　　——人的解放和人的全面发展 ···················· (201)
　三　坚持科学发展，促进社会和谐
　　　——构建社会主义和谐社会 ······················ (209)
　四　加强自我修养，构建和谐人生
　　　——人生境界与和谐人生 ························ (214)

附　马克思主义中国化千字文 ···························· (222)

参考文献 ·· (224)

后记 ·· (228)

第一讲

哲学是时代精神的精华

一 哲学是"智慧之学"
——哲学是世界观与方法论

(一) 哲学不是"小聪明",而是"大智慧"
——哲学是关于世界观的学问

说起哲学,人们会认为那是神秘而玄妙的学问,它是专家或大学教授研究的东西,是远离大众生活的。其实,哲学并不神秘。在古希腊语中,哲学就是"爱—智慧"的意思。可以说,哲学是使人聪明的学问,哲学就是"明白学"。但哲学又不是"小聪明",而是"大智慧"。因为哲学是关于世界观的学问。一位古罗马哲学家给哲学下的定义是:"往何处?为什么?怎么走?这就是哲学的一切。"

什么是世界观?世界观就是人们对整个世界的总体看法和根本观点。人生在世,初到人间,先是认识一个个的人和事物,随着年龄的增长和阅历的增加,认识的人和事越来越多,就会逐渐形成关于这个世界的总体认识。比如,这个世界的本质是什么?事物是静止的还是变化发展的?事物之间是孤立的还是相互联系的?等等。这种对世界的总体看法和根本观点,就是一个人的世界观。一般来说,一个健康的成年人都有自己的世界观,并按照自己的世界观来看待和处理事情。

<u>哲学是系统化理论化的世界观。</u>

既然每个人都有自己的世界观,是不是每个人都有一部哲学?也不

是。因为一个人的世界观往往是自发的、不系统的，不能算是哲学。只有通过自觉地学习，把世界观进行加工整理，形成系统化、理论化的思想体系，才能是哲学。比如马克思的哲学、毛泽东的哲学，因为他们通过一系列的文章、著作或讲话，系统论述了自己的哲学思想。所以，哲学是系统化理论化的世界观，或者说哲学是关于世界观的理论体系。

有人说，人们能认识的只不过是有限的"周围世界"，不可能认识"整体世界"，所以就没有什么"世界观"，也就没有关于世界观的哲学[①]。的确，我们认识的首先是我们生活实践的"周围世界"，但这个周围世界并不是与整体世界截然分开的，它是随着我们实践和认识活动的拓展而不断扩大延伸的，也就是说"整体世界"并非永远在认识之外。更重要的是，我们说的世界观，是就对世界的整体把握而言，并不是说只有认识了"整体世界"，才有世界观。当然，哲学的研究对象和视角是复杂多样的，如果有的哲学家搞的不是"世界观的学问"，那是他的自由。

（二）有什么世界观，就有什么方法论
——哲学是世界观与方法论的统一

<u>哲学是世界观、认识论与方法论的统一。</u>

哲学不但是世界观，还是我们认识世界和改造世界的方法论。因为我们一旦形成了某种世界观，就会自觉不自觉地用这种世界观作指导，去认识、分析和处理各种问题。当然，在正确世界观的指导下，会促进问题正确而顺利的解决，而在错误世界观指导下则会阻碍和延误问题的解决。比如说，一个地方旱了，如果世界观是正确的，则会客观认识分析受旱情况，采取措施积极抗旱，或实施人工降雨，尽早解除旱情。相反地，如果受错误世界观支配，认为这个地方旱了，一定是得罪了哪方神仙，就会找神汉巫婆作法祈雨，反而耽误抗旱，造成更大损失。所以说，有什么样的世界观，就有什么样的方法论。哲学是世界观、认识论与方法论的统一。

马克思主义哲学就是资本主义社会向社会主义社会转化的时代指导人

---

① 参见俞吾金《哲学是"关于世界观的学问"吗?》，《哲学研究》2013年第8期。

类认识世界和改造世界的科学世界观和方法论,是无产阶级和劳动人民争取自身解放谋求幸福生活的理论武器。

当然,世界观既包括自然观,又包括社会历史观。有人说自然界是长期发展进化的产物,有的则说世界是上帝创造的。这就是不同的自然观。我国古代小说《三国演义》里说,话说天下大势,分久必合,合久必分。这就是一种循环论的历史观。

一个人在不断地生活成长中,还会形成对人生的总体观点和看法,这便是人生观。有人说,人生天地间,为的吃和穿,不为吃和穿,谁为谁动弹?这是一种小生产者的人生观。还有人说,人不为己,天诛地灭。这是一种剥削阶级的人生观。雷锋说,一个人的生命是有限的。我要把有限的生命投入到无限的为人民服务之中去。这是一种无产阶级的人生观。一般来说,一个人的世界观决定着他的人生观,同时,人生观的形成和变化又影响着世界观的形成和发展。

二 "问题就是时代的声音"
——哲学是时代精神的抽象

(一) 哲学是时代精神的抽象
——通过马克思才能有好哲学

马克思主义是行动的指南,而不是教条。

有人说:"马克思说过的我们还能说什么?马克思没说过的我们又能说什么?"以这样的态度对待马克思主义,只能扼杀马克思主义的生命力。马克思说过:"任何真正的哲学都是自己时代精神的精华,是文明的活的灵魂。"[①] "问题就是时代的声音。" 社会在发展,时代在前进。哲学必须紧跟时代的步伐,反映时代的声音。因为真正的哲学应该是自己时代精神的精华。

恩格斯曾经指出:"马克思的整个世界观不是教义,而是方法。它提

[①] 《马克思恩格斯全集》第1卷,人民出版社1956年版,第121页。

供的不是现成的教条,而是进一步研究的出发点和供这种研究使用的方法。"① 是的,马克思主义是行动的指南,而不是教条。但历史和现实将证明,通过马克思才能有好哲学,绕过马克思只能有坏哲学。风物长宜放眼量。坚持和发展马克思主义哲学的最好方法,是面对新情况、解决新问题、实现新突破。

(二) 马克思主义是行动的指南
—— 马克思主义是严密的科学体系

马克思主义是一个严密的科学体系。

马克思主义是由多层次的基本原理构成的科学体系。这些基本原理,有些属于反映宇宙的本质及其运动一般规律的,因而没有时间和空间的限制,具有无限的普遍适用性;有些属于反映社会的本质和发展一般规律的,在社会领域内,是放之四海而皆准的;有些是反映某几个社会形态发展一般规律的,它们在这些形态中具有普遍的指导作用;有些是反映特定社会形态的性质和发展一般规律的,对于一定历史时代、特别是对于工人阶级实现其历史使命来说,具有普遍的实践意义。马克思主义基本原理是围绕着一个核心展开的系统,这个核心就是:揭示社会主义代替资本主义的历史必然性,阐明工人阶级领导其他劳动阶级消灭资本主义制度、建设社会主义和共产主义社会的历史使命。这是贯穿马克思主义全部基本原理的一条红线。

邓小平明确指出:"我们坚持的和要当作行动指南的是马列主义、毛泽东思想的基本原理,或者说是由这些基本原理构成的科学体系。至于个别的论断,那末,无论马克思、列宁和毛泽东同志,都不免有这样那样的失误。但是这些都不属于马列主义、毛泽东思想的基本原理所构成的科学体系。"②

马克思主义具有一般甚至最一般的方法论性质。这种方法论性质使马克思主义不是万能的,它提供给人们的不是某时某地某个问题的具体结论或解决该问题的具体方法,也不是人们随时随地可以各取所需的百科

---

① 《马克思恩格斯文集》第10卷,人民出版社2009年版,第691页。
② 《邓小平文选》第2卷,人民出版社1994年版,第171页。

辞典。

马克思主义中国化，说到底就是要用马克思主义研究解决中国面临的实际问题，使现实的问题上升为理论的问题，并以中国式的问题及其科学解答来丰富和发展马克思主义。

三　实践是哲学之本
——解释世界与改变世界

（一）问题在于改变世界
——真信、真懂、真用

以往的哲学家们只是用不同的方式解释世界，而问题在于改变世界。实践是哲学之本。正如恩格斯所说，"人的智力是按照人如何学会改变自然界而发展的"。一切问题都是在实践中发生的，解决这些问题也只能通过变革的实践，而不能停留于"解释世界"。正确把握、回答和解决实践中提出的重大课题，是科学理论不断创新和发展的根本前提。理论只要彻底，就能说服人。理论要说服别人，首先要说服自己，即对马克思主义理论真信、真懂、真用。

艾思奇指出："哲学的主要任务是要能够真正解决人类生活事实上的问题，要能真正解决这些问题，才足以证明它是事实上的真理。"[①]

马克思曾给女儿劳拉讲了这样一则寓言故事：一船夫渡一位哲学家过河，哲学家问船夫懂不懂历史，船夫说不懂，哲学家说那你就失去了一半的生命；又问懂不懂数学，船夫说不懂，哲学家说那你又失去了另一半的生命。这时一阵大风把小船吹翻了。船夫问哲学家会不会游泳，他回答说不会。船夫说那你就失去了整个生命！哲学绝不是用来"忽悠"，而是用来指导人生、改变世界。

<u>马克思主义是开放的体系</u>。

"他山之石，可以攻玉。"马克思主义哲学绝不是封闭的体系，而是积极吸收借鉴一切有益的东西，从而使自身不断得到丰富和发展。1938

[①] 《艾思奇文集》第1卷，人民出版社1981年版，第211页。

年，毛泽东在中共六届六中全会所作的《论新阶段》的报告中指出：马克思主义必须和我国的具体特点相结合并通过一定的民族形式才能实现。马克思主义哲学中国化的过程就是马克思主义哲学的一般原理与中国革命建设实践相结合、又从而丰富和发展马克思主义哲学的过程。否认马克思主义哲学中国化的可能性和必要性的观点是毫无根据的偏见，毛泽东思想、邓小平理论、"三个代表"重要思想和科学发展观就是创造性地运用和发展马克思主义哲学的成果。习近平指出，马克思主义哲学深刻揭示了客观世界特别是人类社会发展一般规律，在当今时代依然有着强大生命力，依然是指导我们共产党人前进的强大思想武器[①]。

（二）理论一经掌握群众，也会变成巨大的物质力量
——物质武器与精神武器

<u>理论一经掌握群众，也会变成巨大的物质力量。</u>

哲学既不是包罗万象，也不是代替一切的万能工具。过分夸大哲学的指导作用，鼓吹哲学万能论是不对的；同样，否认哲学的指导作用，宣扬哲学无用论也是不对的。哲学作用的发挥与实现，离不开群众的觉悟和实践。马克思在创立自己的哲学时就宣称：在未来人类解放事业中，这个解放的头脑是哲学，它的心脏是无产阶级。"哲学把无产阶级当做自己的物质武器，同样，无产阶级也把哲学当做自己的精神武器"[②]。理论一经掌握群众，也会变成巨大的物质力量。

历史证明，只有在符合人民群众根本利益的社会革命和改革实践中，马克思主义哲学大众化才能顺利推行。就像毛泽东所说的："一切群众的实际生活问题，都是我们应当注意的问题。假如我们对这些问题注意了，解决了，满足了群众的需要，我们就真正成了群众生活的组织者，群众就会真正围绕在我们的周围，热烈地拥护我们。"[③]

---

① 参见习近平《在中共中央政治局第十一次集体学习时的讲话》（2013年12月3日）。
② 《马克思恩格斯文集》第1卷，人民出版社2009年版，第17页。
③ 《毛泽东选集》第1卷，人民出版社1991年版，第137页。

四　哲学是"文化的活的灵魂"
——文化自觉与哲学自觉

（一）把哲学从教授的书斋里解放出来
——让哲学回归生活

"问渠那得清如许，为有源头活水来。"哲学来源于生活，不能脱离生活。哲学的学习普及与应用，首先应让哲学回归生活。哲学是世界观的学问。可以说，这个"世"，就是人生在世之世；这个"界"就是人在旅途之界；这个"观"就是作为历史性存在的人的目光。古人说修身、齐家、治国、平天下。而修齐治平样样都有着丰富的哲学问题，同时也都需要哲学的指导。

马克思主义哲学是实践的哲学，人民的哲学。真正的哲学只能是其所处时代人类智慧的一种理论升华，而人民群众的实践活动则是各个时代人类智慧的唯一来源。哲学归根结底是对人民群众实践活动的抽象，是对人民集体智慧的一种"开发"。理论是灰色的，生活之树是常青的。千百万人民群众的实践活动是哲学研究取之不尽、用之不竭的宝贵矿藏。哲学也只有回归生活，扎根于人民群众的丰富实践，才能得以不断丰富发展，并实现其重要价值。

（二）大众需要哲学，哲学更需要大众
——推进马克思主义哲学大众化

大众需要哲学，哲学更需要大众。

恩格斯指出："一个民族要想登上科学的高峰，究竟是不能离开理论思维的。"[①] 武汉大学哲学教授陶德麟说得好："我坚信哲学对一个民族至关重要。它既是民族精神的升华物，又是民族精神的铸造者。抛弃了马克思主义哲学，就等于抛弃了我们民族的精神支柱，抛弃了观察处理当代一

---

① 《马克思恩格斯选集》第4卷，人民出版社1995年版，第285页。

切复杂问题的最科学的方法。"① 一个民族的复兴，需要文化自信、文化自觉和文化自强。而哲学作为"文化的活的灵魂"，能够引导人们从文化自觉到哲学自觉，实现民族素质的提升。大众需要哲学，哲学更需要大众。

凡是现实的，都是合理的。哲学不但要关注现实，更要关注未来。马克思主义哲学不仅是现实哲学、实践哲学，还是关注未来的希望哲学。正如马克思所说，哲学是迎接人类黎明即人类解放的"高卢雄鸡"。实现国家富强、民族振兴、人民幸福的伟大中国梦，是和平发展、造福世界、推动人类进步之梦，是当今中国发展进步的高昂旋律、思想引领和精神旗帜，也是当今中国哲学所关注和思考的最大希望。正如习近平2014年五四青年节在北大考察时提出的："推进中国改革发展，实现现代化，需要哲学精神指引，需要历史镜鉴启迪，需要文学力量推动。"

"马克思主义哲学要真正发挥作用，就必须由少数人的哲学变为广大人民群众的思想武器。"② 在文化大发展、大繁荣的时代，我们要学习艾思奇，并继承艾思奇的传统。让马克思主义哲学说中国话、大众话，进一步做好哲学的宣传普及工作，所谓"旧时王谢堂前燕，飞入寻常百姓家"。为提高中华民族的哲学素养，实现伟大"中国梦"贡献应有的力量。

大众哲学关爱大众。

大众哲学服务大众。

大众哲学引领大众。

---

① 王斯敏：《陶德麟：笔有雷鸣道不孤》，《光明日报》2013年11月21日。
② 陈先达：《处在夹缝中的哲学》，北京师范大学出版社2004年版，第41页。

第二讲

物质、意识与实践

一 一切皆变，无物常驻
———物质与运动

（一）坐地日行八万里，巡天遥看一千河
———运动是物质的存在方式

中国有句古话："谋事在人，成事在天。"这涉及人的思维与现实的关系问题。前面说过，哲学是关于世界观的学问。当我们关注这个世界的时候，天地之间存在着纷繁复杂的事物和现象，可是归纳起来无非是两大类：一类是物质及其各种表现形态；另一类是各种形式的精神现象。哲学要思考的问题很多，但首先要解答这两大类现象之间的关系问题。人的思想和外部物质世界究竟是什么关系，是外部物质世界决定人的思想意识，还是人的思想意识决定外部物质世界？所以，思维和存在的关系问题是哲学的基本问题。万丈高楼平地起，盖楼先要打地基。思维和存在的关系问题是解决其他哲学问题的前提和基础。恩格斯说："全部哲学，特别是近代哲学的重大的基本问题，是思维和存在的关系问题。"[①]

<u>思维和存在的关系问题是哲学的基本问题。</u>

物质和精神（或者物质和意识、存在和思维）谁在先、谁在后？谁

---

① 《马克思恩格斯文集》第4卷，人民出版社2009年版，第277页。

决定谁，谁派生谁？也就是说谁是第一性、谁是第二性的？有的哲学家认为物质是第一性的，意识是第二性的，物质决定意识、派生意识，这是唯物主义观点。而有的哲学家则相反，认为意识是第一性的，意识决定物质、派生物质，这是唯心主义观点。唯心主义又有两种基本形态：一种叫作主观唯心主义；另一种叫作客观唯心主义。

主观唯心主义认为是人的主观精神、意志决定一切。中国宋代哲学家陆九渊认为："宇宙便是吾心，吾心便是宇宙。"明代哲学家王阳明则宣称："心外无物，心外无事，心外无理。"18世纪英国大主教贝克莱则说"物是观念的集合""存在就是被感知"。这些都是主观唯心主义的观点。

客观唯心主义则认为某种客观的精神（如神、上帝之类）决定一切。古希腊哲学家柏拉图认为客观上存在一种称为"理念"的精神本体，现实世界不过是理念世界的影子。近代德国哲学家黑格尔把这种客观精神叫作"绝对精神"，认为物质世界是绝对精神运动发展到一定阶段派生出来的。中国宋代哲学家朱熹主张"理"一元论，认为理在事先，理在气先。

物质和意识或思维与存在的关系问题，还有另一方面的内容，这就是我们的思想和这个世界本身的关系是怎样的？我们的思维能不能认识现实世界？也就是思维和存在有没有同一性？绝大多数哲学家都认为，世界是可以认识的，承认思维和存在具有同一性。这叫可知论。我国古代哲学家荀子说："凡以知，人之性也。可以知，物之理也。"这就是说，人有能力去认识世界，世界是可以被人认识的。德国哲学家费尔巴哈说得更形象："自然界是一本不隐藏自己的大书，只要我们去读它，我们就可以认识它。"但也有少数哲学家认为世界是不可以认识的，或者不可能彻底认识世界，否认思维与存在的同一性。这叫不可知论。

有一个我国古代哲学家庄子与惠施的小故事。故事说："庄周惠施游于濠梁之上，庄子曰：'鲦鱼出游从容。是鱼之乐也。'惠子曰：'子非鱼，安知鱼之乐？'庄子曰：'子非我，安知我不知鱼之乐？'"意思是庄周和惠施在出游时争论一个问题：庄子说，鱼儿游来游去，它们很快乐。惠子说，你不是鱼，你怎么知道鱼的快乐？庄子回道，你不是我，你怎么知道我不知道鱼的快乐呢？在这里，惠施就代表了一种不可知论的观点。你不是鱼，就不知鱼的快乐，你不是物，也不知道物的道理，世界是不可知的。德国哲学家康德也认为，人们只能认识事物的现象，不能认识事物的本质。这也是一种不可知论。

唯物主义哲学家坚持世界是物质的，物质是第一性的，意识是由物质派生的。但对于什么是物质的认识和理解却经过了一个长期的过程。起初，人们用某种或某几种具体物质形态来解释世界的本原，把哲学的物质与具体的物质形态及其特性混为一谈，例如金、木、水、火、土、原子等。这是古代朴素唯物主义，是唯物主义发展的最初历史形态。它否认世界是神创造的，把世界的本原归根为某种或某几种具体的物质形态，试图从中找到具有无限多样性的自然现象的统一。

中国古代五行思想

随着科学认识的发展，人们发现具体的物质形态和特性是丰富多样和变化发展的。道尔顿的原子学说使人们发现了千差万别的事物共同的结构基础。于是形成了近代形而上学唯物主义，在总结自然科学成就的基础上，丰富和发展了唯物主义。但它把物质归结为自然科学意义上的原子，认为原子是世界的本原，原子的属性就是物质的属性，因而具有机械性形而上学性。

<u>物质是标志客观实在的哲学范畴。</u>

究竟什么是物质？哲学上所说的物质是指在人们的意识之外独立存在又能为人的意识所反映的客观实在。马克思主义的物质观认为，物质的唯一特性是它的客观实在性，它独立于人的意识之外，人的思维又能

反映它和认识它，并且通过人的实践活动又能引起它的变化。列宁指出："物质是标志客观实在的哲学范畴，这种客观实在是人通过感觉感知的，它不依赖于我们的感觉而存在，为我们的感觉所复写、摄影、反映。"① 大家知道，孙悟空有七二变，但变来变去还是孙悟空。所谓"万变不离其宗"。世界上的一切事物有着无限多样的形态，无穷的变化发展，浩瀚宇宙，灿烂星空，天上飞的，地上走的，大千世界，姿态万千，归根结底都是"客观实在"——物质的外在表现。这是辩证唯物主义的物质观。

辩证唯物主义物质范畴的重大意义在于，承认世界如此存在，它是自己生成、自己运动、自我转化、自我发展、生生不息、运动不已的存在。它确认自然界是长期演化的，人类是自然界长期发展的产物，人类社会也是人与自然相互作用的实践生成物。所以，自然界和人类社会都有自己的客观的运动规律。既然如此，我们想问题办事情，就不能仅仅从主观愿望出发，而要从客观实际出发，尊重客观规律，坚持实事求是。

自然界是物质世界，物质在本质上是运动、变化、发展的。古希腊哲学家赫拉克利特说过："人不能两次踏进同一条河流。"就是说世界上的万事万物，就像川流不息的河流，永远处于不停的运动之中。一切皆变，无物常驻。

运动是物质的根本属性。

毛泽东有句诗："坐地日行八万里，巡天遥看一千河。"运动是物质的根本属性。恩格斯说："运动，就它被理解为物质的存在方式、物质的固有属性这一最一般的意义来说，涵盖宇宙中发生的一切变化和过程，从单纯的位置变动直到思维。"② 宇宙的演变，自然界的演化，生物的进化，直到人的思想认识活动，无不在运动变化之中。人也是自然界长期发展进化的结果。事物的运动是绝对的，静止是相对的。动中有静，静中有动。

物质运动的形式是复杂多样的。概括地说有以下五种：机械运动、物

---

① 《列宁专题文集·论辩证唯物主义和历史唯物主义》，人民出版社2009年版，第35页。
② 《马克思恩格斯文集》第9卷，人民出版社2009年版，第513页。

理运动、化学运动、生物运动和社会运动。社会运动是指人类社会的发展过程，它的物质基础是社会生产方式，即生产力和生产关系的统一。人的实践活动是最高级最复杂的运动形式。

唯心主义不承认客观的物质存在，自然也不承认所谓物质运动。中国佛教著作《坛经》中记载："时有风吹帆动，一僧曰风动，一僧曰帆动。议论不已。慧能进曰：'不是风动，不是帆动，仁者心动。'"在这里，慧能就是典型的唯心主义。

（二）暗物质与暗能量
——物质形态的多样性

20世纪50年代，科学家描述出了银河系整体的自转轮廓，并根据银河系的运动状况科学家推算出了银河系的质量。然而天文学家发现，通过光学望远镜发现的所有发光天体的质量之和远小于银河系的总质量。因此人们判断，银河系中一定还有此前人类没有发现的物质。因为没人可以清楚地说出这类物质究竟是什么，所以科学界给这类物质起了一个普遍化的名称——暗物质。

<u>暗物质是宇宙中看不见的物质。</u>

现在我们看到的天体，要么发光，如太阳，要么反光，如月亮，但有迹象表明，宇宙中还存在大量人们看不见的物质，也就是暗物质。它们不发出可见光或其他电磁波，用天文望远镜观测不到。但它们能够产生万有引力，对可见的物质产生作用。迄今的研究和分析表明，暗物质在宇宙中所占的份额远远超过目前人类可以看到的物质。宇宙中最重要的成分是暗物质和暗能量，暗物质占宇宙的25%，暗能量占70%，我们通常所观测到的普通物质只占宇宙质量的5%。暗物质与暗能量的存在，进一步证明了物质形态的多样性。

由诺贝尔奖得主、美籍华人物理学家丁肇中主持，山东大学参与的AMS（阿尔法磁谱仪）项目历时18年之后，于2013年4月4日公布了第一个实验结果。AMS已经发现超过40万个正电子，这些正电子有可能来自银河系的脉冲星，或者人类一直寻找的暗物质。人类向最终找到暗物质存在的可靠证据又迈进了一步。

（三）一尺之棰，日取其半，万世不竭
——物质的无限可分性

<u>物质无限可分性是一个古老的哲学话题。</u>

《庄子·天下篇》中记载着庄子的好朋友惠施的一个命题："一尺之棰，日取其半，万世不竭。"这句话含着物质的无限可分性的思想。物质无限可分性是与物质的层次结构的无限性相关联的一个概念。中国古人很早就表达了朴素的物质无限可分性的思想。人类对物质结构不断深化的认识也表明，自然界物质具有无限可分性的思想是正确的。当然，人们基于现代科学也认识到，这种可分性并不是物质单纯的量的分割，而是有质的差异的、无限层次的分割与统一。

物质是运动的，物质的结构又是繁杂多样、无限可分的。毛泽东曾指出，在人类社会和自然界，统一体总要分解为不同的部分，只是在不同的具体条件下，内容不同，形式不同罢了。毛泽东和钱三强等人讨论物质是否无限可分的问题时说："从哲学的观点来说，物质是无限可分的，原子、中子也应该是可分的。一分为二、对立统一嘛！你们信不信？你们不信，反正我信。"正因为如此，1977年第七届世界粒子物理学讨论会上，把科学家新发现的构成"夸克"和"层子"的更基本粒子命名为"毛粒子"（Maons），以纪念毛泽东。

（四）上下四方曰宇，往古来今曰宙
——时间与空间

<u>时间和空间是物质的存在形式。</u>

"子在川上曰，逝者如斯夫。"时间是物质运动的持续性、顺序性。时间的特点是一维性，它只能从过去、现在到未来，而不能逆转。有一首歌中唱道"我低头向山谷，追寻流逝的岁月……"过去的岁月能追得到吗？追不到了，过去的就过去了。时光就像长江水，奔流入海不复回。

空间是运动着的物质的伸张性、广延性，是指物体的位置、规模和体积。空间的特点是三维性。任何一个物体都具有一定的长度、宽度和高度，也叫三维空间。

中国古代有"上下四方曰宇，往古来今曰宙"之说，也是代表了一种朴素的时空观念。

我们知道，大科学家爱因斯坦提出了相对论。曾有青年朋友问爱因斯坦，究竟什么是相对论？爱因斯坦说，假如你在火热的夏天守着一个火炉过上10分钟，你会觉得时间过得太慢了。而当你和异性朋友在一起谈恋爱过上10分钟，你又觉得时间过得太快了。这就是相对论。

具体地说，相对论包括狭义相对论和广义相对论。

狭义相对论为人们提出一种不同于古典力学的新的时空观。按照古典力学，相对于一个惯性系来说，在不同地点、同时发生的两个事件，相对于另一个与之作相对运动的惯性系来说，也是同时发生的。但相对论指出，同时性问题是相对的，不是绝对的。在一个惯性系中是同时的两个事件，到了另一个惯性系中，就不一定是同时的了。古典力学认为时空的量度不因惯性系的选择而变，也就是说，时空的量度是绝对的。相对论认为时空的量度也是相对的，不是绝对的。

广义相对论也叫引力论。它证明，运动的钟表在经过引力特别大的物质时会变慢，光线在经过质量特别大的物质时会变弯曲。这就是相对论的时空观。

人类对天体运行规律的认识是不断深化的。英国科学家牛顿运用他的引力理论正确预测两个互相吸引的天体（比如太阳和地球）的运动规律——它们的轨道基本是椭圆形。但如果有3个天体，比如太阳、地球和月球相互作用，它们的运行轨道有什么规律？这就是著名的"三体问题"。牛顿没能给出通用的特解答案。自"三体问题"被确认以来的300多年中，人们只找到3族周期性特解。

现在，科学家们有了新突破。塞尔维亚物理学家米洛万·舒瓦科夫和迪米特拉·什诺维奇发现了新的13族特解。他们在著名学术期刊《物理评论快报》上发表了论文，描述了他们的寻找方法：运用计算机模拟，先从一个已知的特解开始，然后不断地对其初始条件进行微小的调整，直到新的运动模式被发现。这13族特解非常复杂，在抽象空间"形状球"中，就像一个松散的线团。

至此，三体问题特解的族数被扩充到了16族。科学家认为，这些结果非常美妙，而且描述非常精彩。他们的成果加深了人们对天体运动的了解，促进了天体力学和数学物理的进一步发展，尤其是对人们研究太空火箭轨道和双星演化很有帮助。

山外有山，天外有天，"多重宇宙"，令人惊叹。

人们常说山外有山，天外有天。一个宇宙果然还是太孤单了。我们所处的宇宙并非独一无二，而是有"多重宇宙"。所谓"多重宇宙"，是指宇宙在第一次"大爆炸"后，还在不断"大爆炸"，这样无限制地重复，就形成了无数个宇宙。假如我们生存其中的宇宙是个正在膨胀着的"肥皂泡"，"多重宇宙"则是多个"肥皂泡"挤在一起的"水立方"。据国外媒体报道，美国科学家发现了首个证明其他宇宙存在的确凿证据。借助由普朗克太空望远镜观测到的数据绘制而成的宇宙地图，科学家们认为，图中宇宙微波背景辐射之所以出现不规则分布的状况，其原因只能是其他宇宙施加的引力。该结果可能是"多重宇宙"这个颇富争议的理论问世以来第一个真正的证据。

通过普朗克天文望远镜的数据，科学家们相信：人类所处的宇宙并非独一无二，它只是无数同类中普普通通的一个。自"大爆炸"发生起，其他的宇宙就一直对我们所在的宇宙施加着引力，宇宙微波辐射的不均匀分布就是结果。它也是第一份能够证实其他宇宙存在的有力证据。多重宇宙的论调现在听起来仍然让有些人感到怪异，这情况就像当年大爆炸理论的提出一样。不过，现今我们已经掌握了有力的证据，这必将彻底改变人们对于宇宙的认知。

物质运动是无限的，决定了时间、空间也是无限的。时空的有限性与无限性是相对的。无限是由有限所组成的，有限又包含着无限，并体现着无限。我们说，一粒沙子就是一个世界。因为这粒沙子凝聚了亿万年演化的时光和信息，同时它又有着无限分化和转化的可能性。一滴水是有限的，但无数的水滴则可以汇聚成江海湖泊。雷锋说过，一个人的生命是有限的，而为人民服务是无限的。我要把有限的生命投入到无限的为人民服务中去。

时空是现实存在的，但随着互联网技术的发展，人们通过电脑和手机，可以在虚拟时空里交流、交换、游戏，或者借助虚拟时空来帮助现实的生产生活和交往。网络信息技术的迅速发展，把人类生存的广度和深度从物理世界引向一种网络化的虚拟世界。"互联网+"时代的到来，正深刻影响和改变着人们的生产和生活方式。虚拟时空的出现与发展对人类生存和发展产生了重要影响，巩固和丰富了马克思唯物主义时空观，扩展了人类活动的范围，加速了全球化进程，丰富和发展了人类活动，为人的全面发展提供了时空保障。

虚拟实践拓展了实践的范围，但又不同于现实实践，也不能取代现实实践。同时，虚拟时空的虚拟性也带来了一些负面影响，需要引起人们的重视，加强法律规范和道德引导，提高网民的自律。同时，网络信息安全也直接关系到国家、集体和个人的权利与利益。

二　地球上最美的花朵
—— 意识的起源与作用

（一）人有两件宝，双手和大脑
—— 劳动与意识的起源

《圣经》上说上帝创造了世界，人也是上帝造的。其实达尔文的生物进化论完全否定了这种观点。人是自然界长期进化的产物。关于生命的起源，科学家最近发现可能与小星体撞击地球有关，也就是说小星体的撞击改变了地球环境。这进一步说明生命不是"上帝"创造的。

人为万物之灵。人的心理、意识是属于宇宙间最复杂的现象之列的，恩格斯誉之为"地球上最美的花朵"。

意识是自然界长期发展的产物，而且是社会的直接产物。

意识的产生既是一个自然历史过程，又是一个社会历史过程。

意识是物质世界发展到一定阶段的产物。物质从自身发展中产生能思维的生物，经历了漫长历史过程。在这一过程中，有三个决定性环节：由一切物质所具有的反应特性到低等生物的刺激感应性；由刺激感应的反应形式到高级动物的感觉和心理；由一般动物的感觉和心理到人的意识的产生。

纯粹的动物心理不会自发地产生意识。意识是同人类社会一起产生的。意识是社会性的劳动、语言和人脑的必然产物，在这个意义上，我们说意识是社会的产物。劳动为意识的产生和发展提供了客观的需要和可能；作为思维外壳的语言也是在劳动过程中产生和发展的；在劳动和语言的推动下，猿脑演变成人脑，为意识的产生和发展提供了物质基础。

由此可见，人类意识不仅是自然界长期发展的产物，而且是社会的直接产物。

物竞天择，适者生存。自然选择是导致生物进化的关键因素。达尔文形象地描述说："自然选择每天每时每刻都在瞪大眼睛搜检着世界每个角落的生物，不放过任何一点变异，哪怕是最微小的变异。在这一过程中它不断淘汰差的，保留好的；只要一有机会，它就会悄然无声、不露痕迹地发挥作用。"① 科学研究证明，文化与基因之间曾经且现在仍在发生积极的相互作用，从而加快了人类最突出的特点——心智的进化。这种进化始于拥有相对发达大脑的人类祖先靠智慧而不是体力兴旺发达起来。并且，这种最重要的选择压力至今仍在作用于大脑功能。随着科技进步和文化发展，文化进化与自然进化共同促进人的进化，特别是大脑功能的进化。正如有的专家所说，我们人类现在的进化过程是文化的，我们有与自然遗产、基因遗产一样的文化遗产。

意识的本质是什么？意识是物质的产物，但又不是物质本身；意识离不开物质，但又不同于物质而具有精神现象的特征。

意识是人脑的机能，是对客观存在的主观映象。

意识是特殊的物质——人脑的机能。人脑是意识的物质器官。

意识作为人脑的机能，是人脑在第一信号系统和第二信号系统基础上进行的精神活动。动物只有第一信号系统，即条件反射。人不但有第一信号系统，还有第二信号系统，也就是信号的信号——语言和文字。

历史上有"望梅止渴"的故事：有一年夏天，曹操率军出征，天气热得出奇，士兵们口渴难耐，行军的速度也慢下来。曹操担心贻误战机，心里很是着急。于是脑筋一转，办法来了，他用马鞭指着前方说："士兵们，我知道前面有一大片梅林，那里的梅子又大又好吃，我们快点赶路，绕过这个山丘就到梅林了！"士兵们一听，仿佛已经吃到嘴里，精神大振，步伐不由得加快了许多。这就是用了语言的刺激作用。

有了语言和文字，人类的意识和思想得以交流、记录和流传。有人说，你有一个苹果，我有一个苹果，彼此交换一下，每人只有一个苹果。但你有一种思想，我有一种思想，彼此交换一下，每人都有了两种思想。

---

① 胡轩逸：《人类还在进化吗？》，《光明日报》2013年11月5日第12版。

正是借助第二信号系统，人类的意识不断丰富、传播和发展。

俗话说"巧妇难为无米之炊"。人脑只是思维的器官，并不是思维的源泉。意识是对客观存在的主观映象，是人脑对客观世界的反映过程，是对外界输入的信息不断加工制作的过程。马克思指出："观念的东西不外是移入人的头脑并在人的头脑中改造过的物质的东西而已。"[①] "意识在任何时候都只能是被意识到了的存在，而人们的存在就是他们的实际生活过程。"[②] 意识一开始就是社会的产物，而且只要人们还存在着，它就仍然是这种产物。

人的大脑皮层内有 140 亿个神经元，而其中有效工作的通常只有 7 亿个左右，仅占总数的 5%。如果能激活 10% 的神经元，人就会变得非常聪明；如果能用 20% 的神经元，就可以称为"天才"了。能否将大脑尚未利用的潜能开发出来，让普通人变成"天才"呢？

"天才按钮"藏在何处？为了搞清这个问题，早在 20 世纪 20 年代末，苏联科学家就开始研究已故"天才"人物的大脑。他们认为，只要揭开了这些"天才"的秘密，就可以"创造"出才能出众的人。1929 年莫斯科大脑研究所建立了一间"伟人大脑陈列室"。至今，这里的特制烧瓶里还收藏着高尔基、巴甫罗夫等数十个大脑标本。"遗憾的是，研究伟人的大脑并不能揭示'天才'的秘密。"大脑研究所的伊琳娜·多戈列波娃教授说，"因为从生理上说，已故'伟人'的脑回竟然与普通人的脑回一模一样。"

现在世界上有多家研究机构都在研究伟人的大脑到底有什么不同，尚未得出统一的结论。目前只知道，一个人的才能如何并不取决于脑的大小，也不取决于脑里的生物化学成分。

圣彼得堡大脑研究所的神经生理学家率先在活人的脑里寻找意义重大的"天才按钮"。现任大脑研究院科学顾问的纳塔得娅·别赫捷列娃院士说："有一次，在刺激大脑皮质下的一个细胞核时，我的工作人员弗拉基米尔·斯米尔诺夫曾亲眼目睹一名试验对象比原来'聪明'了 1 倍，他的记忆力大大增强。在刺激大脑的这个点之前，他在几秒钟内只能记住 5—9 个任意挑选的单词，经过刺激后，他能记住 15 个或者更多的单词。"也许，人类发现"天才按钮"的时间已为期不远了。

---

① 《马克思恩格斯文集》第 5 卷，人民出版社 2009 年版，第 22 页。
② 邹诗鹏：《本体即人的历史》，《光明日报》2013 年 5 月 8 日。

（二）日有所思，夜有所梦
——意识与潜意识

<u>意识与潜意识相互渗透、相互包含、相互贯通。</u>

人不但有自觉的意识活动，还有无意识或潜意识。意识与潜意识好比是一个负阴而抱阳的太极图，二者相互渗透、相互包含、相互贯通。

意识的太极图结构

当一个人处于正常的状态下，比较难以窥见潜意识的运作，这时，梦是最好的观察潜意识活动的管道。其实，无意识思想的萌芽早在古代就出现了。古人因做梦而产生的"灵魂"观念，是人类对无意识最古老而普遍的体认，并由此形成了世界各民族源远流长的梦文化。但古人对无意识（梦）的体认往往是扭曲的。正如恩格斯分析过的，"在远古时代，人们还完全不知道自己身体的构造，并且受梦中景象的影响……于是就产生一种观念：他们的思维和感觉不是他们身体的活动，而是一种独特的寓于这个身体之中而在人死亡时就离开身体的灵魂的活动"。[①] 将无意识问题纳入科学的研究领域，还是近代的事情。

---

① 恩格斯：《路德维希·费尔巴哈和德国古典哲学的终结》，《马克思恩格斯选集》第4卷，人民出版社1972年版，第219页。

常言说"日有所思,夜有所梦"。人的精神活动既有自觉的意识活动,也有不自觉的潜意识活动。意识与潜意识交融互动,是人类进化与实践活动的产物,又给予人的发展以能动的作用和潜移默化的影响。在学习、工作和生活中,要善于发挥两种因素(理性和非理性)的作用,发掘两种意识(意识和潜意识)的潜能或创造性。意识与潜意识既相互区别和制约,又相互依赖和影响,保持二者的协调和合,是保持心理和谐与人格健康发展的条件和体现。人的潜意识活动有着特定的特点和规律,善于把握和运用这些特点和规律,发挥其作用,才能发掘人的潜能和价值,促进心理和谐,加强人际沟通,推动创造革新。当然,对潜意识的作用和价值要有一个恰当的估计和定位。在日常生活和创造活动中,理性因素、自觉的意识活动是主导的方面,非理性因素、自发的无意识活动是非主导的方面。潜意识的自发性与意识的能动性相互补充、相互为用,共同影响人的精神生活。①

(三)"心之官则思"再审思
——心脏与潜意识

心脏不只是血液的动力泵,它还是情绪的信息源和调节器。

《孟子·告子上》有言:"心之官则思,思则得之,不思则不得也。"意思是说,"心"这一器官职在思考,思考才能获得,不思考便不能获得。古人以为心是思维器官,所以把思想的器官、感情等都叫作心。现在人认为大脑才是思维的器官。

有一年的高考作文题目是"假如大脑能移植",这给人以无限的遐想。是啊,假如大脑真的能移植,那么会产生多么奇妙的事情。一个人可能会拥有另一个人的思想和情感,平庸之辈会变成天才,一位男子可能表现出女人的性情……因为长期以来,科学证明"大脑是意识的器官"。可是近年来,因为心脏移植而引起性格变化的事例,让我们不得不对中国传统的"心之官则思"之说又有了新的认识和评价。

有西方媒体称,美国女公民西尔万娜·佩斯卡把给她做心脏移植手术的医生告上了法庭。原因是,过去一直性格开朗和精力充沛的她,自从实

---

① 参见王家忠《灵性·潜能·创造——个人潜意识研究》,中国社会科学出版社2010年版。

施心脏移植手术后，一下子变得郁郁寡欢。就连在她担任招待员的那家咖啡馆的顾客看到她那一脸丧气的样子，也都纷纷改坐到由别的招待员服务的桌子。咖啡店老板也要炒她的鱿鱼。原来，从护士那里得知，移植给她心脏的那个人是个殉情男子。另一个美国公民西尔维娅·克雷尔，原来是一个滴酒不沾的素食者，可自从接受心脏移植之后，突然想吃汉堡和喝啤酒。原来提供心脏的人是爱吃这些东西、因骑摩托车出车祸而亡故的18岁摇滚歌手吉姆。

美国有位40岁的货车司机杰姆·克拉克接受心脏移植后也是性情大变。杰姆从来都不是一个多愁善感的人，他从不曾给妻子玛吉写过一封情书，因为他15岁就离开了学校，文法差得要命。所以当2006年的一天，杰姆突然坐到桌子前，开始给妻子写下一行行的情诗、表达细腻的情绪时，连他自己也感到震惊。原来，杰姆在半年前刚刚接受过心脏移植手术，他确信自己写诗的"怪癖"来自那颗移植的心脏，因为捐赠者一家人都爱写诗。

还有一个例子，中国有一位小女孩，12岁就患了严重的心脏病，需要进行换心手术。而他的爸爸在美国正好联系到一位18岁姑娘的心脏可以移植，她是学习舞蹈的，因车祸身亡。手术很成功，小女孩换心后身体康复，继续她的学业。后来，学校里举行文艺活动，她主动提出要跳舞，舞跳得很好。而在这之前，人们从未发现她有这方面的天赋。

美国底特律"西奈"医院的生理学家波尔·皮尔索尔经过长期研究得出结论：心脏里储藏有我们大脑受其支配的信息。所以说，心脏一植入别人的身体，便开始指挥新的主子，改变他的性格和习惯。皮尔索尔在其《心脏代码》一书中谈到了这个问题。

他在书中写道："在我给一个41岁的男子移植了被火车轧死的19岁姑娘的心脏之后，他好像换了个人似的。他本来从小就是个慢性子，是个性格忧郁的人。可换了心脏之后，就像是注入了激情，萌生了对生活的强烈兴趣。有个36岁的女患者也很幸运，给她换了一颗20岁姑娘的心脏。姑娘是跑过马路去给未婚夫看结婚礼服时，不幸被汽车轧死的。这一来可好了，患者几乎每天都梦见跟一个心爱的小伙子幸福约会。据她说，她从早到晚都有一种幸福感，而且这辈子从来没有像现在这么开怀笑过。"

皮尔索尔认为，早就有人提出过人体细胞同基因代码一样含有一个人全部信息的想法（中国学者也曾提出"全息胚"的说法），达尔文就提出了情感生化特征的假说。我们的"性情",或者说性格,不是像过去认为的那样储存在大脑中,而是藏身心脏里。正是在这里设计一个人的个性,所以说是它在思考、感觉,并同整个集体协同动作。这种"记忆细胞",或者说是性情,便在心脏移植过程中转移到另外一个人的身上。①

<u>大脑和心脏联系非常密切,二者保持着物质、能量和信息的交流。</u>

传统观点说大脑是意识的唯一器官,而实际上,大脑和心脏联系非常密切,二者保持着紧密的物质、能量和信息的交流。在人的成长过程和心理活动中,不仅大脑承担了意识和无意识活动的功能,同时心脏也保存了一些潜在的信息,这些信息既对心脏有着一定的依赖性,同时又有着相对的独立性,即使心脏的主人发生了变化,但既有的信息或者说潜意识却还能保存下来并发生能动作用,进而影响新主人的情绪和情感世界。人的心脏似乎就处在生理能与心理能的交汇点上,不仅良好的营养和有益的运动可以增强心脏的功能,而且心脏还兼有记忆和信息存储功能,保存了人的情绪体验和心理能量。

美国科学家通过研究发现,人类的心脏也许具有某种"思考和记忆功能"!这正是许多接受心脏移植的患者突然性格大变、继承了心脏捐赠者性格的原因。美国加州心脏数学协会的专家也深信,人类的心脏并非仅是一个"血泵"那么简单,心脏是个很复杂的器官,有许多谜团还没有解开。他们最近还发现,一种具有长期记忆和短期记忆的神经细胞的确在心脏中工作,并且组成了一个微小但却复杂的神经系统。

心脏与潜意识的特殊关系,对于潜能的开发是否又提供了一条路径呢?可以肯定地说,保持和锻炼一颗健康而富有活力的心脏,保持一个年轻而健康的心态,是一个人保持心理健康和富有创造力的重要条件。一方面,心理健康有助于心脏的健康,保持一种健康、和谐而积极向上的心态,可以增强心脏的免疫功能。相反,心理不健康甚至存在某种疾病,会加重心脏的负担,甚至诱发心脏疾病。另一方面,注意保护心脏,锻炼和促进心脏的健康,也会促进人的身心健康,增强心理承受能力,激发人的心理潜能和创造活力。

---

① 参见梁利槐《心脏移植为何引起性格变化》,《今日文摘》2006年第6期上半月,第66页。

由此，进行潜能开发，不仅要重视人的大脑的意识和无意识活动，还要同时关注人的心脏功能对人的情绪、情感、智能和体能的作用。生命在于运动，每天坚持适量的运动，对于保持心脏和身体的健康都是必要的和有益的。文武之道，一张一弛，学习和工作要注意劳逸结合，减轻心脏的负担，防止心理疲劳，才能维持生命活力和可持续的创造欲望。

（四）机器人不是人
——意识与人工智能

前面说过，意识是人脑的机能与属性；意识是人脑对客观世界的主观映象；意识是对客观存在的反映，无论是正确的反映还是歪曲的反映。

<u>人工智能在本质上是对人的思维的模拟。</u>

什么是人工智能？人工智能是根据控制论的基本原理运用功能模拟的方法，制造电脑模拟人脑的部分功能。人工智能在功能表现上代替甚至超过人脑的部分思维能力。它在本质上是对人的思维的模拟。

人类思维同"机器思维"有相似之处更有本质区别，人工智能只能受人类的支配和操纵，不可能完全取代人类思维，更不可能反过来支配和统治人类。机器人不是人。认为"机器思维"将会完全取代人脑思维甚至统治人类的悲观论是没有根据的。不管人工智能多么先进，但它毕竟是时代的产物，永远脱离不了生产它的那个时代。

机器人又是"超人"。因为人工智能在记忆和运算能力等方面都大大超过人类。现代智能机器人已经开始进入办公、生产和生活领域，大大减轻甚至取代了人的部分脑力和体力活动。

国际 TOP500 组织在 2013 年 6 月 17 日公布最新全球超级计算机 500 强榜单，由中国国防科技大学研制的"天河二号"以每秒 33.86 千万亿次的浮点运算速度成为全球最快的超级计算机。这也是中国超级计算机时隔两年半之后重返世界之巅。2015 年 7 月 13 日央视新闻联播报道，在德国法兰克福召开的"2015 国际超级计算大会"上，我国国防科技大学研制的"天河二号"超级计算机系统，再次位居第 45 届世界超级计算机 500 强排行榜榜首，这是"天河二号"问世以来，连续第 5 次夺冠。TOP500 榜单每半年发布一次。

意识与人工智能是相互联系、相互促进的；正确解决意识和信息以及人工智能之间的关系问题，不仅具有科学意义，而且有重大的哲学意义。

（五）忽如一夜春风来，千树万树梨花开
——想象与灵感

想象与灵感是意识与潜意识的能动表现。

人有意识和潜意识，一般人学习的时候，都是运用意识的力量。其实，潜意识的力量也是十分巨大的。运用潜意识的一个重要方法，就是不断地想象。正如列宁所说，人的意识不仅反映客观世界，而且创造客观世界。

列宁曾高度评价想象在科学创造中的作用，认为"幻想是极其可贵的品质"。他指出：有人认为，"只有诗人才需要想象，这是没有道理的，这是愚蠢的偏见！甚至在数学上也是需要想象，甚至微积分的发现没有想象也是不可能的"①。科学发展史表明列宁的话是十分正确的。爱因斯坦也说过："想象力比知识更重要，因为知识是有限的，而想象力概括世界上的一切，推动着进步，并且是知识进化的源泉。"

早在古希腊时期，人们就注意到灵感的存在及其在创造活动中的作用。德谟克利特就曾说过："一位诗人以热情并在神圣的灵感之下所做成的一切诗句，当然是美的。"② 诺贝尔物理学奖得主（1957）杨振宁指出："科学绝不只有逻辑，只有逻辑的科学只是科学中的一部分，而且在讨论科学的创造性时，这部分不是最重要的。重要的是要通过想象，发现灵感，一下子同时了解每一个方面的规律。这种更上一层的了解就不只是逻辑思考所能达到的了。""最重要的科学发现并不是用逻辑推理出来的。""要有很丰富的别人没有的想象力。"③ 杨振宁不仅肯定科学创造活动中灵感的存在及其重要性，而且认为灵感来自丰富的想象力。钱学森也认为："凡是有创造经验的同志都知道光靠形象思维和抽象思维不能创造，不能突破；要创造要突破得有灵感。""创造思维中的'灵感'是一种不同于形象思维和抽象思维的思维形式。"④ 灵感是一种顿悟式的潜意识活动，

---

① 《列宁全集》第43卷，人民出版社1987年版，第122页。
② 北京大学美学教研室编：《西方美学家论美和美感》，商务印书馆1980年版，第17页。
③ 杨振宁：《杨振宁文录》，海南出版社2002年版，第207、208页。
④ 钱学森：《关于形象思维的一封信》，《中国社会科学》1980年第6期。

一般是指突如其来的对事物规律的认识，或是在外界信息的刺激下瞬间爆发出来的对问题的创造性突破。正所谓：

> 有心栽柳柳不成，
> 无心栽柳柳成荫。
> 踏破铁鞋无觅处，
> 得来全不费功夫。

美国一位科学家对60位诺贝尔奖获得者进行调查发现，30%的人经常出现灵感；50%的人偶尔出现；17%的人从未出现。阿基米德浮力定律的发现就是一个灵感思维的典型例子。对于科学家、文学家和艺术家来说，灵感是他们进行创造性劳动不可或缺的非逻辑性思维之一。钱学森说："我认为现在不能以为思维方式仅有逻辑思维和形象思维这两类，还有一类可称为灵感。也就是人在科学和文艺创造的高潮中，突然出现的，瞬息即逝的短暂思维过程。"[1] 灵感具有突发性、瞬间性和情感性等特征。爱因斯坦在回忆获得灵感后写《论供体的电动力学》的过程时说："这几个星期，我在自己身上观察到各种精神失常现象。我好像处在狂态里一样。"[2]

音乐家柴可夫斯基曾体验过这种灵感。他描述道："当这种灵感来临时，人们简直会忘记一切，变成一个狂人，每一个器官都在战栗着，几乎连写出个大概来的时间也没有，就一个思想接着一个思想地发展着……"郭沫若在创作长诗《凤凰涅槃》时也遇上了这种灵感。他晚上行将就寝时伏在枕头上火速地写，全身感到有点发狂，表现着一种神经性的发作。其实，这种灵感无非是长期在潜意识中孕育着，积累到一定量就要爆发，并激活整个大脑，使左脑与右脑都高度活跃，神经元充满生物电，高度兴奋，于是产生灵感，并使人显现狂人状态。

从科学史上许多科学发明来看，灵感和直觉往往属于那些以顽强毅力投入科学实验的实践，并运用自己的全部知识、经验和思维进行艰苦探索的科学家。产生灵感要有两个必备条件：一是在灵感产生前苦苦思索状

---

[1] 转引自高道才《广义创新学》，中国戏剧出版社2006年版，第148页。
[2] 同上书，第149页。

态。这时人脑必然处于高度集中和兴奋状态，随时等待着外界触发信号的到来，可称为受激态；二是来自外界的有效触发信号。为此，人们在从事创新活动时就要积极地为创造这两个条件做好充分准备：一方面，要全神贯注地投入到自己所研究的工作中，时刻保持高度集中的注意力，使大脑产生解决问题的强烈愿望，有意识地使思维处于高度受激态，等待灵感触发信号的到来；另一方面，如果你所研究的问题十分棘手，以至于你头昏脑涨，最好暂时停下手中的工作，使自己完全放松下来，散步、聊天，抑或看看报纸、看看电视等，这些活动很可能给你创造一个启发灵感思维的条件。

三 社会生活本质上是实践的
——实践及其基本形式

哲学是关于人与世界关系的学问，而实践既是人与世界关系最基本的形式，又是全部人与世界关系最本质的基础。正是通过对实践的正确理解和实践观的合理建构，马克思和恩格斯有效地化解了困扰着旧哲学的种种理论难题，从根本上克服了旧哲学理论缺陷，实现了哲学史上的伟大变革，而科学实践观也成为马克思主义哲学的理论基础和核心内容，实践的观点成为马克思主义哲学的首要的和最基本的观点。马克思在《关于费尔巴哈的提纲》中，阐明了实践是感性的、对象性的物质活动，认为"全部社会生活在本质上是实践的"[1]，强调哲学的重要使命在于指导实践改造世界。

（一）科学的实践观
——实践的含义、构成与特征

实践是人类能动地把握世界的活动，它在人与世界的关系中具有基础性的地位。可以说，在实践中蕴藏着全部人与世界关系的秘密，人与世界关系的丰富内容就是人类实践活动的具体展开。因此，马克思指出："凡是把理论引向神秘主义的神秘东西，都能在人的实践中以及对这个实践的

---

[1] 《马克思恩格斯文集》第1卷，人民出版社2009年版，第501页。

理解中得到合理的解决。"① 也正因如此，不懂得实践，不懂得实践在人与世界关系中的基础地位，就不可能对人与世界的关系作出合理的说明。

什么是实践？对于这一问题，历史上的哲学家们曾经有过各种不同的解释，虽然其中也不乏某些合理的因素，但从总体上看，在马克思主义哲学产生以前一直未能形成科学的实践概念。

历史上的一些唯心主义哲学家也曾这样那样地谈到过实践，但他们都把实践归结为纯粹的精神活动。中国古代的王守仁主张"知行合一"，认为"行之明觉精察处便是知，知之真切笃实处便是行"②，"一念发动处，便即是行了"③。与此相似，近代德国哲学家费希特把实践看作精神性的"自我"产生和设定"非我"即客观世界的行动。这些都是把"行"归结为"知"、把客观的实践消融于主观的精神活动的主观唯心主义实践观。

客观唯心主义者德国哲学家黑格尔正确地看到了实践是一种有目的的活动，并把实践看作达到真理的整个认识过程中的一个环节。他认为，人们在认识真理的过程中，一方面是用客观存在的观念来克服理念的片面的主观性；另一方面又用实践的观念来克服客观世界的片面性，依靠主观的内在本性对杂乱的客观事实加以整理和改造。其中，前一方面属于理论的理念或理念的理论活动，后一方面则属于实践的理念或理念的实践活动。在他看来，人们只有通过实践才能由主观的观念达到客观真理。应该肯定，这里确实包含着一些十分深刻的思想。但是，在黑格尔那里，实践只不过是他虚构的"绝对理念"这种客观精神自我运动过程中的一个环节，它仍然还是一种精神性的活动。

<u>实践是人类有目的地能动地改造和探索现实世界的一切社会性的客观物质活动。</u>

在马克思主义哲学看来，所谓实践，就是人类有目的地进行的能动地改造和探索现实世界的一切社会性的客观物质活动。

实践由主体、客体和中介构成。主体是从事实践和认识活动的人，具有自然性、社会性和意识性的属性。实践的主体有个人主体、集团主体、

---

① 《马克思恩格斯选集》第1卷，人民出版社1995年版，第56页。
② 王守仁：《答友人问》。
③ 王守仁：《传习录下》。

社会主体和人类主体四种基本形式。客体是主体活动的对象，是进入主体活动范围的那一部分客观事物，具有客观性、对象性、历史性的属性。实践的客体有自然客体、社会客体、精神客体三种基本形式。实践中介是主体作用于客体的工具、手段或程序和方法。实践就是以主体、客体、中介为基本骨架在一定环境下进行的动态过程。

主体和客体的最基本关系是实践关系，主要是改造和被改造的关系；在实践关系的基础上，建立起主体和客体的认识关系，即反映和被反映的关系，以及价值关系和审美关系。

主体和客体是对立统一的关系。主体和客体的对立表现在：在实践关系中，两者之间存在着改造和被改造的对立；在认识关系中两者之间存在着反映和被反映的对立。主体和客体的统一表现在：两者互相规定并在一定条件下互相转化。实践是主体和客体对立统一的基础。实践就是主客体相互作用的过程，是主体客体化和客体主体化的过程。

辩证唯物主义认为，在对象性活动中，主体和客体之间首先表现为改造与被改造的关系即实践关系，并在实践的基础上形成反映与被反映的关系即认识关系。主体的价值观念和审美观念作为主体活动的动力因素和内在尺度，对于主体活动的方向性、选择性以及对活动的调控具有重要意义。主体与客体之间的价值关系，即需要与满足需要或使用与被使用的关系；价值关系的最高境界就是人类改造世界的创造活动及其成果对人的自由的肯定，即审美关系。

```
= = = = = = = = = = = =

主       审美关系       客

= = = = = = = = = = = =

体       价值关系       体

= = = = = = = = = = = =
         认识关系
= = = = = = = = = = = =
         实践关系
```

在马克思主义哲学看来，实践具有以下几个方面的特征。

实践是客观的、物质的和感性的活动。实践不是仅仅停留在意识范围内的活动，而是通过人与客观世界实际的相互作用而引起客观世界变化的对象性活动，是人与世界之间实实在在的物质、能量和信息的变换过程。同时，实践活动的过程和结果都是可以感知的，所以它又被称为"感性的活动"。

实践是有意识、有目的的自觉活动。动物的活动也能引起物质世界的某种变化，也是客观的、物质的活动。某些高等动物的活动也表现出某种意义上的目的性。但是，动物的活动及其"目的"都是由它们的自然生理构造和本能决定的，它们并没有自觉的目的，即不能意识到自己的目的，不能做超出本能界限之外的事情。与此不同，人类的实践则是在自觉的目的和明晰的意识的指导下进行的，是"主观见之于客观"的活动。正是在这一意义上，马克思说："有意识的生命活动把人同动物的生命活动直接区别开来。"

实践是社会性的、历史性的活动。任何实践都是一种社会性的活动，都具有社会性。这不仅是因为任何一个从事实践活动的人都是生活在一定的社会环境、社会关系中的，而且还在于实践活动赖以进行的条件和手段都是由社会提供的，实践活动所改造和探索的对象也是人们社会活动的产物，是人类以往实践活动的结果。实践的社会性又进一步决定了它的历史性。任何实践都只能是在特定的社会环境中和具体的社会条件下进行的，随着这种社会环境和社会条件的发展，人类实践活动的内容和形式也必然会不断地发生历史性的变化。

作为人类能动地探索和改造世界的客观物质活动，实践本身就是人与世界关系最基本的形式。同时，实践也是全部人与世界关系的根本基础。人与世界关系的各个方面，包括人与自然的关系、人与社会的关系以及人与自身的关系，都是在实践的基础上形成和发展起来的。实践是全部人与世界关系的基础，它蕴含着人与世界关系形成和发展的奥秘，因而在人类生活中具有根本性的地位。

（二）物质生产、社会交往与精神文化生产
——实践的基本形式

人类实践活动的具体形式是极其丰富多样的，如工人做工、农民种田、教师上课、演员演戏等，都是实践。随着社会分工的发展和科学技术的进步，人类实践的具体形式越来越多样化。所谓"三百六十行，行行有绝活"。但是，概括起来，实践的基本形式主要有以下三种。

<u>处理人与自然关系的实践，处理人们之间的社会关系的实践，精神文化创造与生产实践是实践的三种基本形式。</u>

处理人与自然关系的实践。民以食为天。俗话说"开门七件事，柴米油盐酱醋茶"。人类是从自然界进化发展而来的，而在人类产生以后，它首先面临的就是要处理好与自然界的关系，这不仅是因为人的机体在很大程度上仍然属于自然界，更为重要的还在于，人和人类社会要存在和发展下去，就必须不断地从自然界获取物质资料。但是，与动物不同，人类并不依赖于自然界所提供的现成的物质资料，而是通过对自然界的能动的改造来生产一定的生活资料，以此满足自己的吃穿住行等方面的需要。在生产物质生活资料的过程中，人类又产生了自身特有的第二个需要，即生产劳动资料的需要。物质资料包括物质生活资料和物质生产资料的生产即物质生产，是处理人与自然关系的实践的最基本的表现形式，各个时代人与自然的关系都是围绕着物质生产活动展开的，而人与自然关系上出现的各种问题归根结底也都是由物质生产活动引起的。当然，除了物质生产活动以外，处理人与自然关系的实践也还包含着其他一些内容，如人类利用各种技术手段调节自身与自然的关系、进行保护环境和维系生态平衡的活动等，但这些活动也都是从属于或直接服务于物质生产活动的。物质生产不仅是处理人与自然关系的实践的最基本的表现形式，而且也是其他一切实践活动的基础，人类其他各种形式的实践都是在物质生产活动的基础上进行和发展的。没有物质资料的生产活动，人和人类社会根本就不可能存在下去，更谈不上有什么其他形式的实践。

处理人们之间的社会关系的实践。我国古代哲学家荀子说过："人力不若牛，走不若马，而牛马为用，何也？曰：人能群，彼不能群也。"人

们在生产物质资料的同时，也在生产着自己的社会关系，一定的社会关系是物质生产活动的必要形式。当这种社会关系与物质生产活动的发展相适应时，就需要人们自觉地维护它；反之，则需要人们自觉地调整或变革它。这种维护、调整或变革人们之间的社会关系的活动即人类的社会交往，也是实践的一种基本形式。在全部社会关系中，最基本的是生产关系，因此，维护、调整或变革生产关系的活动也就是处理人们之间的社会关系的实践的最基本的表现形式。此外，处理人们之间的社会关系的实践，还包括调整或改造人们之间的政治关系、法律关系、道德关系、民族关系、家庭关系等的活动。只有同时处理好这诸多方面的社会关系，人们才能有效地进行物质生产活动，人类社会才能持续协调地发展。马克思说："社会——不管其形式如何——是什么呢？是人们交互活动的产物。"①

在阶级社会中，人们之间的社会关系主要表现为阶级关系，与此相应，处理人们之间的社会关系的实践也就主要表现为阶级斗争。在阶级社会中，阶级斗争是实践的基本形式，是推动社会向前发展的直接动力。不过，即使是在阶级社会中，阶级关系也不是社会关系的全部内容，处理人们之间的社会关系的实践也不能完全等同于阶级斗争。至于在剥削阶级作为一个阶级已经不再存在的社会主义社会里，我们更不能把处理人们之间的社会关系的实践简单地归结为阶级斗争，也不能把阶级斗争视为实践的基本形式，否则，就会犯阶级斗争扩大化的错误。

精神文化创造与生产实践。人类在创造物质文化的同时，还从事着创造精神文化的实践活动。这种形式的实践通常被称为精神文化生产，它是人们为社会创造精神文化产品并以一定的对象化的形式提供给社会的活动。精神文化的创造离不开大脑的思维和意识过程，但却并不归结为纯粹的精神活动，它不仅需要可供人的大脑加工的各种物质材料，需要借助于一定的物质手段，而且其活动的结果也必须表现为能够供社会享用的精神文化产品。创造精神文化的实践是在前述两类实践的基础上进行的，但它有自己的独立领域，这主要包括科学、教育以及意识形态方面的探索性和创造性的活动。在现代，科学、教育等在社会生活中的地位越来越突出，

---

① 《马克思恩格斯选集》第4卷，人民出版社1995年版，第532页。

科学技术已成为第一生产力,创造精神文化的实践对社会发展的作用也变得空前重要。

精神文化创造与生产实践的最基本的表现形式是实验。实验是一种尝试性和学习性的探索活动,也是对某种猜测或假设的验证。大胆假设,小心求证。面对一些尚不熟悉或没有把握的情况,人们为了达到目的,减少失败的可能性,在行动之前往往要先进行这种尝试性的实验活动。科学实验是从一般实验发展而来的高级实验活动,它以一定的科学理论为指导,有目的地排除与实验目标无关的各种复杂因素,借助于一定的设施(实验室、仪器等)人为地创造一种理想的环境,对对象某方面的特性进行专门性的研究,从而得出准确可靠的、具有普遍意义的科学知识。可见,科学实验是一种以获取知识为直接目的的实践形式。从历史上看,科学实验是近代为适应科学发展的需要而从物质生产活动中分化出来的。在现代科学中,科学实验更是人们发现新的事实、验证科学理论的主要手段和途径。

> 可上九天揽月,
> 可下五洋捉鳖,
> 谈笑凯歌还。
> 世上无难事,
> 只要肯登攀。①

随着科技进步,"神舟"飞天、"嫦娥"奔月和"蛟龙"号潜艇7000米级海试成功,毛泽东的宏愿正一步步成为现实。

以上三种基本的实践活动各有自己的特殊规定性,并在整个社会生活中执行着不同的社会功能。但是,它们又是相互联系、相互促进的。例如,要处理人与自然的关系特别是要进行物质生产活动,就必须同时处理人们之间的社会关系;而处理好人们之间的社会关系,又必然有利于社会物质生产的发展。再如,创造精神文化的实践以处理人与自然的关系和人们之间的社会关系的实践为基础,反过来,它又能为其他形式的实践提供

---

① 毛泽东:《水调歌头·重上井冈山》。

重要的条件。正是在这种相互依存、相互促进的关系中，各种基本的实践活动共同得到了发展。

(三)"小小石头磨过，人猿相揖别"
——实践是人的存在方式

<u>实践构成了人的存在方式，是人的存在的现实表征和确证。</u>

判断一个物种的存在方式就是看其生命活动的形式。具体地说，动物是在消极适应自然的过程中维持自己生存的，动物的存在方式就是其本能活动，动物的存在方式是由其生理结构，特别是其活动器官的结构决定的。与此不同，人是在利用工具积极改造自然的过程中维持自己的生存和发展的，所以实践构成了人的存在方式。

从人类生存的前提看，人类生存的第一个前提就是必须能够生活，所以人类的第一个历史活动，也是每日每时必须进行的基本活动，就是"生产物质生活本身"。正是这种实践活动不断地创造着人类生存和发展的根本条件。实践因此成为人的生命之根和立命之本。从人与动物的重要区别看，"有意识的生命活动把人同动物的生命活动直接区别开来"。正如毛泽东所说的："小小石头磨过，人猿相揖别。"从人的本质上看，人的本质在其现实性上是社会关系的总和，而现实的社会关系是在人的实践活动中生成的。"以一定的方式进行生产活动的一定的个人，发生一定的社会关系和政治关系。"① 正是在改造自然的实践过程中，人们之间结成一定的社会关系。这种社会关系反过来又制约和规定着人的本质。换言之，人在实践活动中"创造、生产人的社会联系、社会本质"，从而使自己成为"社会存在物"。实践构成了人类的特殊生命形式，即构成人类的存在形式。

在马克思主义哲学中，实践首先是作为人的存在方式而被确立起来的，是人的存在的现实表征和确证。

实践是人的本质力量的直观和确证。首先，实践的动机包含着人对自然限制的突破和超越。实践的过程及其产物使人的本质力量以直观的方式

---

① 《马克思恩格斯选集》第3卷，人民出版社1972年版，第29页。

显现。所以，马克思说："工业的历史和工业的已经产生的对象性的存在，是一本打开了的关于人的本质力量的书，是感性地摆在我们面前的人的心理学。"① 人们正是在实践的客观结果中直观到了自己的本质力量。"人只有凭借现实的、感性的对象才能表现自己的生命。"② 这里所谓的"现实的、感性的对象"，作为人的实践活动所建构的产物，积淀并凝结着人的本质力量。

实践以其双重品格表征着人的存在的特质。人的存在可以从不同的维度得到规定，诸如语言、思维、制造工具、符号、理性、心理、情感等。但它们无法从总体上体现人的全部特质。相反，它们却都是有待被进一步界定和说明的。因为这些特征都带有外在的和描述的性质。追溯它们更根本的前提，就无法回避实践范畴。列宁指出："实践高于（理论的）认识，因为它不仅具有普遍性的品格，而且还具有直接现实性的品格。"③ 实践的普遍性品格不仅体现在参与实践的背景知识所具有的抽象普遍性特征之中，更重要的是体现为作为实践者的个体所积淀和浓缩了的类本质，即人的类的普遍性。实践的普遍性特征凸显了人对物的超越关系，标志着人的特质的生成。

实践是思维与存在统一的基础。思维和存在的关系是在实践中产生的。实践是人的有意识、有目的地改造客观世界的活动，而人的意识是在劳动实践中产生和发展起来的。自从意识产生以后，人们就不可避免地遇到了我们头脑中的意识和外部世界的关系问题。思维和存在的关系是人们从事实践活动首先必须面对的基本关系和基本矛盾。同时，思维和存在的矛盾也是在实践中得到解决的。实践既包含意识要素，又包含物质要素，是主观见之于客观的物质变换过程，是把思维与存在、主观与客观联系起来的桥梁。

世界是一个动态的存在，世界究竟以何种面貌示人，人怎样看待世界的真面貌，要看它经过人的实践作用后的结果。物质的客观性和意识的能动性是在实践过程中实现互动、生成的过程。从实践的角度看哲学的基本问题，就会把思维和存在、物质和意识理解为一个双向互动的关系。实践

---

① 《马克思恩格斯全集》第42卷，人民出版社1979年版，第127页。
② 同上书，第168页。
③ 《列宁全集》第55卷，人民出版社1990年版，第183页。

的重要意义是引起世界的变化。而思维和意识通过实践可以使世界发生变化，可以创造新的物质事物，可以引起存在的变化，使新的存在得以产生。

俗话说："夜里寻思千条路，白天还得卖豆腐。"理想和现实、思维与存在是有差别和对立的。科学地解决主观和客观、思维和存在之间的矛盾，只能靠人们的实践活动。

（四）是我们改变了世界，还是世界改变了你和我
—— 实践论与塑造论

<u>自然塑造人和人塑造自然是对立统一的过程。</u>

有一首歌中唱道："是我们改变了世界，还是世界改变了你和我？"的确，我们在改变世界，同时，世界也在影响和改变着我们。也就是说，人们在改造客观世界的同时，主观世界或者人本身也在发生着变化与改进。张全新教授提出的"塑造论"就表明了这样的观点。他在《塑造论哲学导引》[①]中提出，塑造论哲学中的最基本概念——塑造，一定要从自然塑造人和人塑造自然两个方面看过去，一定要从文化人类和人类文化的构成两个方向看过去，一定要从人既是被文化的又是去文化的两个角度看过去。塑造与实践接近，然而要强调的是，由于实践主要是人向自然的发出，指人塑造自然的过程。塑造不仅仅指实践，而且包括自然向人的发出，包括在自然塑造中自然向人发出的衍生。这才形成自然塑造人和人塑造自然的双向构成关系，基于塑造，解析文化，指向和谐，这就是塑造论哲学的最基本要义。

塑造论的研究重心在于，以塑造论哲学方式在塑造论中回答人与自然的主客体协调、和谐是何以确立的问题。作者有创见性地提出了塑造论哲学的两个重要概念："文化人类"和"人类文化"。强调这二者的相辅相成，在人与自然的对立统一关系中展开其内涵："在塑造论哲学看来，自然塑造人，是自然向人的发出；人的衍生是自然向人发出的。人塑造自然，是人向自然的发出；人的实践是人向自然发出的。""文化人类是自

---

① 参见张全新《塑造论哲学导引》，人民出版社1996年版。

然对人塑造的产物，人类文化是人对自然塑造的产物。"所以"文化"是"文化人类和人类文化"既对立又统一的显现，在这上面既投射着自然之光也投射着人类之光。因此，文化既是"自然之镜"也是"人之镜"，是"人与自然之镜"。

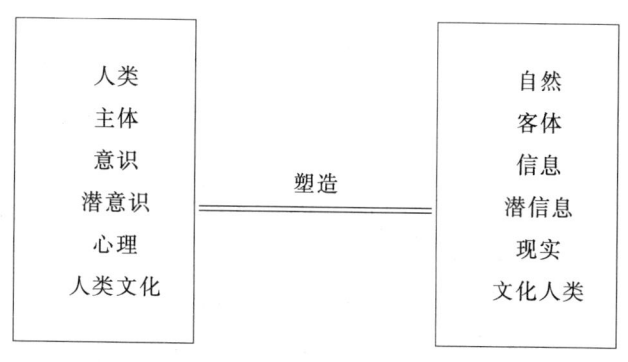

```
┌─────────┐           ┌─────────┐
│  人类    │           │  自然    │
│  主体    │           │  客体    │
│  意识    │   塑造    │  信息    │
│  潜意识  │ ═══════   │  潜信息  │
│  心理    │           │  现实    │
│  人类文化│           │  文化人类│
└─────────┘           └─────────┘
```

人与自然相互塑造

作者面对当代全球性问题，有针对性地强调，只有在自然塑造人和人塑造自然中让"灵性"贯通于其中，才不至于把人这个有机体与大自然割断，才能在塑造中使人扩大，在息息相通中使自然成为属人的，使人成为属自然的；才能不辜负自然塑造养育人这有意识、有灵魂的生灵；保护自然对人的塑造，同时也就是保护人类自己。塑造论哲学关于"人类文化"与"文化人类"相统一、人与自然相和谐的思想，对于深入理解科学发展观，促进社会和谐发展，具有重要的理论和现实意义。

事实就是这样，我们在改变世界，世界也在改变着你和我。自从人类诞生以来，"自然史和人类史就彼此相互制约"[①]。人与自然之间、人与人之间的改造与被改造、影响与被影响始终是相互的，我们每个人的一念一言一行都在影响着周围的世界，同时我们也在每时每刻受周围环境的影响。自然现象中的"蝴蝶效应"，在社会生活中也是存在的。世界需要热心肠，社会需要正能量。有一分热，发一分光，每个人都应当为社会进步作出自己的贡献。

---

① 《马克思恩格斯选集》第 1 卷，人民出版社 1995 年版，第 66 页。

四　天行健，君子以自强不息
——客观规律性与主观能动性

（一）地球仍在转动
——规律及其客观性

<u>物质运动是有规律的。规律是事物内部的本质联系和发展的必然趋势。</u>

"不管怎样，地球仍在转动。"这是1633年罗马教廷以"重大异端嫌疑"罪名判处伽利略终身监禁后，伽利略口中的喃喃自语。1610年，伽利略用望远镜观测到木星的卫星及其围绕木星的运动，由此断言，地球带着自己的卫星（月亮）围绕太阳运转。他在《关于托勒密和哥白尼两大世界体系的对话》一书中对地球运动作了新的、不为教廷承认的物理学论证，并大力宣传哥白尼的"日心说"，因而受到天主教的迫害而被逼"认罪"。然而，科学的理论不会为权势所改变。数个世纪之后，梵蒂冈教皇约翰·保罗二世于1992年正式宣布教廷为伽利略平反。这恰恰表明，规律是客观的，真理是不可战胜的。"自然规律是根本不能取消的。在不同的历史条件下能够发生变化的，只是这些规律借以实现的形式。"①

物质是运动的，运动是有规律的。规律是事物内部的本质联系和发展的必然趋势。规律这一范畴揭示事物运动发展中的本质的、必然的和稳定的联系。

规律是本质的联系。规律同本质是同等程度的范畴，规律是本质和本质之间的联系。本质作为一种联系，它渗透并贯穿于所有的现象之中，抓住了事物的本质联系，也就揭示了事物的运动规律，这就从更深的层次上把握了事物的现象及其变化。

规律是必然的联系。规律性与必然性是同等程度的范畴，必然联系在事物的发展过程中居于支配地位，决定着事物发展的方向。事物发展的规律性也就是事物发展的必然性。

---

① 《马克思恩格斯选集》第2卷，人民出版社1995年版，第101页。

规律是稳定的联系。规律的稳定性也就是它的重复性。只要具备一定的条件，某种合乎规律的现象就会重复出现。自然现象规律的重复性是显而易见的，而且自然规律的重复性还可以通过某种试验使其不断产生。

社会规律重复性的表现尽管复杂，但同样存在，如任何社会形态都存在着生产力与生产关系的矛盾运动规律。价值规律是一切商品生产所共有的规律，只要是商品生产，商品的价值就必然决定于生产该商品所耗费的社会必要劳动时间。尽管社会规律的重复性要比自然规律的重复性复杂得多，但重复性本身仍是客观的存在，只是表现形式不同。任何一个历史事件的产生都是必然性与偶然性共同作用的结果，正是由于其中的偶然性使历史事件各具特色，具有不可重复性。规律重复的只是其中的必然性。我国古代哲学家荀子说过："天行有常，不为尧存，不为桀亡。"[1] 就是说大自然的运行有其自身规律，这个规律不会因为尧的圣明或者桀的暴虐而改变。

规律是客观的联系。规律的客观性是指，规律的存在不依赖于人的意识，相反人的意识活动本身则要受规律的支配。自然规律的客观性，人们比较容易接受，因为自然界的运动是自发的，自然界不存在目的性，一切都处于盲目的相互作用之中，规律就是在这种盲目的相互作用中形成并发挥其作用的。与自然运动的自发性不同，社会发展是自为的。不过，社会发展的自为性与社会发展规律的客观性并不矛盾，它们是一个过程的两个方面。

（二）得道多助，失道寡助
——尊重规律方能成功

如上所述，社会历史领域与自然领域一样，存在着不以人的意志为转移的客观规律；而人作为实践主体，又具有特殊的能动作用。为此，必须把握好遵循客观规律与发挥人的主体性之间的关系，以科学的态度进行创造性实践。"一个社会即使探索到了本身运动的自然规律……它还是既不能跳过也不能用法令取消自然的发展阶段。但是它能缩短和减轻分娩的痛苦。"[2]

---

[1] 《荀子·天论》。
[2] 《马克思恩格斯选集》第2卷，人民出版社1995年版，第101页。

有一个揠苗助长的故事：古宋国有个人，他嫌禾苗长得太慢，就一棵棵地往上拔，然后很疲惫的样子回到家对家人说："今天可把我累坏了，我帮助苗长高了一大截！"他儿子听说后急忙到地里去看苗，结果苗都死了。天下不助苗生长的人实在很少啊！以为没有用处而放弃的人，就像是不给禾苗锄草的懒汉。妄自帮助它生长的，就像揠苗助长的人，非但没有好处，反而害了它。

怎样才能使禾苗长得又好又快呢？这就必须掌握禾苗生长的条件与规律。只有满足相应的条件并遵循其生长的规律，才能促进禾苗的茁壮成长。现在人们发明了大棚种植技术，这个问题就很好地解决了。古人说"得道多助，失道寡助"。其实，这个"道"不但作"道义"讲，还可以作"道理"即规律讲，想问题办事情，必须自觉遵循客观规律，才能左右逢源、助益成功。否则，只能是四处碰壁、走向失败。我国古代哲学家老子就说过："人法地，地法天，天法道，道法自然。"[①] 法就是效法的意思，也就是人要效法地的规则，地要效法天的规则，天要效法道，最后道归于自然，起于自然，天人合一。

<u>尊重客观规律与发挥主观能动性是辩证统一的。</u>

尊重客观规律是发挥主观能动性的前提和基础，只有尊重客观规律，才能更好地发挥人的主观能动性。人们对客观规律认识愈深刻、全面，主观能动性才能愈充分地发挥。如果违背客观规律，就会受到它的惩罚。发挥人的主观能动性是认识、掌握和利用客观规律的必要条件，因为客观规律是隐藏在事物内部的。要正确地认识必须通过实践，依靠主观能动性的发挥，利用客观规律改造世界。列宁指出："世界不会满足人，人决心以自己的行动来改变世界。"[②] 尊重客观规律和发挥人的主观能动性是相辅相成的。既要尊重客观规律，又要发挥人的主观能动性，把坚持唯物论和辩证法有机统一起来。

主观能动性和客观规律性辩证关系的原理是我们反对唯心论和形而上学错误思想的武器。否认客观规律性，夸大人的主观能动性，就会陷入唯心论的泥坑，其表现为"精神万能论"。夸大尊重客观规律性，否认人的

---

① 老子：《道德经》。
② 《列宁专题文集·论辩证唯物主义和历史唯物主义》，人民出版社2009年版，第138页。

主观能动性，就会犯形而上学机械论的错误。前面提到古人所谓"谋事在人，成事在天"的说法，就是一种片面强调外在因素的宿命论观点。

在社会主义现代化建设中，必须尊重社会主义建设的客观规律，从实际出发，实事求是，求真务实，同时必须充分发挥广大人民群众的积极性、创造性，把革命热情和科学态度结合起来，才能开创新的局面，加速我国现代化建设。既要反对不尊重客观规律的唯心主义、精神万能论，又要发挥人民群众的主动性、创造性。毛泽东指出："按照实际情况决定工作方针，这是一切共产党员所必须牢牢记住的最基本的工作方法。我们所犯的错误，研究其发生的原因，都是由于我们离开了当时当地的实际情况，主观地决定自己的工作方针。这一点，应当引为全体同志的教训。"①胡锦涛指出："求真务实，就是要坚持立足我国国情、一切从实际出发，真抓实干，埋头苦干，按照客观规律办事，切实推动科学发展、促进社会和谐。"②

党的十八届三中全会通过的《中共中央关于全面深化改革若干重大问题的决定》提出，改革开放是党在新的时代条件下带领全国各族人民进行的新的伟大革命，是当代中国最鲜明的特色。实践发展永无止境，解放思想永无止境，改革开放永无止境。全面深化改革，必须立足于我国长期处于社会主义初级阶段这个最大实际，坚持发展仍是解决我国所有问题的关键这个重大战略判断，以经济建设为中心，发挥经济体制改革牵引作用，推动生产关系同生产力、上层建筑同经济基础相适应，推动经济社会持续健康发展。

要想登山先爬路，要想恋爱先交谈。坚持实践观点，就需要大胆探索、勇于实践，敢为天下先。在实践中探索和总结人类社会发展规律、社会主义现代化建设规律、执政党建设规律，促进各项事业顺利发展。要处理好尊重客观规律和发挥主观能动性的关系。习近平指出，要坚持一切从实际出发，按照客观规律办事，一张蓝图抓到底，抓好打基础利长远的工作。同时，要鼓励地方、基层、群众大胆探索、先行先试，勇于推进理论和实践创新，不断深化对改革规律的认识③。

---

① 《毛泽东选集》第4卷，人民出版社1991年版，第1308页。
② 胡锦涛：《在全国政协新年茶话会上的讲话》，《人民日报》2008年1月2日。
③ 参见习近平《在中共中央政治局第十一次集体学习时的讲话》（2013年12月3日）。

水有源，树有根。中国梦源自近代社会以来中华民族对民族独立富强的不懈奋斗与追求，扎根于中国特色社会主义的伟大实践与辉煌成就。要实现民族振兴、国家富强、人民幸福的伟大"中国梦"，必须从实际出发，大胆探索，凝心聚力，锐意进取，发愤图强。

敢问路在何方，路在脚下！

（三）自强不息，厚德载物
——修齐治平奋发有为

《礼记·大学》中说："古之欲明明德于天下者，先治其国；欲治其国者，先齐其家；欲齐其家者，先修其身；欲修其身者，先正其心；欲正其心者，先诚其意；欲诚其意者，先致其知，致知在格物。"这里强调的是修身、齐家、治国、平天下，以"修身"为中心，强调个人道德修养与治国、平天下的一致性，主张由近及远，由己及人，把"格物""致知""诚意""正心"，作为"修身""齐家""治国""平天下"的基础。

天行健，君子以自强不息；地势坤，君子以厚德载物。

我国古代经典《易经》中强调，"天行健，君子以自强不息""地势坤，君子以厚德载物"。就是说，天体永恒运动，一直往前，健动不止，生生不已；人亦应效法天体之意志，刚健有为，生生不息，不断奋进，自强自立。大地包容万物，人亦应效法大地之德性，淳厚德行，宽宏气度，兼容并蓄，有容乃大。《易经》兼备规范与实用两方面的效用。人生道德修养，自应以天地的道理为准则，效法"天行健，君子以自强不息"的宇宙精神，努力精进不懈，使自己在品德学识修养上有所成就，然后在事业上施展抱负，才能共同促进社会发展、人类向上。

自强不息是一种自我超越、不断进取的品质，它体现的是一种不屈不挠、顽强奋斗的意志力。自强不息表现为自尊自信的品德，不卑不亢，有着独立的人格；表现为坚忍不拔、奋发图强，在困难和挫折面前不悲观、不丧气，勇于开拓，积极进取；表现为志存高远，为着远大的理想和目标执着追求。

我们想问题办事情，一定要从客观实际出发，从主观与客观的结合上、愿望与现实的互动中寻求出路。《孙子兵法》里说"知彼知己者，百战不殆"，就是说了解敌方和自己，百战都不会失败。兵法中的知彼知己，运用到为人处世上，就是要相互理解，善于换位思考，理解和包容他人。通过沟通和理解，减少不必要的误会，从而使自己也拥有了一份幸福。

当然，我们做任何一件事情，要想做到顺利或成功，首先就是要全面客观地了解对方或客观对象的基本情况与趋势，同时也要真实地了解自身的优势与不足，做到既知"彼"又知"己"，然后做好充分准备，才能顺利向着我们的目标迈进。

第三讲

社会存在、社会意识与社会文明

一 人类只有一个地球
——社会物质生活条件

（一）唯物史观终于揭开了"历史之谜"
——马克思的伟大发现

马克思主义诞生前，唯心史观在社会历史领域长期占统治地位。那时，许多学者对社会历史问题进行过多方面的探索。18世纪的意大利思想家、历史哲学家维科，19世纪法国复辟时代的历史学家基佐、梯也里、米涅，19世纪初的空想社会主义者圣西门、傅立叶和德国古典哲学家黑格尔等，都力图揭开社会历史发展的秘密。但时代和阶级的局限，决定了他们无法完成这个历史性任务。

在《德意志意识形态》中，马克思、恩格斯第一次系统论述了唯物史观。他们认为：生产方式是社会历史的前提，现实的个人是历史的、具体的人，不同的生产方式决定了不同的生活方式和不同的个人；是社会存在决定社会意识，而不是相反，不同时代的物质实践条件决定了不同的思想观念；物质生产在人类历史发展中起着决定性的作用，生产力与生产关系的矛盾是社会基本矛盾的最主要方面，人们所达到的生产力的总和决定着社会状况；生产关系一定要适应生产力状况，政治上层建筑和思想上层建筑一定要适应社会经济基础；等等。"社会的物质生产力发展到一定阶段，便同它们一直在其中运动的现存生产关系或财产关系（这只是生产关系的法律用语）发生矛盾。于是，这些关系便由生产力的发展形式变成生产力的桎梏。那时社会革命的时代就到来了。随着经济基础的变更，全部庞大的上层建筑也或慢或快地发生变革。"① 马克思、恩格斯批判地继承了以往历史哲学发展的全部积极成果，正如列宁所说的，"马克思的历史唯物主义是科学思想中的最大成果。过去在历史观和政治观方面占支配地位的那种混乱和随意性，被一种极其完整严密的科学理论所代替"。② 这种科学理论说明，由于生产力的发展，如何从一种社会生产结构中发展出另一种更高级的结构，终于揭开了"历史之谜"。

<u>马克思的两个伟大发现，使社会主义从空想变成了科学。</u>

1883年3月14日马克思逝世后，恩格斯在其墓前发表的讲话曾深刻指出：唯物史观和剩余价值学说是马克思一生中的两个伟大发现。正是这两个伟大发现，使社会主义从空想变成了科学。

如果说唯物史观揭示了人类历史发展的客观规律，那么，剩余价值学说则揭示了资本主义生产的全部秘密。马克思指出，工人与资本家的关系是一种雇佣劳动关系。剩余价值就是由雇佣工人的剩余劳动创造的、被资本家无偿占有的那一部分价值，劳动是价值的创造来源。资本对剩余价值的无偿占有，是资本主义独特的剥削形式，是资本主义生产的基本规律。"生产剩余价值或赚钱，是这个生产方式的绝对规律。"③ 这一基本规律决定了资本主义无法逾越自身所固有的矛盾。恩格斯在谈及剩余价值学说时指出："这个问题的解决是马克思著作的划时代的功绩。它使明亮的阳光照进了经济学领域，而在这个领域中，从前社会主义者像资产阶级经济学家一样曾在深沉的黑暗中摸索。科学的社会主义就是以此为起点，以此为中心发展起来的。"④

社会存在是指社会生活的物质方面，其核心是物质资料的生产方式。社会意识是指社会的精神生活过程，指社会的人的一切意识要素和观念形态，包括社会心理和社会意识形式。社会存在是第一性的，它决定社会意识，社会意识反映社会存在并对社会存在起促进或阻碍的作用。社会存在

---

① 《马克思恩格斯文集》第2卷，人民出版社2009年版，第591—592页。
② 《列宁专题文集》，人民出版社2009年版，第68页。
③ 《马克思恩格斯文集》第5卷，人民出版社2009年版，第714页。
④ 《马克思恩格斯选集》第3卷，人民出版社1995年版，第548页。

与社会意识何者为第一性的问题,是划分历史唯物主义和历史唯心主义的根本界限。

<u>社会存在决定社会意识,社会意识是社会存在的反映。</u>

社会存在决定社会意识,社会意识是社会存在的反映,社会存在的性质和变化决定社会意识的性质和变化。正如鲁迅所说的,穷人绝无开交易所折本的懊恼,煤油大王哪会知道北京捡煤渣老婆子身受的酸辛,饥区的灾民,大约总不去种兰花,像阔人的老太爷一样,贾府上的焦大,也不爱林妹妹的。社会意识对社会存在具有能动作用。其中,社会存在决定社会意识的作用是第一位的,社会意识是社会存在的反映,是第二位的。承认社会存在决定社会意识是历史唯物主义的观点。历史唯物主义既反对抹杀社会意识起能动作用的形而上学机械论,也反对把这种能动作用加以夸大的历史唯心主义。

社会意识的作用在性质和程度上有两个方面,这也体现了社会意识的相对独立性。一是先进的、革命的、科学的社会意识对社会存在的发展产生巨大的促进作用;二是落后的、反动的、不科学的社会意识对社会存在的发展起着阻碍作用。社会意识在自身发展中还具有历史继承性。主要有两个来源:一是反映那个时代的社会存在,二是继承前人留下来的精神文化成果。社会意识就是在这两个来源中相互作用形成的。

这一原理要求我们正确认识二者的关系,既要认识到社会存在的决定作用,要从社会实际出发;又要认识到社会意识具有相对独立性,对社会存在具有能动作用,树立正确的社会意识,克服错误的社会意识。反对割裂二者关系,既反对片面夸大社会意识能动作用,否认社会存在起决定作用的唯心主义,又反对否认社会意识能动性的形而上学。

(二) 劳动创造了人本身
——社会与自然的对立统一

人类社会是特殊的物质体系,同自然界有质的区别。但是,它又是统一物质世界的一部分,是自然界长期发展的产物。人和人类社会的产生是物质世界发展中一次巨大飞跃,而劳动在其中起了决定性作用。正如恩格斯所说:劳动是"一切人类生活的第一个基本条件,而且达到这样的程度,以致我们在某种意义上不得不说:劳动创造了人本身"。①

历史唯物主义认为,人类社会不同于自然界,同自然界是有质的区别的。但是,人类社会又同自然界有着内在的不可分割的联系,是自然界长期发展到一定阶段上的产物,是从统一的物质世界中发展出来的最高、最复杂的物质运动形态。

达尔文的生物进化论科学地揭示的事实证明,人类社会有一个逐步产生和发展的过程,而不是突然产生的,在自然界相当长的历史时期内,并不存在生命有机物,那时只是无机的自然,当然也就谈不到有人类和人类社会的存在;但是,无机的自然界经过长期的演变,走过漫长的历史过程,在特定的条件下才产生了简单的有生命的物质或生命有机体,而生命有机体又经过漫长的历程,经过由低级到高级、由简单到复杂的演变和发展,才出现了高级的植物和动物,最后才出现了人类社会这一物质运动形态。在人类社会这种物质运动形态中,活动着的是有意识和从事实践的人。

因此,我们既不能把人类社会和自然界完全等同起来,看不到二者的区别,又不能把它们割裂开来,看不到归根结底人类社会和自然界一样,也是客观存在的物质体系,是统一物质世界的一部分。

人类社会既和自然界相对立,又和自然界相统一,构成了社会和自然既对立又统一的矛盾运动,具有对立统一的关系。

<u>社会历史是自然历史过程。</u>

马克思认为社会历史是自然历史过程。他说:"我的观点是把经济的社会形态的发展理解为一种自然史的过程。不管个人在主观上怎样超脱各种关系,他在社会意义上总是这些关系的产物。"② 人类社会同自然界一样,是物质的存在。人类社会是从自然界发展而来的,它本身属于自然,是自然界的一部分。然而它又不等于自然界,它除了具有客观实在性以外,还具有意识的特性,社会意识的根源仍存在于社会物质生产的实践中。社会与自然界一样是发展变化的。所谓自然史就是自然界变化发展的过程;人类社会也是这样,也是一个不断变化发展的过程。社会的发展也

---

① 《马克思恩格斯选集》第4卷,人民出版社1995年版,第373—374页。
② 《马克思恩格斯选集》第2卷,人民出版社1995年版,第101—102页。

像自然界的发展一样，具有不以人的意志为转移的客观规律。

人类社会的发展和自然界的发展都具有不以人的意志为转移的客观规律性，这是人类社会史与自然史的相同之处。社会发展规律与自然发展规律也有不同的一面。恩格斯指出："社会发展史却有一点是和自然发展史根本不相同的。在自然界中（如果我们把人对自然界的反作用撇开不谈）全是没有意识的、盲目的动力，这些动力彼此发生作用，而一般规律就表现在这些动力的相互作用中。在所发生的任何事情中，无论在外表上看得出的无数表面的偶然性中，或者在可以证实这些偶然性内部的规律性的最终结果中，都没有任何事情是作为预期的自觉的目的发生的。相反，在社会历史领域内进行活动的，是具有意识的、经过思虑或凭激情行动的、追求某种目的的人；任何事情的发生都不是没有自觉的意图、没有预期的目的的。"[①] 自然界发展的规律是由自然界中各种盲目力量相互作用而形成的，而人类社会发展的规律是由人有意识、有目的的活动而形成的。这并不是说社会发展规律不是客观的，而是说社会规律离不开人的活动，人的活动总是在意识支配下进行的；社会规律一旦形成就对人的活动起制约作用，也是不可违背的。

人出自然，天人合一。物质世界和社会存在是不断运动的，思维和社会意识反映现实存在，所以思维和意识也应当是不断变化的，与时俱进的。

（三）人是天生的政治动物
——社会及其本质

亚里士多德在《政治学》一书中提出"人是天生的政治动物"。他对人、动物、奴隶、自由人和公民作了细致的区别，并对公民提出了很高的素质要求。在他看来，人的本性和城邦本性共同决定了人天生就是一种政治动物。

社会生活在本质上是实践的。社会生活是人们各种社会活动的总称，包括物质性社会生活和非物质性社会生活。一类是物质性的社会生活，包括物质资料的生产活动、物质交往活动以及物质资料的消费活动；另一类是非物质性的社会生活，包括精神生活和政治生活两个方面。属于精神生

---

① 《马克思恩格斯选集》第4卷，人民出版社1995年版，第247页。

活内容的有精神生产、精神产品的继承和传播、精神享受等,属于政治生活内容的有管理国家、阶级斗争、变革社会等。

物质性的社会生活决定着非物质性的社会生活;而非物质性的社会生活又能对物质性的社会生活产生重大影响。在整个社会生活中,物质生产活动以及在其中结成的生产关系是基础和核心,它既对其他物质性社会生活起制约作用,又对作为非物质性社会生活主要表现的精神生活和政治生活起决定的作用。

社会生活的几个方面——物质生活、政治生活和精神生活相互作用、相互联系,推动着社会的变化和发展。这表明人类社会并不是各种要素的机械的结合,也不是历史事件无序的堆积,而是以一定生产关系总和为经济基础的各种要素的有机的结合,是活动着的和发展着的活的机体。

<u>社会的真正本质是实践。</u>

社会生活的本质也就是社会的本质。社会的真正本质是实践。一方面,实践是人类社会的基础。人类是在劳动实践中把自己同其他动物区别开来的,又是在生产劳动的实践中结成了人与人之间的关系即生产关系,正是生产关系才构成了社会。马克思指出:"生产关系总和起来就构成为所谓社会关系,构成所谓社会,并且是构成一个处于一定历史发展阶段上的社会,具有独特的特征的社会。"[①] 另一方面,是说一切社会现象只有从社会实践才能获得真正科学的说明。社会现象特别是社会精神现象受社会生产实践的决定,精神的东西不过是物质的东西的反映,所以,一切社会现象只有在社会生产实践中才能找到最后的根源,才能得到最终的科学说明。

网络技术的迅速发展深刻改变着人类的生活,把人们引向一种网络化的虚拟世界。虚拟社会是人们在计算机网络中展开活动,相互作用形成的社会关系体系。虚拟社会的形成和发展,为人类生存和发展提供了新的空间,改变了社会结构,形成了与现实社会并存的社会存在的新形式;改变了人类的生存方式和活动方式,形成了人类的虚拟生活方式;改变了人类思维的社会基础,形成了人类的虚拟思维方式,使虚拟化成为现代社会发展的一个新趋势。虚拟社会的形成,使社会分化为现实社会和虚拟社会,社会主体生存也随之分化为现实生存和虚拟生存。以虚拟性、模糊性、全

[①] 《马克思恩格斯选集》第3卷,人民出版社1995年版,第345页。

球性、裂变性为特点的虚拟生存是与现实生存根本区别的社会主体的一种存在方式,这种存在方式带来了人类生存中虚拟生存与现实生存、理想化生存与世俗化生存、全球生存与民族生存的矛盾。重视对虚拟社会的认识和理解,处理好虚拟社会与现实社会的关系,加强对虚拟生活的规范和引导,才能提升生活质量,促进社会的稳定和谐与发展。

(四) 生产、环境与人口
——社会物质生活条件的基本构成

社会物质生活条件是人类社会的物质生活赖以存在和发展的物质要素总和。具体地说,包括三个方面:一是人类社会生存的自然条件,即地理环境。这是人类社会存在和发展的经常性的必要条件。二是社会存在和发展的人口条件,指一定数量、质量和密度的人口。人类社会是由人和人的活动而组成,人口素质的高低、数量增长的快慢,对社会发展能起加速或延缓的作用。三是社会物质资料的生产方式,它是人们在生产物质资料过程中所结成的一定的方式。任何社会物质生活条件主要都是由这三方面组成,它们互相作用、相互制约。

<u>物质资料的生产方式决定着整个社会的性质和面貌。</u>

在这三方面条件中,唯有物质资料的生产方式是最主要的。因为只有它决定着整个社会的性质和面貌;地理环境和人口条件只有通过物质资料的生产方式,才能对社会的存在和发展产生作用和影响。

人类只有一个地球。生态文明是人类可持续发展的必由之路。美国生物学家雷切尔·卡逊在《寂静的春天》中指出,生态环境问题如不解决,人类将生活在"幸福的坟墓"之中。"生生"是中国传统文化的一个重要观念,它最早在《易经》中被系统地阐述。其基本内涵可概括为"天地之大德曰生""生生之谓易""天地氤氲,万物化醇;男女构精,万物化生"。《易经》言"天道生生",其实是立"人道",要求人间的"盛德"、治世的"大业"应该坚持"恒久"、持续的精神。这一观念对当今世界树立可持续发展观念、采取可持续发展战略、促进生态文明建设,提供了宝贵的智慧资源。

在社会主义现代化过程中,必须坚持以人为本,全面、协调和可持续的发展观,处理好经济建设、人口增长与资源利用、生态环境保护的关系，促进人与自然的和谐，搞好资源节约型、环境友好型社会建设，推动整个社会走上生产发展、生活富裕、生态良好的文明发展道路。高度重视资源和生态环境问题，增强可持续发展的能力，实现绿色发展、循环发展、低碳发展，建设"美丽中国"，使蓝天常在、青山常在、绿水常在，是全面建设小康社会的重要目标之一，也是关系中华民族生存与长远发展的根本大计。

建设生态文明，探索新型工业化道路，这是中国经济可持续增长的必然要求，也是发展中国家工业化面临的共同任务。欧美国家的工业化是以绝大多数世界人口的非工业化为代价的。当以中国为代表的广大发展中国家迈向工业化时，欧美工业化模式的非普适性暴露无遗：原材料、能源、粮食、水资源、气候变化成为无法逾越的"瓶颈"。发达国家倡导发展中国家探索新型工业化道路更像是道德说教。中国在节约资源、保护环境方面的探索，对发展中国家具有积极的借鉴意义。

二 人是要有一点精神的
——社会意识及其构成

（一）社会意识是复杂的精神体系
——社会意识及其构成

社会意识是社会生活的精神过程；社会意识是一个复杂的系统。

社会意识是社会生活的精神过程，是人们对社会存在即社会的物质生活过程的反映。社会意识依赖于社会存在：社会存在是社会意识内容的来源；社会存在的发展，推动整个社会意识或迟或早地发生变化。

社会意识是一个复杂的系统，具有多层次的结构，这可从多角度加以揭示。

从社会意识主体的角度，社会意识可分为个人意识和群体意识。个人意识来源于社会中个体的人的实践，是个人的独特的社会地位和社会经历的反映。个体意识具有个体性特点。正如黑格尔所说，每个人都是一个世界。同时，个人意识又是时代的社会的反映。群体意识是社会上一定的群体如阶级、政党、团体、民族等的共同意识，是一定群体实践的产物。群体意识不是个人意识的简单相加，它包含着个人意识所没有的特殊内容。在阶级社会中，阶级意识是群体意识的本质方面，统治阶级的意识在社会群体意识中占统治地位。个人意识和群体意识是对立统一的，它们相互依存、相互作用，并在一定条件下相互转化。

从社会意识反映社会生活本质程度的角度，社会意识可分为社会心理和社会意识形式两个层次。社会心理是直接与日常生活相联系的一种自发的、不定型的意识，以感性的东西为主，如感情、风俗、习惯、成见等。社会意识形式则是对社会生活较自觉、较系统的反映，具有相对稳定的形式，如政治法律思想、道德、艺术、宗教、哲学、科学等社会意识形式。社会心理是社会意识形式的基础，社会意识形式则给社会心理以重大的影响。

从社会意识和经济基础关系的角度，社会意识可分为属于上层建筑的社会意识形式或称社会意识形态，和不属于上层建筑的社会意识形式。前者如政治法律思想、道德、艺术、宗教、哲学和大部分社会科学，它们是一定的社会经济基础和政治制度的反映，在阶级社会中，体现一定阶级的意志和利益，因而具有鲜明的阶级性。后者主要指自然科学，亦包括部分社会科学和思维科学如语言学、形式逻辑学等，它们同社会生产力有直接的联系，是对自然现象和某些不属于经济基础的社会现象的反映，因此没有阶级性，是全人类共有的精神财富。

俄国哲学家普列汉诺夫指出："要了解某一国家的科学思想史或艺术史，只知道它的经济是不够的。必须知道如何从经济进而研究社会心理；对于社会心理若没有精细的研究与了解，思想体系的历史的唯物主义解释根本就不可能。"[①] 社会心理是对社会经济生活条件及其变迁的敏感反应，体现着社会成员对社会变革及现实问题的意愿、要求和评价，又能动地作用于社会变革与发展。社会心理的结构是比较复杂的，从不同角度可以区分为不同的结构层次。按照其形成机制和高低层次的不同，可将社会心理区分为社会普通心理和社会潜意识。社会普通心理与社会潜意识共属于较低水平的社会意识，即普通的社会意识。所不同的是，前者是能够直接觉察到的靠公众舆论来维护和传播的社会心理，后者则是不易直接觉察到甚至是受到压抑或抑制的不能公开表达的社会心理。社会潜意识既具有社会心理的一般特点，又有着自身特殊的地位和作用。

[①] 《普列汉诺夫哲学著作选集》第 2 卷，生活·读书·新知三联书店 1962 年版，第 272 页。

和社会心理相比，社会意识形式即思想体系则是社会意识的高级形式，是对社会存在的理论化、定型化的反映。在社会心理和社会意识形式之间还有没有中介环节呢？回答是肯定的。社会思潮就是一个重要的中介环节。社会思潮是反映特定环境中人们某种利益或要求并对社会生活有广泛影响的思想趋势或倾向。社会思潮既是由一定理论形态的思想做主导，同时又有着广泛的社会心理基础，是社会意识的综合表现形式。从不同领域的角度，社会思潮可以区分为经济思潮、政治思潮、文学思潮、哲学思潮等。社会思潮是社会矛盾的综合反映，是社会心理与意识形态矛盾冲突的产物和表现。社会潜意识不仅是社会思潮的主要感性思想材料来源，而且还决定着社会思潮的某些基本特征。社会思潮一经形成，便在社会心理与意识形态之间起着承上启下的中介作用。

社会意识	意识形态	社会意识形态（艺术、道德、政治法律思想、哲学、宗教等）
		自然科学理论
	社会思潮	经济思潮、政治思潮、艺术思潮、哲学思潮等
	社会心理	社会普通心理
		社会潜意识

全面把握社会意识的构成及结构，才能唯物辩证地理解社会意识形态的形成过程和发展动力。在社会基本矛盾运动中，经济基础与上层建筑的相互作用，需要意识形态的中介；经济基础和观念上层建筑的相互作用，需要社会心理和社会思潮的中介。在社会意识内部，社会普通心理与占统治地位的意识形态构成了肯定的意识层面，社会潜意识与社会思潮构成否定的意识层面，这两个意识层次之间的相互作用和转化，是社会意识发展的内在动力。

（二）意识不仅反映存在，而且反作用于存在
——社会意识的相对独立性与作用

社会意识的相对独立性是指社会意识在反映社会存在，被社会存在所决定的同时，还具有自身的能动性和独特的发展规律，它的发展与社会存在的发展并不总是保持着一致和平衡。

社会意识具有相对独立性，对社会存在具有反作用。

社会意识的相对独立性主要表现为以下几种情况：社会意识与社会存在发展的不完全同步性；社会意识与社会经济发展水平的不平衡性；社会意识的发展具有历史继承性；社会意识各种形式之间相互影响，相互作用；社会意识对社会存在的能动反作用，它可以促进或阻碍社会存在的发展。恩格斯指出："政治、法、哲学、宗教、文学、艺术等的发展是以经济发展为基础的。但是，它们又都互相作用并对经济基础发生作用。"[①]毛泽东指出："一定的文化（当作观念形态的文化）是一定社会的政治和经济的反映，又给予伟大影响和作用于一定社会的政治和经济。"[②]

由于社会意识的发展同社会存在、社会经济发展水平的不完全同步性，因此，我国在建设社会主义物质文明的同时，就可以建设高于发达资本主义国家的中国特色社会主义文化。由于社会意识的发展具有自身历史的继承性和独特的发展规律，因此，努力继承祖国的一切优秀精神文化遗产，遵循社会意识发展的特殊规律，就会有力地促进我国中国特色社会主义文化的发展。由于社会意识对社会存在具有能动反作用，因此，建设先进的中国特色社会主义文化，就会对社会主义物质文明建设起到积极的推动作用，并保证它的正确发展方向。

社会主义先进文化属于社会意识，是正确的科学理论，对社会主义现代化建设具有指导作用，能引领社会主义现代化建设的方向，能为我国社会主义建设提供强大的精神支持和动力，是鼓舞人们前进的精神支柱，是联系人们的精神纽带，能满足人们日益增长的文化需求。由此，必须大力推动社会主义文化的发展和繁荣，推动社会主义文化强国建设。

（三）多种多样的意识形式
——社会意识诸形式

社会意识具有多种形式，诸形式之间相互作用和影响。

艺术 艺术是最早出现的一种社会意识形式。与社会意识的其他形式

[①] 《马克思恩格斯选集》第 4 卷，人民出版社 1995 年版，第 732 页。
[②] 《毛泽东选集》第 2 卷，人民出版社 1991 年版，第 663—664 页。

一样，艺术也是起源于人类的生活劳动。艺术是人类劳动的社会表现。为了再现自己的劳动生产和社会生活，以及满足对于美的爱好和追求，原始人类就已开始了创造艺术的活动。而原始艺术，就是直接与人们的生产劳动结合在一起的。

艺术对社会生活的反映，不像意识形态的其他形式那样，采用理论的形态或行为规范的形式，它是用具体生动的形象反映社会生活，并通过美的感染具体地影响人的思想感情和社会生活。典型性是艺术的重要特征。文学艺术源于生活，又高于生活。台湾作家龙应台说："文学，只不过就是提醒我们：除了岸上的白杨树外，有另外一个世界可能更真实存在，就是湖水里头那白杨树的倒影。"[1]

作为上层建筑的组成部分，艺术是为经济基础服务的。在阶级社会中，艺术是有阶级性的，它总是一定阶级和社会势力的思想、意愿和感情的反映。那种与社会斗争没有任何联系的"纯艺术"是不存在的。

黑格尔说过，一个民族如果缺乏精神理念，就像一座庙宇尽管装饰得富丽堂皇却没有神像一样。面对市场经济刺激带来的物欲化倾向，文学创作出现了低俗化趋势。对此，2012年诺贝尔文学奖获得者莫言强调，文学作品最好的境界是雅俗共赏，但是俗的东西不一定就不好。可以俗，但不可以低俗。艺术的根本在民间，一个作家的作品要表现它，肯定摆脱不了一个"俗"字。但追求低级趣味是他一向反对的。现在低俗化的倾向在演艺界盛行，这一点很值得担忧。侯宝林的相声表现的是一些俗的东西，但是俗得很艺术，这个俗是世俗，而不是低俗。

毛泽东早在延安时期就谆谆告诫人们，人民生活中本来存在着文学艺术原料的矿藏，这是自然形态的东西，是粗糙的东西，但也是最生动、最丰富、最基本的东西；在这点上说，它们使一切文学艺术相形见绌，它们是一切文学艺术的取之不尽、用之不竭的唯一的源泉。一切革命的文学家艺术家只有联系群众，表现群众，把自己当作群众的忠实代言人，他们的工作才有意义。为此，他进一步鼓励说，知识分子要和群众结合，要为群众服务，需要一个互相认识的过程。这个过程可能而且一定会发生许多痛

---

[1] 龙应台：《我们为什么要学习文史哲》，《新华文摘》2014年第11期。

苦，许多磨难，但是只要大家有决心，这些要求是能够达到的。① 邓小平也谆谆告诫我们：人民需要文学，文学更需要人民。人民是文艺工作者的母亲。习近平在 2014 年 10 月 15 日主持召开的文艺工作座谈会上的重要讲话中指出："文艺创作方法有一百条、一千条，但最根本、最关键、最牢靠的办法是扎根人民、扎根生活。"

广大艺术工作者要认清自己的社会价值并发挥自己的作用，就应该自觉地与人民群众相结合，不但要做到"言为心声"，还要做到"文为民声"。反思我国当前的文学艺术，笔者呼吁：少一点浮躁，多一些深沉；少一点贵族气，多一些大众化；少一点媚俗，多一些崇高；少一点戏说，多一些真实；摆脱自恋情结，多为人民写作。

当今世界是开放的世界。面对多元化的文化格局，文艺工作者的一个重要职责是要促进文化的交流与融合，使中国文化走出去与其他民族文化平等对话，互相阐释，互相发明。从以往的"各美其美"，到现在的"美人之美"，直至走向"美美与共"（费孝通语）。

道德　道德也是较早形成的一种社会意识形式，它是调整人们之间以及个人和社会之间关系的行为规范的总和。道德不是由国家强制制定和强制执行的，而是以道德评价的形式，依靠社会舆论的力量，以及人们的信念、习惯、传统和教育的力量起作用的。道德同经济基础的联系比较密切，它比较直接地反映着人们在生产和社会生活中的相互关系，并通过一定的规范来协调这些关系。人们在社会生活中，总是自觉不自觉地根据一定的道德标准，对他人和自己的行为进行善恶的判断。这种判断，反过来又能在社会生活中起到一种抑恶扬善的作用。

社会主义核心价值观是构建和谐文化的根本。社会主义核心价值观，可以凝聚人心。也就是只有按社会主义核心价值观去做，才能实现社会主义的价值目标。习近平指出："核心价值观其实就是一种德，既是个人的德，也是一种大德，就是国家的德、社会的德。国无德不兴，人无德不立。"② 社会主义核心价值观，是指社会主义社会的政府和人民共同为之努力奋斗的价值取向，也就是共同理想。胡锦涛在党的十八大报告中明确提

---

① 毛泽东：《在延安文艺座谈会上的讲话》，《毛泽东选集》第 3 卷，人民出版社 1991 年版。

② 习近平：《青年要自觉践行社会主义核心价值观——在北京大学师生座谈会上的讲话》（2014 年 5 月 4 日），《光明日报》2014 年 5 月 5 日第 2 版。

出"三个倡导",即"倡导富强、民主、文明、和谐,倡导自由、平等、公正、法治,倡导爱岗、敬业、诚信、友善,积极培育社会主义核心价值观",这是对社会主义核心价值观的最新概括。"富强、民主、文明、和谐是国家层面的价值目标,自由、平等、公正、法治是社会层面的价值取向,爱国、敬业、诚信、友善是公民个人层面的价值准则,这24个字是社会主义核心价值观的基本内容,为培育和践行社会主义核心价值观提供了基本遵循。"[①] 习近平指出:"我们提出的社会主义核心价值观,把涉及国家、社会、公民的价值要求融为一体,既体现了社会主义的本质要求,继承了中华优秀传统文化,也吸收了世界文明有益成果,体现了时代精神。"[②]

继承和弘扬中华传统美德,是培育和弘扬社会主义核心价值观的一项重要的基础性工作。早在《新民主主义论》中,毛泽东就指出:"中国的长期的封建社会中,创造了灿烂的古代文化。清理古代文化的发展过程,剔除其封建性的糟粕,吸收其民主性的精华,是发展民族新文化提高民族自信心的必要条件。"[③] 对于中华传统美德的内核——"仁义礼智信",就要批判继承,使"古为今用"。习近平指出:"中华传统美德是中华文化精髓,蕴含着丰富的思想道德资源。"要"深入挖掘和阐发中华优秀传统文化讲仁爱、重民本、守诚信、崇正义、尚和合、求大同的时代价值,使中华优秀传统文化成为涵养社会主义核心价值观的重要源泉"。[④]

社会上曾流行"普世价值"的说法,且很有争议。一些人或宣扬西方自由主义的"普世价值",或赞颂民主社会主义的"普世价值",或把所谓儒家经典中的"圣心王意""天道性理"奉为"普世价值"。历史上恩格斯曾对德国杜林的"永恒道德"论进行了分析批判。杜林是一个先验主义者和形而上学者。他为了鼓吹人类历史领域也存在"永恒道德",先确定了他的道德观和正义观适用于一切世界,认为道德的原则凌驾于"历史之上和现今的民族特性的差别之上",而且不容许"对这些原则的绝对适用性表示失望",他的道德论就是这种普遍适用的"永恒真理"。如果用今天有的人的语言,这些原则显然也就是"普世价值"了。对这

[①] 中共中央办公厅:《关于培育和践行社会主义核心价值观的意见》2013年12月。
[②] 习近平:《青年要自觉践行社会主义核心价值观——在北京大学师生座谈会上的讲话》(2014年5月4日),《光明日报》2014年5月5日第2版。
[③] 《毛泽东选集》第2卷,人民出版社1991年版,第707页。
[④] 习近平:《习近平谈治国理政》,外文出版社2014年版,第164页。

种"永恒道德"论，恩格斯进行了深入的剖析和批判。

首先，恩格斯指出道德是具有历史性的。人们的道德观念因历史时代、历史条件的发展变化而变更。就拿道德领域被认为具有绝对意义的善恶来说，其对立就是"在属于人类历史的领域中运动"，善恶观念从一个民族到另一个民族、从一个时代到另一个时代变更得这样厉害，以致它们常常是互相矛盾的。因此，不存在超历史的适合于一切民族和时代的善恶观念。

其次，恩格斯指出，在阶级产生以后，道德又具有阶级性。不同的阶级有不同的道德。"人们自觉地或不自觉地，归根结底总是从他们阶级地位所依据的实际关系中——从他们进行生产和交换的经济关系中，获得自己的伦理观念。"[①]

价值观与道德观具有同一的一面，相互贯通、相互制约，因而价值观如同道德观一样也具有历史性和阶级性。对于在"普世价值"旗号下宣扬的价值观，应当进行历史的、阶级的分析。这是承认价值观、道德观的历史性和阶级性的必然要求。

一种价值观、道德观有多大的普遍适用性，受制于现实世界经济、政治关系中互相联结又互相矛盾的错综复杂的利益主体。即使在现今凸显的一些全球性问题上，也因不同国家的利益矛盾或有的执意采取双重标准等原因，而各国态度各异以致对立。对于这些问题，我们应采取实事求是的态度，从中国人民和各国人民的利益出发给予正确的应对。

当前，社会潜规则的存在和蔓延，对社会主义道德建设产生了明显的消极作用，干扰了社会主义经济秩序，破坏了社会主义政治文明，与先进文化的发展方向背道而驰。潜规则的存在和蔓延，直接与社会主义道德相对立，违背社会公德，侵害公众利益，败坏社会风气，瓦解民族斗志，是社会主义精神文明建设的严重障碍。加强对潜规则的治理，必须加强制度建设，引导合理竞争；普及法律知识，破除陈规陋习；调控大众心理，提高民众素质。

在信息技术发展日新月异的今天，人们无时无刻不在享受着信息技术给人们带来的便利与好处。然而，随着信息技术的深入发展和广泛应用，网络中已出现许多不容回避的道德与法律问题。因此，在我们充分利用网络提供的历史机遇的同时，抵御其负面效应，加强网络信息管理，大力进

[①]《马克思恩格斯选集》第 3 卷，人民出版社 1995 年版，第 434 页。

行网络道德建设已刻不容缓。

宗教 宗教是统治人们的那些自然力量和社会力量在人们头脑中虚幻的、颠倒的反映。它不同于其他社会意识形式的特点，就是把自然力量和社会力量歪曲成一种超自然的神灵，使人们盲目地信仰和崇拜它。这种神灵，有的叫作上帝，有的叫作其他的名字。宗教包括宗教观念（教义）、宗教情感和宗教仪式等部分，它们同宗教的组织、设施以及专门的神职人员等结合在一起，形成一种强大的精神力量和社会势力。

马克思指出："宗教里的苦难既是现实苦难的表现，又是对这种现实苦难的抗议。宗教是被压迫生灵的叹息，是无情世界的感情，正象它是没有精神的制度的精神一样。宗教是人民的鸦片。"① 自然压抑、社会压抑与身心压抑是宗教产生的重要社会心理根源。"一切宗教都不过是支配着人们日常生活的外部力量在人们头脑中的幻想的反映。在这种反映中，人间的力量采取了非人间力量的形式。在历史的初期，首先是自然的力量……但是在自然的力量之外，不久社会的力量也起了作用，这种力量与自然力量本身一样，对人来说是异己的，最初也是不能解释的，它以同样的表面上的自然的必然性支配着人。"②

在原始社会，人与人之间的关系还不能被自觉地认识，由于生产力的极度低下，生活的极端困苦，大自然给予人类的考验十分严酷。人类为了生存，把一切力量都用来对付自然。天灾、疾病、部落之间的争夺，无情地摆在人类面前。人们对自然力量的压迫无法理解和无能为力，是原始宗教产生的主要原因。霍尔巴赫说："人之所以迷信，只是由于恐惧；人之所以恐惧，只是由于无知。"③ 费尔巴哈则进一步认为，宗教的产生更深刻的心理根源还在于人们对大自然的依赖感。他说："除了依赖感或依赖意识以外，我们就不能发现其他更适当、更广泛的宗教心理根源了。"④

宗教这种现象是人类探索自身奥秘和世界奥秘的一种歪曲表现。原始人的宗教一般是一种低级的宗教，但也是这种探索的结果。例如，原始的图腾崇拜实际上就反映了氏族对自身来源的探求和对血缘关系的认识。此外，各

---

① 《马克思恩格斯选集》第1卷，人民出版社1972年版，第2页。
② 恩格斯：《反杜林论》，《马克思恩格斯选集》第3卷，人民出版社1972年版，第354—355页。
③ 《十八世纪法国哲学》，商务印书馆1963年版，第558页。
④ 费尔巴哈：《费尔巴哈哲学著作选集》下卷，商务印书馆1984年版，第257页。

种生殖崇拜、鬼魂崇拜、精灵崇拜等都有类似的性质。而今，科学技术的发展日新月异，对人的内宇宙和外宇宙的探索也不断向纵深发展，与此同时，由于科学技术的广泛应用而造成的压抑感也与日俱增。特别是随着社会的急剧变革，人类社会日益复杂化、多元化和世俗化，人们的价值观念剧烈冲突和变化，人们的心灵总要有个寄托处，这个问题不是仅仅依靠科学所能解决的。而各宗教在其组织机构、礼仪制度乃至教义解释上都有了新的发展，都更注重现代社会中现代人的要求。世俗化使宗教更加成为私人的事情，更能摆脱体制化组织的控制，因而人们将有更大的自由去选择自己的信仰，而不受环境和家庭在这方面的影响。宗教所赖以产生和存续的社会心理根源不可能在短时期内消除，因而宗教的存在和影响也将是长期的。

在社会转型时期，人们信仰的危机和信仰多元化，往往为宗教的"复兴"提供契机，但若引导和管理不力，则会导致宗教的泛滥乃至邪教的侵袭。人们的"灵魂"总要有个寄托处，信仰领域没有真空地带，积极的东西不去占领，消极的东西必然要去占领。重视和加强精神文明建设，创新内容，创新形式，创新载体，不断满足广大群众日益发展的精神文化需要，关注解决群众的实际困难和问题，努力构建社会主义和谐社会，才能从根本上防止宗教的蔓延和邪教的侵袭。

政治法律思想 政治思想是人们关于社会的政治制度、政治生活、国家以及各个阶级或社会集团的政治地位、政治关系等问题的观点和理论的总和。法律思想是关于法的关系、规范、制度和设施问题的观点、理论的总和。政治思想和法律思想的关系极为密切，广义的政治思想就包含法律思想。它们和道德不同，是靠政治暴力来维持的。

党的十三届四中全会以来，党中央坚持与时俱进，坚持发展社会主义民主政治，明确提出依法治国、建设社会主义法治国家，要求进一步健全社会主义民主制度，加强社会主义法制建设，使我国的社会主义民主和法制建设取得了显著成就。党的十八届四中全会，进一步提出全面依法治国、建设法治中国的战略目标。

在建设中国特色社会主义的新的征程中，我们要以邓小平理论、"三个代表"重要思想和科学发展观为指导，坚定中国特色社会主义道路自信、理论自信、制度自信，与时俱进，再接再厉，以改革创新的精神，积极推进协商民主，深化政治体制改革，推进国家治理体系和治理能力现代化。全面推进依法治国，建设中国特色社会主义法治体系，建设社会主法治国家。坚持依法治国、依法执政、依法行政共同推进，坚持法治国家、法治政府、法治社会一体建设，为推进法治中国的进程，为建设社会主义现代化伟大事业，作出更大贡献。

哲学 哲学的形式比其他社会意识形式更晚一些。它是系统化、理论化的世界观，是对人与世界关系的理性思考。它处于社会意识形态的最高层，是最具有普遍性的系统化理论化的社会意识形式。哲学的这一特点，决定了它在社会观念结构中发挥着十分重要的作用。但是，哲学是以提供理论观点和思维方式、揭示价值本质和人生奥秘的形式，通过对自然、社会、人类思维的最一般规律的阐述，通过影响人生价值观念，营造人类精神家园，建构人类实践和交往模式而间接为经济基础服务的。所以哲学作用的发挥，又只能借助其他形式的社会意识，包括科学作为中介才能得以实现。

从文化自觉到哲学自觉，一个民族才能走向理性与成熟。习近平指出，马克思主义哲学深刻揭示了客观世界特别是人类社会发展一般规律，在当今时代依然有着强大生命力，依然是指导我们共产党人前进的强大思想武器。我们党自成立起就高度重视在思想上建党，其中十分重要的一条就是坚持用马克思主义哲学教育和武装全党。学哲学、用哲学，是我们党的一个好传统。他强调，在革命、建设、改革各个历史时期，我们党运用历史唯物主义，系统、具体、历史地分析中国社会运动及其发展规律，在认识世界和改造世界过程中不断把握规律、积极运用规律，推动党和人民事业取得了一个又一个胜利。历史和现实都表明，只有坚持历史唯物主义，我们才能不断把对中国特色社会主义规律的认识提高到新的水平，不断开辟当代中国马克思主义发展新境界①。

三 以文化人，天下文明
——社会文明及其构成

（一）五位一体，相辅相成
——"五个文明"协调发展

恩格斯在《家庭、私有制和国家的起源》一书中根据历史学家摩尔

---

① 参见习近平《在中共中央政治局第十一次集体学习时的讲话》（2013年12月3日）。

根的研究，把人类历史时期划分为蒙昧时代、野蛮时代和文明时代。社会主义社会以前的所谓文明时代，只是就生产技能等的发展而言，就社会性质说，实际上是既不文明又不自由也不道德的时代。因之，它必将被真正文明、自由和道德高尚的社会主义与共产主义时代所代替。这是人类历史由低级向高级发展的必然。

<u>社会文明是人类改造客观世界和主观世界所获得的积极成果的总和。</u>

文明是标志社会进步程度的概念，它是与野蛮、愚昧相对的。《易经》里说："文明以止，人文也……观乎天文，以察时变；观乎人文，以化成天下。"从广义上说，社会文明指人类社会的开化状态和进步程度，是人类改造客观世界和主观世界所获得的积极成果的总和，是物质文明、政治文明、精神文明、社会文明和生态文明等方面的统一体。

党的十一届三中全会以来，我国社会发生了深刻的变革。从"以阶级斗争为纲"转向以经济建设为中心，从传统的计划经济体制转向社会主义市场经济体制，从封闭半封闭型社会转向开放型社会。改革开放30多年来，我国的各项事业取得了世人瞩目的伟大成就，同时也积累了宝贵的发展经验。这些经验，党的十七大报告曾做了全面概括。如果从理论深化与实践推进的结合上，"五个文明协调发展"则是这一经验的有益结晶。

在人类学术思想史上，对文明的研究多是从纵的角度或横的角度进行综合性论述，如古代文明、中世纪文明、近代文明和当代文明，或欧洲文明、亚洲文明、中华文明、法兰西文明等。把文明从内涵上深入划分，并用之于指导社会主义建设的实践，是我们党的一大创造。从物质文明与精神文明一起抓，到物质文明、政治文明和精神文明三驾马车并驾齐驱，再到包括和谐社会建设在内的"四位一体"。十七大报告首次提出建设生态文明，十八大报告进一步强调大力推进生态文明建设，形成"五位一体"总布局。这反映了我们党在社会文明建设认识上的不断发展和深化，也体现了我国社会主义现代化事业的不断拓展和提升。

关于物质文明、政治文明和精神文明的内涵已有了明确的界定。对于社会文明和生态文明的概念也曾经使用过，但这里有必要进一步加以阐明。"社会发展"或"社会文明"就其广义来说，是泛指整个社会的发展或社会文明建设，是与国家文明甚至人类文明相对应的。就狭义来说，社会发展或社会文明则是相对于经济发展和物质文明而言的，侧重于社会稳定、社会保障、社会事业建设方面。温家宝指出："社会发展包括科技、教育、文化、卫生、体育等社会事业的发展，也包括社会就业、社会保障、社会公正、社会秩序、社会管理、社会和谐等，还包括社会结构、社会领域体制和机制完善等。"并强调，经济发展是社会发展的前提和基础，也是社会发展的根本保证；社会发展是经济发展的目的，也为经济发展提供精神动力、智力支持和必要条件。[①] 当今国际上出现的与"经济发展论坛"相对应的"社会发展论坛"，实际上就是从狭义"社会发展"出发的。所以，也可以从狭义社会出发，来界定并提出"社会文明"的要求，从而使原有的三个文明（物质文明、政治文明、精神文明）建设理论进一步扩充为"五个文明"建设理论，也使我国社会主义现代化建设局面扩展为五大文明"五位一体"协调发展的总体格局。

生态文明是指人类在改造客观世界的同时，又主动保护客观世界，积极改善和优化人与自然的关系，建设良好的生态环境，实现经济社会与环境的可持续发展的人类文明。生态文明是当代文明的一种新的形态，它是针对传统工业文明的片面发展、科技的不当利用给人类社会带来负面效应而提出的新要求，是人类进步程度的重要标志，具有自身相对独立的内涵和意义。当然，科学发展观与和谐社会中都包含了生态文明建设的要求，强调可持续发展、人与自然和谐相处以及建设资源节约型、环境友好型社会等，都是强调生态文明的重要意义。我们党提出要构建的"和谐社会"是一个综合性目标，而生态问题和生态文明建设有着自身相对独立的地位和价值，应该独立出来加以突出和强调。"建设生态文明，不是要放弃工业文明，回到原始的生产生活方式，而是要以资源环境承载能力为基础，以自然规律为准则，以可持续发展、人与自然和谐为目标，建设生产发展、生活富裕、生态良好的文明社会。"[②]

生态兴则文明兴。之所以强调和突出"生态文明"建设的作用和意义，就在于呼吁全社会认识并重视生态文明对于经济、政治、文化、社会建设的重要制约作用。在我国，建设生态文明不能离开社会主义的发展、

---

① 参见温家宝《提高认识 统一思想 牢固树立和认真落实科学发展观》，《光明日报》2004年3月1日。

② 张高丽：《大力推进生态文明 努力建设美丽中国》，《求是》2013年第24期。

改革和制度建设。没有物质文明建设的成就，改善生态的投资就会受限制；没有精神文明建设的成就，不树立新的环境观、道德观，不确立既改造和利用自然又顺应和保护自然的新观念，就不会有正确的生态观；没有制度文明的建设，不把保护生态问题制度化、法治化，不能贯彻落实科学的政绩观，就会使生态文明建设流于形式。社会保障问题不解决，贫富差距继续拉大，各种社会事业发展滞后，势必造成贫困和弱势群体为了生存而无力顾及生态问题，或者一些暴富群体和强势集团不惜牺牲生态利益来满足自己的私欲的局面。同时，生态文明建设的成就也有利于物质文明、政治文明、精神文明和社会文明的发展。

促进人与自然的和谐发展，实现生态文明与社会文明的互动双赢。社会文明与生态文明是相互依赖、相互为用的，生态文明是社会文明存在和发展的自然前提和永恒基础，没有了社会文明，生态文明也失去了意义。维护人与自然的和谐统一，促进两大文明的协调发展，实现两大文明的双赢，是人类面临的共同课题。人类首先应改变对大自然的对立态度，同时要调节人与社会之间、主体自身诸素质之间的关系，促进人与自然之间、人与社会之间以及主体自身的和谐发展。和谐发展是人的全面发展的前提条件，也是人类发展的最佳状态。

在当代，社会生态文明建设必须走科技创新之路。在环境保护和生态文明建设问题上，"科技悲观主义"和"科技乐观主义"都是片面的，必须以生态文明培育和谐理念，以和谐理念引导科技创新，以科技创新促进和谐发展。科技创新必须以实现人与自然的和谐发展为最高境界和最终目标。加快培育以可再生资源为基础的技术系统，积极开展生态产业发展、生态环境保护和生态文化建设诸方面的综合系统研究。必须改革和完善社会体制，创造合理利用科学技术的社会环境。当代生态环境问题的普遍性和复杂性，决定着也只有依靠多学科、多领域的合作与创新才能加以有效的解决。在生态文明建设中，人文社会科学有着责无旁贷的责任和不可取代的作用。

根据上述理解和界定，五个文明之间，其地位和作用是不能相互取代的。其中，生态文明是前提，物质文明是基础，政治文明是保障，精神文明是灵魂，社会文明是归宿。在全面建设小康社会的总体目标中，五个文明建设的职责和要求是：生态良好，经济繁荣，政治民主，文化先进，社会和谐。五个文明之间相互联系、相互制约、相辅相成，有机地统一于社会主义现代化建设的伟大实践。

(二)"科学技术是第一生产力"
——科技进步与社会文明

科学技术对社会文明进步的作用和影响已成为人们日益关注的话题。在我国,"科学技术是第一生产力""科教兴国"等思想不断深入人心,然而科学技术在社会主义新型文明建设中远没有发挥出其重要作用。

科学技术是创造社会文明的强大杠杆。

纵观人类文明发展史,科学技术的每一次重大突破,都会引起生产力的深刻变革,带来人类社会的巨大进步,开创人类文明的新纪元。科学技术是创造社会文明的强大杠杆。当今人们所说的科学技术,主要指的是由自然界本质知识构成的自然科学以及运用它对自然界进行改造的技术知识体系。我们在揭示科技文明的本质时,一方面,需要注重自然科学在科学技术系统中所处的根基地位及其所起的主导作用,明确科学真理是科技价值的基础,从而确认科技本身的进步意义,化解人们对科技文明的恐惧与抗拒心态;另一方面,还需要从价值论方面审视科学向技术的转化以及科技与社会的互动关系,全面理解科技的社会价值,即科技广泛应用于各个领域后所创造的各种社会价值类型。这包括:科技的经济价值、科技的人文价值、科技的生态价值。正确认识和充分发挥科技的诸方面积极的、正面的社会功能,推进科技社会化,是一个伴随当代中国经济转型和现代文明建设生成的重要课题。

我国社会主义现代文明的实践,应是以生态文明建设为前提、物质文明建设为基础、精神文明建设为先导、政治文明建设为保证、社会文明建设为归宿的五大文明建设互为条件、相互促进的全面协调发展过程,而这一切都必须依靠科技进步。

科技是提高整个社会物质文明水平的最具能动性的因素。我们应当而且必须优先关注科技的经济价值,充分挖掘并利用科学的技术资源,强化科技因素的作用机制,促进科技产业化,以此来带动经济的高速增长,走现代化的强国富民之路。

科技发展将促进我国精神文明迈向更高的境界。科学知识是愚昧的天敌、教条的对头、迷信的克星;科学精神启迪人们尊重事实、崇尚理性、追求创新;科学的社会建制即科学共同体的规范结构如普遍性、公有性、独创性、无私利性等精神特质能为社会一体化的民主秩序提供健全的发展机会。我国早在"五四"时期就倡导"民主与科学",但一直未直接经受科学革命和科学文化的洗礼。今天,我们立足于我国实际,充分挖掘和利用科学的精神资源,实现人文精神和科学精神的融通与共建,不仅有助于健全现代社会的科技理性,战胜社会中的邪教、伪科学、愚昧迷信等种种"反科学"现象,而且有助于人们形成正确的理想信念,加强道德修养,培养民主法制观念,从而对我国的政治文明建设起规范和导向作用。

科技进步有利于营造可持续发展的生态文明。在全球面临生态危机,而我国又还面临着实现工业化的情势下,我们更应抓住机遇,实现工业化与生态文明的有机结合,一方面要在解放和发展生产力的基础上,探索节约能源、消除污染、保护生态环境的新技术、新方法、新途径,积极改善和优化人与自然的关系,走一条生态效益型的经济增长之路;另一方面要吸取西方工业化过程的经验教训,注重现代科技的"生态化"发展趋势,即按照生态系统的物质循环和能量流动总规律来进行科学技术的研究、开发和应用,促进生态农业和生态工业的发展,这是关系到社会主义中国能否赶超世界先进国家的关键问题。

科技进步有利于促进社会管理创新,保障社会的和谐稳定。社会的复杂化、信息化给社会管理提出了许多新课题,需要借助科学技术破解难题、创新管理、提高效率、促进和谐。

由上可以看出,建设社会主义新型文明离不开科技进步,那种把社会文明和科技进步相割裂的科技悲观主义论调与科技发展的革命本性是不相容的。

四 "硬实力"与"软实力"比翼齐飞
——从经济社会到文明社会

(一) 硬实力与软实力
——两轮驱动助推综合国力

<u>硬实力与软实力相辅相成。</u>

1989年,美国哈佛大学前政治学教授约瑟夫·奈创造出了"软实力"

这个概念,指的是产生吸引力和说服力的一种影响力,而不是一种威胁和强制力。1990年3月约瑟夫·奈在为美国《大西洋》杂志撰写的一篇名为《衰落的误导性隐喻》中说"我们需要在'软实力'上增加投入,而不是在'硬实力'上即昂贵的新武器系统上增加投资"。2004年4月,其新书《软实力:世界政治中的制胜之道》再度引起世界热谈;未来学者和文化经济专家的观点也令人瞩目:在21世纪,各国的胜负决定于文化产业。

软实力是与硬实力相对应的概念,它主要指文化和价值观念、社会制度、发展模式、生活方式、意识形态等方面的吸引力和影响力。文化软实力是一个国家的文化体现出来的凝聚力、吸引力、影响力。硬实力是软实力发展与提升的前提和基础,没有一定的经济科技实力作后盾,就没有文化上的话语权。同时,软实力又是硬实力发展和提升的重要推动力量,为经济科技的发展提供凝聚力和创新力,是一个国家综合国力的重要组成部分。

大力发展文化产业是当今世界发达国家发展经济的基本经验和普遍做法,美国包括影视、音像制品在内的视听产品的出口,已超过航天工业而跃居首位,并在影视、图书和音乐唱片等领域引领着世界文化产业的发展潮流。从国际上看,文化产业已成为当今世界经济的支柱产业,增长速度远远高于全球经济发展速度。有资料显示,日本几乎垄断了全球的唱片业和动漫卡通业,美国则占据了世界电影市场的80%的份额,控制了75%的电视节目和60%以上的广播节目的生产与制作。很显然,在经济全球化加速和新科技革命突飞猛进的态势下,文化在综合国力竞争中的分量将越来越重。这里不仅仅是经济意义,更在于国家的文化安全和政治安全方面。

比起物质产品,文化产品具有影响程度深、作用时间长、传播范围广的特点。因此,文化力是一种更为深厚和持久的力量,文化建设在国家发展规划中应占到更加重要的地位。德国哲学家黑格尔认为,民族精神"构成了一个民族意识的其他种种形式的基础和内容"[①]。江泽民指出:"综合国力,主要是经济实力、技术实力,这种物质力量是基础,但也离

---

① 黑格尔:《历史哲学》,三联书店1956年版,第104页。

不开民族精神、民族凝聚力，精神力量也是综合国力的重要组成部分。"①

中国经济持续高速增长，并赢得了"制造大国""出口大国""外汇储备大国""经济大国"等一项项桂冠，但是文化产业发展相对滞后。我们这个有悠久文明史的大国，却没有赢得"文化强国"的美誉，文化产业发展一直存在着"西强东弱"的状况。长期以来，我国存在着有文化无创意、有创意无技术、有技术无产业、有产业无规模的尴尬局面。我国要在激烈的国际竞争中赢得主动，就必须在壮大经济实力、科技实力的同时，加快建设文化事业，积极发展文化产业，大力提高国家文化软实力。提升文化软实力是实现民族复兴的必然要求，是增强我国综合国力、增强国家竞争力的必然要求，是赢得国际竞争力的必然要求。

习近平强调："提高国家文化软实力，关系'两个一百年'奋斗目标和中华民族伟大复兴中国梦的实现。"他指出提高国家文化软实力要从四个方面"着力"，即要努力夯实国家文化软实力的根基，要努力传播当代中国价值观念，要努力展示中华文化独特魅力，要努力提高国际话语权。②

（二）民族振兴一体两翼
——科技创新与文化创意

大力推进科技创新，着力建设创新型国家。

"科学的春天"是诗意的，"科教兴国"是哲学的，而"科技创新"则是动态的。

2006年1月9日，全国科学技术大会在北京召开。胡锦涛在大会开幕式上发表题为《坚持走中国特色自主创新道路，为建设创新型国家而努力奋斗》的讲话。这次大会所强调的建设"创新型国家"的战略目标，是结合中国现阶段发展所面临的形势提出来的。

这是因为中国现有的劳动密集型经济具有很大的局限性，在中国经济发展的这个阶段，要改变这种局面，只能靠技术创新。当今时代，科学技术已经成为经济社会发展的决定性力量，自主创新是支撑中国和平崛起的

---

① 转引自刘云山《更加自觉、更加主动地推动社会主义文化大发展大繁荣》，《人民日报》2007年10月29日。

② 《习近平在中共中央政治局第十二次集体学习时强调 建设社会主义文化强国 着力提高国家文化软实力》，《人民日报》2014年1月1日第1版。

筋骨。胡锦涛指出:"建设创新型国家,核心就是把增强自主创新能力作为发展科学技术的战略基点,走中国特色自主创新道路,推动科学技术的跨越式发展;就是把增强自主创新能力作为调整产业结构、转变增长方式的中心环节,建设资源节约型、环境友好型社会,推动国民经济又快又好发展;就是把增强自主创新能力作为国家战略,贯穿到现代化建设各个方面,激发全民族创新精神,培养高水平创新人才,形成有利于自主创新的体制机制,大力推进理论创新、制度创新、科技创新,不断巩固和发展中国特色社会主义伟大事业。"提高自主创新能力,是国家安全的关键领域,是提高综合国力的关键。在关系国民经济命脉和国家安全的关键领域,真正的核心技术和关键技术,必须依靠自主创新。

<u>建设创新型国家,是一项关系全局、影响深远的宏大的社会系统工程。</u>

建设创新型国家,是一项关系全局、影响深远的宏大的社会系统工程。党的十七大报告强调,提高自主创新能力,建设创新型国家。这是国家发展战略的核心,是提高综合国力的关键。要坚持走中国特色社会主义自主创新道路,把增强自主创新能力贯彻到现代化建设各个方面。党的十八大报告进一步确立了到2020年全面建成小康社会的宏伟目标,科技进步对经济的贡献率大幅上升,进入创新型国家行列。

我们正处在全球信息化、数字化、网络化的时代。21世纪,人类社会将从化石能源体系走向可持续能源体系的新时代。人类正致力于建设资源节约型、环境友好型社会,积极发展循环经济。人类更加重视保护生态环境。人类面临着人口、健康的新挑战。21世纪仍将是科学技术迅猛发展的时代。科学技术创新日新月异。当代科技发展呈现加速度的趋势。科学技术在一些关键领域取得突破,新一轮科技革命正在全球酝酿。国际科技竞争呈现新的态势。

当前,国际范围内迅速发展的四个科学领域出现协同和融合,纳米技术、生物技术、信息技术、认知科学形成"融合技术"。专家们认为,这四个领域的技术当前都在迅速发展,每一个领域都有着巨大的潜力。目前,人类认知组计划、人类基因组计划、超级计算机技术、新兴材料研究都取得了明显的进展;而其中任何技术的两两融合、三种会聚或者四者集成,都将产生难以估量的效能。科学家这样描述科学领域融合发展趋势:

"如果认知科学家能够想到它，纳米科学家就能够制造它，生物科学家就能够使用它，信息科学家就能够监视和控制它。"

创新是一个民族进步的灵魂，是一个国家兴旺发达的不竭动力。中华民族五千年的文明史，就是一部不断创新的历史：既有农业、手工业、铸造业、天文航海等自然科学技术的创新，又有人文社会科学的创新。但是这种创新只是在生产力发展和社会变革的要求下进行的自然创新，还没有形成整个民族自觉的创新意识。中共中央通过总结历史、观察当代、分析自身，提出自主创新和建设创新型国家，这是创新意识在民族整体上的自觉。随着时间的推移，我们会越来越深刻地认识到这一战略决策的伟大意义。

半个多世纪以来，世界上众多国家都在不同的起点上努力寻求实现工业化和现代化的道路。一些国家把科技创新作为基本战略，形成了日益强大的竞争优势。在国际上，目前被认为属于"创新型国家"的有20个左右，其中包括美国、日本、芬兰和韩国等。它们的共同特征是：创新综合指数明显高于其他国家，比如，科技进步贡献率在70%以上；对外技术依存度在30%以下；获得的三方专利（指美国、欧洲和日本授权的专利）数占世界总量的97%。特别值得注意的是，芬兰、韩国等国家在10—15年的时间内，依靠不断的技术创新，实现了经济增长方式的转变。它们的经验对中国具有重要的借鉴意义。

我国提出到2020年建设成为"创新型国家"的奋斗目标。走创新型国家发展道路是我国21世纪发展的战略选择。在科技飞速发展的今天，科技战略的重要性已经不言自明——科技已经成为国家安全的保护屏障，科技已经成为国民经济发展的引擎，科技已经成为提高人民生活福祉的基础。

加强自主创新是我国科学技术发展的战略基点。如果没有自主创新的核心技术和知识产权，我国产业发展将难以突破发达国家及其跨国公司的技术垄断，难以获得有利的贸易地位。加强自主创新，不仅是我国积极应对当代国际竞争的必然要求，更是我国追求自强自立的政治意愿。

全面建成小康社会的目标，决定了我国必须走创新型国家的发展道路。满足全面建成小康社会的要求，意味着我国必须保持从改革开放以来到2020年，连续40年7%以上的经济高速增长，这在世界经济史上，对于一个大国来说是前所未有的。只有在广泛汲取国外先进科学技术的基础上，大力增强我国的自主创新能力，真正依靠科技创新来开拓新的发展道路和增长空间，才能确保我国经济的长期、高速增长，实现可持续发展和保障国家安全。

改革开放以来，我国的科学技术取得了令世人瞩目的重大成就，但整体水平与发达国家相比还存在很大差距：科学研究质量不高；尖子人才匮乏，更缺少大师级领军人物；科技投入不足。所以，我国总体创新能力不强。

进一步落实"自主创新，重点跨越，支撑发展，引领未来"的方针，加快创新型国家建设步伐，必须采取一系列重大政策和措施，促进国家创新体系建设。实施激励企业技术创新的财税政策，加强对引进技术的消化、吸收和再创新，实施促进自主创新的政府采购，加快建立健全知识产权战略和技术标准战略，实施创新创业的积极金融政策，加速高新技术产业和先进实用技术的推广，提高公众的科学文化素质，营造有利于创新的社会文化环境，大幅度增加科技投入，加强科技基础条件平台建设，加强科技人才队伍建设，完善军民结合、寓军于民的机制，扩大对外技术交流与合作。

加强创意文化建设，鼓励创新，鼓励创造。

科技创新与文化创意是推动经济持续发展的两大引擎。

科技创新与文化创意是推动经济持续发展的两大引擎，它理应成为国家创新战略中的一个重要内容。为此，必须把发展文化创意产业列入国家创新计划，使科技创新与文化创意成为民族振兴的一体两翼。在我国，大力发展文化创意产业，不仅能够引领我国经济走出金融危机的影响，创新传统产业，而且能够转变经济发展模式，助力创新型国家建设。

联合国教科文组织曾指出："人的创造力最容易受到文化的影响，最能开发并超越人类自身成就的能力，也是最容易受到压抑和挫伤的能力。"因此，增强自主创新能力，建设创新型国家，必须重视创新文化建设。原全国人大常务委员会副委员长许嘉璐强调："我觉得有两点精神十分重要：一是提出创新文化的问题。创新本身是一种文化现象，创新必须有一定的文化做基础。不少两院院士和一些诺贝尔奖获得者认为，科学只解决'是什么'的问题，而文化才能解决'为什么'的问题。创新需要联想、想象和灵感，需要胆量，要敢于冒险，这就是人文精神。现在提出建立创新文化,就是要营造有利于创新的人文环境。二是提出创新要容忍失败,这是符合科学规律的。科学的东西往往是失败多成功少,从前在相当程度上我们不允许失败:'成者王侯败者贼',这不利于创新。提出宽容失败了不起,失败从某种意义上说就是成功,即失败是成功之母,只有不怕失败才能成功。要在全社会营造鼓励创新、宽容失败的环境,一句话,要形成创新的舆论环境。只有善待挫折,宽容失败,才能鼓励探索,激励成功,才有全社会的创新意识、创新精神。"①

有专家指出,我国某些科技领域存在着投入多、成果多、专利多,但解决问题少的现象。出现这种现象除了科研投入机制不合理以外,从研发者的角度来看,就是自己的研发活动没能很好地与生产、生活实际有机结合,有创新却无创意,有思想但无价值,有成果但无效益。当今时代,一流企业卖标准,二流企业卖专利,三流企业卖技术,四流企业卖产品,五流企业卖苦力。什么是标准?标准就是创意。研究表明,当今世界有两类国家:一类是头脑国家,即靠知识创新引领其发展,成为世界经济的"老板";另一类是躯干国家,主要是依靠廉价劳动力维持生存,成为世界经济的"打工仔"。我们必须实现从"能源企业"到"头脑企业"的转变,坚持自主创新、持续创新,不断提高原创能力。

美国科普大师阿西莫夫说过:"科学太重要了,不能单靠科学家来操劳。"一谈自主创新,人们就觉得那是尖端技术,只有科学家设计师才能干,与普通人无缘。其实,建设创新型国家,科学家的作用固然重要,而提高全民族的创新能力和创新素质,增强普通人的创新意识与实践,也同样是十分重要的。

我们国家有着13亿人口,建设创新型国家,不但需要各种各样的专家、大师,还需要培养千千万万的具有创新意识和创新能力的普通劳动者。高新技术需要创新,普通技术领域也需要创新。不仅技术领域需要创新,自然科学领域、社会科学领域等也需要创新。创新这事,科学家要干,普通人也要干。创新并非那么高深,很多时候它就在你我身边的大事小情中。一个点子,一个想法,一个创意,面貌就可能从此改变。只有普通大众的主动参与,在各自岗位上奉献自己的智慧,争做"有理想、有头脑、有知识、有技能、有创新意识的螺丝钉",才能夯实建设创新型国

---

① 许嘉璐:《努力营造有利于创新的社会环境》,《光明日报》2006年6月8日。

家的基础。建设创新型中国，必须弘扬探索、务实、求真、创新、奉献的科学精神。

进一步解放思想，更新观念。发展文化创意产业是解放文化生产力的重要举措。把创意做成产业，让智慧化作财富。大力发展文化创意产业，使文化、创意、技术、产品和市场有机结合起来，并以创意产业的思维逻辑和发展模式改造和转化传统产业，有助于促进创新型城市和创新型企业建设，从而推动创新型国家建设。我们必须进一步解放思想，坚持科技创新和文化创意并举的战略，使文化创意产业实现无边界的渗透和融合，提高全民族的创造力和创意能力。

（三）经济社会与文明社会
——转型提升实现中国梦

发展经济是当代国家的主要任务，当今国际间的竞争主要是经济竞争（围绕经济而展开的竞争，或者以经济为基础而展开的竞争）。在社会发展史上，国家活动的主导形式在不同的历史阶段有着不同的表现，与以往的军事化国家、宗教化国家和政治化国家各阶段不同的是，当代国家是经济化国家，发展经济成为国家的主导职能。以尽可能快的速度发展经济，尽可能多地拥有物质财富，成为各国政府的主要目标。

发展经济、增长财富也是当今各国民众的主要目标和追求。人们以拥有财富为荣耀，甚至于已不太注意获得财富的手段是否正当。发达国家是这样，发展中国家也是如此，那种"越穷越革命，越穷越光荣"的时代一去不复返了。经济标准（或金钱标准）成为衡量一切的价值准则。所谓"钱不是万能的，但没有钱是万万不能的"。

著名作家冯骥才提出，相对于此前一个历史阶段"以阶级斗争为纲"的政治社会，在当时经济改革的大背景下，经济社会这个提法与时俱进地给中国经济的发展及社会生产力和创造力以巨大的激发，并直接带来了中国社会30年和至今方兴未艾的繁荣与国力的空前的强盛。经济社会的提法的历史功绩功不可没。

然而，日益富裕起来的中国社会确实有一个要富到哪里去的问题。我们的社会只是这一个属性吗？我们的国力只表现在物质性方面吗？我们的种种社会问题能够只用增强经济来解决吗？

于是，近年来一些领域与相关概念引起我们的关注。比如文化、教育、法治、网络、软实力、文明。文明是焦点。人们所关切的人际关系、行为准则、法治自觉、教育目的、环境意识、社会风气等，都关乎社会文明。文化最终的目的也是文明。人类历史和各国历史最辉煌的时期，不仅仅是GDP攀升的时期，更是文明高度发达的时期。相反，绝不会是财富富足而文明低落。

文明的社会从来都具有理想性。理想中文明的社会都是人际和谐、教育程度高、社会平等、遵守公德、道德自律的；最关键是文明成为全社会共同的追求，以享受文明为最大的幸福。这样的社会对于国家来说，才是一种强大的凝聚力和软实力。所以说，文明是国家软实力的核心。

文明社会建设的关键是国家层面文化和文明的自觉。

文明社会的建设是一个过程。因为文明和文化一样最终还是关乎于人，必须潜移默化和循序渐进。文明社会建设的关键是国家层面文化和文明的自觉，必须是依照文明的性质与规律科学地进行文明建设，必须沉下心来做。文明建设必须从娃娃从教育开始。只有社会机器的所有部件都有文明的含金量，理想的文明社会才会渐渐呈现。

文明社会并不轻视经济和物质，相反也包括充裕和高度的物质文明。文明社会是物质文明与精神文明的合称，不会出现"一手硬一手软"。在今天经济迅速发展的时期，文明社会是否应当作为我们社会建设与发展的终极目标去逐步实现？

改革开放以来，中国发展经济正是不断前进的过程。西方发达国家是单纯从农业社会转到现代工业社会，中国则是双重的转型，从传统的农业社会转到工业社会和一国经济体制转到工业经济体制。我们要通过改革开放，实现从传统社会向现代社会的转型，进而迈向人类共同文明。

曾几何时，当人们解决了温饱问题之后，要么是满足于现状，因循不前，要么是畸形消费，挥霍浪费。如今，对于十几亿中国居民来说，面临的一个重要课题是：小康之后做什么？是知足常乐，还是得陇望蜀？这个"蜀"——更高的生活理想——该是什么，是西方模式还是"中国特色"？有一点应该达成共识，要启动新一轮经济大发展，就必须同时启动和引导新一轮社会消费，而这种消费活动必须有利于社会经济的持续增长、有益于人性的合理进化、有利于促进人的全面发展，也就是以社会和谐、文明提升为目标。

春秋时期的管仲说过:"仓廪实则知礼节,衣食足则知荣辱。"我国社会的基本矛盾没有变,但随着经济社会的发展,人们对物质文化生活的需求呈现出某些阶段性特征。以人为本,关注民生,不仅要解决人们的物质需求,还要解决人们的精神需求。文化的根本作用就是创造和提升文明。就个人来说,发展先进文化,就是通过文化教育和熏陶提升自身价值,提高人的素质,塑造人的自由个性,促进人的全面发展,使人变得越来越文明。就社会来说,发展先进文化,就是通过先进思想观念、价值导向的影响和引导,使社会制度安排更为合理,社会关系更为和谐,社会风气更为净化,社会公德更为高尚,简言之,使社会发展越来越文明。

习近平指出:"人民对美好生活的向往,就是我们的奋斗目标。"[1] 人们渴望过上幸福的生活,就需要对幸福观加以关注和引导。我国古代的《尚书·洪范》中,就有关于"五福"的论述:"一曰寿,二曰富,三曰康宁,四曰攸好德,五曰考终命。"也就是长寿、富贵、无疾病、追求美德、生命善终。这种价值观被普遍认同且久远流传。而今,有些人物质富足、精神贫乏,"穷得只剩下钱了"。这不能不让人反思。

《论语》中记载了一个小故事,孔子周游列国,经过卫国,看到卫国人口众多,甚为繁荣,孔子不禁赞叹:"庶矣哉!"他的弟子冉有问他:人口如此众多,要如何治理?孔子回答:"富之。"要让国家强盛,人民富裕。冉有接着问:富裕之后,怎样进一步治理?孔子回答:"教之。"这种"先富后教"的思想,理应成为当代中国的文化态度。16世纪德国著名宗教思想家马丁·路德曾说过:"一个国家的兴盛,不在于国库的殷实、城堡的坚固或是公共设施的华丽,而在于公民的文明素养,也就是人民所受的教育、人民的远见卓识和品格的高尚!"[2] 早在1816年,德国哲学家黑格尔在大学课堂上就讲过这样的话:一段时间以来,人民过多地忙碌于现实利益和日常生活琐事,"因而使得人们没有自由的心情去理会那较高的内心生活和较纯洁的精神活动"。[3] 这些话对今天的我们仍有很大的启示意义。中共中央办公厅《关于培育和践行社会主义核心价值观的意见》提出:"推进文明城市、文明村镇、文明单位、文明家庭等创建活

---

[1] 习近平:《在十八届中央政治局常委同中外记者见面时的讲话》2012年11月15日。
[2] 转引自邹广文《物质和精神的平衡发展》,《光明日报》2014年2月19日第16版。
[3] 张世英:《站在哲学巨人的肩膀上远望》,《人民日报》2013年12月22日第5版。

动，开展全民阅读活动，不断提升公民文明素质和社会文明程度。"为此，需要深入开展文明创建活动，促进人的全面发展，引领社会全面进步。

从世界范围看，人类文明的主流由西方主导的文明向中华文明主导转变，中华文明开始引领新的文明。就国内说，必须树立大文明观，坚持"五个文明"协调发展，物质发展与人的全面发展的统一。国家富强、民族振兴、人民幸福的伟大中国梦，不仅是国家的梦，民族的梦，更是人民的梦。这个梦既有着社会主义内涵，又体现着民族特色；既存在对物质文明的渴望，更包含对精神文化的追求。实现伟大中国梦的过程，应该是实现由经济社会向文明社会转型的过程，也是全体国民从"经济人"向"文明人"提升的过程。

第四讲

联系、发展与规律

前面谈到哲学的基本问题，正确解决思维和存在的关系问题，主要是解答世界的本原"是什么"的问题。随后，还要解答这个世界的存在状态究竟"怎么样"的问题。即世界是普遍联系的，还是彼此孤立的？是发展变化的，还是静止不动的？发展变化的原因是来自事物内部，还是外力的作用？对这类问题的不同回答区分出辩证法和形而上学。

"辩证法"一词出自古希腊文，意思是进行交谈、论战。在当时，辩证法是指在辩论中，通过揭露对方论点中的矛盾来探索真理的方法。比如，讨论什么是道德的问题。正方说："说谎是不道德的。"反方则反问："说谎是不道德的。难道你对敌人也说实话吗？"正方又说："对敌人说谎是道德的，对朋友说谎是不道德的。"反方又反问："如果你的朋友得了不治之症，我们对他说这病是可以治的，至少能够帮助他减少恐惧延长生命，这难道不道德吗？"正方说："善意的谎言是道德的。"……

现在，我们所说的辩证法，是指用联系的、运动的、全面的观点看世界，认为世界上的一切事物是相互联系的，是变化、发展的，而变化、发展的根本原因是事物的内部矛盾。有些古诗如"沉舟侧畔千帆过，病树前头万木春""两岸猿声啼不住，轻舟已过万重山"等，就体现了辩证法的哲理。

形而上学则是指与辩证法相对立的世界观和方法论。它用孤立的、静止的、片面的观点看世界。在它看来，如果说有变化，也只是数量的增减和场所的变更。这种增减和变更的原因，不在事物的内部，而在于事物的外部，也就是由外力的推动。有些成语如"刻舟求剑""守株待兔""瞎子摸象""只见树木，不见森林""一叶障目，不见泰山"等，都是对形而上学的讽刺和批判。

辩证法和形而上学的斗争贯穿于整个哲学史,同唯物主义和唯心主义的斗争交织在一起,并从属于唯物主义和唯心主义的斗争。

辩证法与形而上学的对立

	辩证法	形而上学
主要观点	联系	孤立
	全面	片面
	发展变化	静止不变
	承认矛盾	否认矛盾
	内因论	外因论

一 城门失火,殃及池鱼
——事物的普遍联系

(一)鱼儿离不开水,瓜儿离不开秧
——联系的客观性

所谓联系是指事物之间以及事物内部诸要素之间的相互影响、相互作用和相互制约。任何事物都有它不同于其他事物的特殊本质,任何事物之间既相区别又相联系。如果主观地忽略联系的存在,就会把本来有联系的事物孤立起来,这是形而上学的观点,是错误的。

辩证法是关于普遍联系的科学。

鱼儿离不开水,瓜儿离不开秧。联系的客观性,就是指事物之间的相互联系是事物本身固有的,是不以人的主观意志为转移的,也不是人们强加给事物的。这种联系并不局限于自然界的事物之间,也存在于人类实践活动创造出来的社会生产活动的各个领域之间。恩格斯说:"辩证法是关于普遍联系的科学。"[①] "当我们通过思维来考察自然界或人类历史或我们

---

① 恩格斯:《自然辩证法》,《马克思恩格斯选集》第3卷,人民出版社1972年版,第521页。

自己的精神活动的时候，首先呈现在我们眼前的，是一幅由种种联系和相互作用无穷无尽地交织起来的画面。"①

毛泽东指出，讲事物的联系，好像无缘无故什么东西都是联系的。究竟是什么东西联系呢？就是对立的两个侧面的联系。事物之间直接相互作用和影响而发生联系，属于直接联系。事物之间通过某种中间因素或过渡环节，也就是"中介"，而相互作用和影响，则属于间接联系。所谓"城门失火，殃及池鱼"。其中鱼水之间、城门和火之间都是直接联系，而火和鱼之间则是通过水而发生的间接联系，因为用水去救火才使鱼遭殃。达尔文在《物种起源》一书中，曾谈到几种生物组成的食物链：红花三叶草—土蜂—田鼠—猫。看似毫不相干的物种之间，却存在着间接的联系。善于认识和把握联系的中介环节，有助于全面了解事物的普遍联系。列宁指出："一切……都是经过中介，连成一体，通过过渡而联系的。"②"要真正地认识事物，就必须把握住、研究清楚它的一切方面、一切联系和'中介'。"③ 联系是客观普遍的，联系的具体形式是多种多样的。

宏观物体之间存在着一种普遍的联系方式，这就是科学家牛顿由苹果落地而联想发现的"万有引力"。月有阴晴圆缺，海有潮起潮落。这二者之间有什么联系呢？联系非常密切。因为海水潮汐现象就是由太阳、月亮与地球之间的引力和运行状况造成的。鲁迅先生曾说过："无穷的远方，无数的人们，都与我有关。"不要以为"我"只是一个小小的个体，与社会无关，与历史无关。我们都是休戚相关的共同体。世界上的人和物是无限的，在一个大系统——例如宇宙中，一个小力量也可以转化为大力量。人们常说的"蝴蝶效应"就是典型。一只南美洲亚马孙河流域热带雨林中的蝴蝶，偶尔扇动几下翅膀，可以在两周以后引起美国得克萨斯州的一场龙卷风。其原因就是蝴蝶扇动翅膀的运动，导致其身边的空气系统发生变化，由此引起连锁反应，最终导致其他系统的极大变化。其实，这种"蝴蝶效应"在社会生活中也是存在的。

事物普遍联系原理要求我们用联系的观点看问题，全面认识、深刻把

---

① 《马克思恩格斯文集》第9卷，人民出版社2009年版，第23页。
② 《列宁全集》第55卷，人民出版社1990年版，第85页。
③ 《列宁选集》第4卷，人民出版社1995年版，第419页。

握事物的客观联系。

当今世界是联系的世界、开放的世界，我们想问题办事情，必须具有开放心态和国际视野。

在小农经济时代，民族间的交往是狭隘的、疏散的，这一方面是由于物质条件的限制，另一方面也由于民族观念的限制。由于交通、信息的限制，人们看不到外面的世界，甚至产生夜郎自大的心态，特别是在专制体制下，各种异质声音受到排挤和压制，举国上下一片"吾国强大"的呼声，使民族心态产生扭曲和畸形，最终走上闭关锁国的歧途。我国从明朝第五代皇帝朱瞻基下令闭关锁国，直到清朝，国家与外界的交流减少，经济文化发展也开始走下坡路。

明朝万历年间，意大利传教士利玛窦先生来中国传教。他看到当时中国人绘制的"世界地图"甚为惊讶。在那幅地图上，大明帝国的15个省，被画在地图中间部分。在其四周所绘出的海中，散布着若干小岛。在各小岛上填上当时中国人所知道的所有外国的名字。但所有这些外国版图的总和还赶不上中国一个最小的省份的面积大。[①] 于是利玛窦拿出当时欧洲人绘制的世界地图，中国人看了很不以为然，地图上不仅画上了什么"经线""纬线"，而且还将中国画在了右上边，并且版图也不够大。中国人不能接受。利玛窦为了传教，只好将中国移到了中间的位置。实际上，当时国人只有"天下"的观念，而没有"世界"的概念。天下虽大，我为中央。宋代士大夫石介在《中国论》中就曾写道："天处乎上，地处乎下，居天地之中者曰中国，居天地之偏者曰四夷。四夷外也，中国内也。天地之乎内外，所以限也。"直到鸦片战争西方人用坚船利炮打开了中国的大门，才逼迫有识之士睁开眼睛看世界。

中国共产党十一届三中全会完成了拨乱反正工作，实现了党的工作重点转移，中国进入了社会主义建设的新时期。为了适应新的国际形势，增强和团结维护和平的力量，为了实现建设有中国特色的社会主义的宏伟目标，创造和维护和平稳定的国际环境，我国决定实行对外开放政策。对外开放是长期的基本国策。

当今时代，经济全球化、世界多极化、社会信息化深入推进，使世界成为一个整体。正如马克思、恩格斯在《共产党宣言》中指出的："过去

[①] 《利玛窦中国札记》，中华书局1983年版，第179页。

那种地方的和民族的自给自足和闭关自守状态,被各民族的各方面的互相往来和各方面的互相依赖所代替了……民族的片面性和局限性日益成为不可能。"① 中华要腾飞,必须打开国门,走向世界。我国的对外开放政策不仅适用于物质文明建设,而且也适用于精神文明、政治文明、社会文明和生态文明建设,包括学习外国的先进科学技术、普遍适用的经济行政管理经验以及其他有益文化。我们的开放政策不仅适用于发达国家,而且也适用于发展中国家和社会主义国家,只要对促进我国经济发展有利,我们就同他们进行合作。我国对外开放已初步形成了一个有层次、有重点,由沿海向内地逐步推进的格局。我国实行对外开放以来在吸收外资、引进技术和对外贸易等方面取得了巨大成就,有力地促进了中国现代化建设的发展。十一届三中全会后,我国坚持独立自主的和平外交政策,积极维护世界和平,促进国家合作,提高了我国的国际地位。

千百年来,"和平合作、开放包容、互学互鉴、互利共赢"的丝绸之路精神薪火相传,推动了人类文明进步。习近平准确把握新时期国际秩序深刻调整、经济全球化不断深入的大趋势,高屋建瓴提出共建"丝绸之路经济带"和"21世纪海上丝绸之路"(简称"一带一路")的重大倡议,对于扩大开放、加强合作、促进世界经济繁荣,具有重大意义。

(二)好风凭借力,送我上青云
——联系变化的条件

一切以条件、地点和时间为转移。

事物之间相互作用相互影响必然引起事物的变化和发展。而事物的联系和变化是需要一定的条件的。联系的条件性是指任何联系都必然受事物之间的相互制约,相互联系的事物彼此互为条件。所谓"万事俱备,只欠东风"。这个"东风"就是条件。斯大林说:"一切以条件、地点和时间为转移。"② 这里说的地点和时间也是条件。"橘生淮南则为橘,生于淮北则为枳。"

在一定意义上,认识事物,也就是认识事物的条件;改造事物,也就

---

① 《马克思恩格斯选集》第 1 卷,人民出版社 1995 年版,第 276 页。
② 《斯大林选集》下卷,人民出版社 1979 年版,第 430 页。

是要改变事物存在的条件。"好风凭借力，送我上青云。"利用和创造有利条件是事情成功的前提。

发展需要环境和条件，也就是传统所说的"天时、地利、人和"。而有利的环境条件并非时时都有。中国人说"机不可失，时不再来"。美国人则十分重视抓机会。他们说，机会第一次来的时候是披头散发的，一把就抓住了。等下一次再来就是秃和尚了。对一个国家民族来说，要善于紧紧抓住和利用好大的发展机遇，也就是所谓"战略机遇期"。

应当看到，与21世纪头十年相比，未来十年我国战略机遇期在性质上有重大差异，本质上是中国发展转型升级的机遇，不是头十年那种粗放型总量快速扩张的机遇。中国战略机遇期出现的新变化，是国际国内环境倒逼和推动的结果。驾驭未来十年战略机遇期的复杂性、艰巨性将明显上升。实现发展方式转变，最根本的解决办法是实施新一轮改革开放战略，通过深化改革化解经济社会发展过程中出现的问题和困难，通过扩大开放和加强引导国际秩序变革的能力来提升中国参与国际竞争的能力。

经过30多年的改革开放，中国已被举世公认为可以为世界和平发展作出重大贡献的社会主义强大国家。中国于2001年12月11日加入世界贸易组织，成为该组织第143个成员国。从此扩大了我国的对外贸易，促进了生产的发展、科技的进步与人才的成长。当今我国经济总量已经从2000年的世界第六位跃进到仅次于美国居世界第二位，人民生活大有改善。

国际经验表明，当一个国家或地区进入中等收入发展阶段以后，受各种复杂因素的影响，容易陷入中等收入陷阱，经济处于长期停滞的状态。我国正处于跨越中等收入陷阱的关键阶段。为了成功跨越中等收入陷阱，必须形成新的经济增长机制，加快实现经济增长由依靠劳动和资本投入拉动，向依靠技术和创新拉动转变；必须扭转生态环境恶化的趋势，加快向绿色经济、节能经济结构转变；必须建立经济社会发展的包容机制，提高经济发展成果社会共享度。只有抓住今后十几年的发展机遇期，通过深化改革开放，转变思维方式，推动创新发展，才能力争尽早跨越中等收入陷阱。

吸取苏联失败的教训，总结在苏联剧变前后探索改革的经验，新世纪以来社会主义国家大都在开拓创新，奋勇前进。但要完全克服苏联模式的弊病、建成本国特色的社会主义，依然任重道远。当前，全面深化改革，发展社会主义自由、民主，全面推进依法治国，在社会主义国家前进过程中居于极其重要地位。机不可失，时不再来。前进的路径与目标理应是：解放思想，深化改革，扩大开放，激励创新劳动，追赶科技革命，发展市场经济、民主政治、先进文化、法治管理，维护人权，重用人才，达到国强民富和国富民强，促进人权自由和全面发展，实现人与人之间的平等、仁爱，做到人与自然、社会和谐共处，融入经济全球化的当代世界，谋求各国持久和平与共同繁荣。社会主义国家如果能够遵循上述方向前进，作出表率，那么就会彻底克服苏联模式弊病，充分彰显社会主义优越性，大大增强社会主义对于世界的吸引力，真正实现国家富强、民族振兴、人民幸福伟大"中国梦"。

（三）牵一发而动全身
——联系、系统与信息

<u>整个世界是一个有机联系的系统。系统是由诸要素相互联系而构成的统一整体。</u>

事物联系的普遍性突出表现为事物往往作为系统而存在。所谓"牵一发而动全身"。整个世界就是一个有机联系的系统。所谓系统是由诸要素相互联系而构成的统一整体。辩证唯物主义认为，物质世界是由无数相互联系、相互依赖、相互制约、相互作用的事物和过程所形成的统一整体，这就是系统普遍存在的哲学基础。系统思想和系统方法又为辩证唯物主义的发展提供了素材。恩格斯说过："关于自然界所有过程都处在一种系统联系中的认识，推动科学从个别部分和整体上到处去证明这种系统联系。"[①] 系统思想和一般系统论可称为系统论，与控制论和信息论一起俗称"三论"。系统具有整体性、关联性、层次性、统一性、系统同构和开放系统特征。

整体性：系统是由要素或子系统组成的，但系统的整体性能可以大于各要素的性能之和。因此在处理系统问题时要注意研究系统的结构与功能的关系，重视提高系统的整体功能。任何要素一旦离开系统整体，就不再具有它在系统中所能发挥的功能。正如黑格尔所说的："譬如一只手，如果从身体上割下来，名虽可叫手，实已不叫手了。"

---

① 《马克思恩格斯选集》第 3 卷，人民出版社 1995 年版，第 376 页。

关联性：关联性是指系统与其子系统之间、系统内部各子系统之间和系统与环境之间的相互作用、相互依存和相互关系。离开关联性就不能揭示复杂系统的本质。

层次性：一个系统总是由若干子系统组成的，该系统本身又可看作更大的系统的一个子系统，这就构成了系统的层次性。不同层次上的系统运动有其特殊性。在研究复杂系统时要从较大的系统出发，考虑到系统所处的上下左右关系。

统一性：一般系统论承认客观物质运动的层次性和各不同层次上系统运动的特殊性，这主要表现在不同层次上系统运动规律的统一性，不同层次上的系统运动都存在组织化的倾向，而不同系统之间存在着系统同构。

系统同构：系统同构是一般系统论的重要理论依据和方法论的基础。系统同构一般是指不同系统的数学模型之间存在着数学同构。常见的数学同构有代数系统同构、图同构等。因此借助于数学同构的研究可在现实世界中各种不同的系统运动中找出共同规律。不同的学科领域之间和不同的现实系统之间存在着系统同构的事实，是各学科进行横向综合和建立一般系统论的客观基础。

开放系统：开放系统是一般系统论中最重要的基本概念。开放系统的特点是系统与外界环境之间有物质、能量或信息的交换。封闭系统则与此相反，它与外界环境之间不存在物质、能量或信息的交换。用系统思想来观察现实世界，几乎一切系统都是开放系统。物理学中的所谓孤立系统（封闭系统）可看作开放系统的一种特例。

历史上田忌赛马的故事，都江堰水利工程，等等，都是运用系统思维的成功案例。所谓系统思维，就是要统筹谋划，上下一盘棋，综合运用人力、物力、财力，发挥整体的组合优势。现代社会的复杂性和变动性，许多问题往往是繁杂的系统甚至是巨系统的，需要当作系统工程来认识和处理。

古代《易经》中辩证法的突出特点就是系统整体的思想。所谓天、地、人三才之道，就是把宇宙万物归纳成不同层次而互相制约的三大系统，三大系统构成一个统一的整体。三道之间虽各有自己的特性，然而又是息息相通、归于一理的。六十四卦构成一个大系统，每一宫八卦则是一个中系统，每一卦又是一个小系统，既具有相对独立性，又相互联系和转化。每一卦都是一个辩证全息胚，不仅体现着三才之道，而且蕴含着尊天循道、居正通变的思想,自身六爻相生相克、承乘比应、自下而上生成演化,同时又与外在环境密切联系和相互作用。

系统与信息密不可分。整个人类的进化史,同时也是一部人类信息活动的演进史。在人类的整个历史发展中,经历了多次巨大的信息变革。每一次信息变革都对人类社会的发展产生巨大的推动力,带来飞跃式的进步。这些信息革命依次为:语言的诞生、文字的诞生、印刷术的诞生、利用电磁波和计算机技术。它们将人类历史划分成不同信息时代。

信息是同世界的物质过程、能量过程紧密联系在一起的普遍现象,它是系统内部和系统之间通过相互联系而实现和保留的某一事物的形态、结构、属性和含义的表征。事物之间相互作用,往往在对方身上打上自己的印迹,以另一种形式表现出来,就成为关于该事物的信息。列宁指出:"断言一切物质都具有意识,这是不合逻辑的","但是假定一切物质都是具有在本质上跟感觉相近的特性,反映的特性,这是合乎逻辑的"。[1] 系统内部及系统之间或系统与环境之间的相互反映,是通过信息的交换而实现的。

科学家们从不同角度给信息下了不同的定义:信息是指有新内容、新知识的消息;信息是我们在适应外部世界、控制外部世界的过程中,同外部世界交换内容的名称;信息就是信息,既非物质,也非能量;信息是物质、能量、信息及其属性的标识;信息是反映事物构成、关系和差别的东西,它包含在事物的差异之中,而不在事物的本身。迄今为止,信息的概念仍然仁者见仁、智者见智。

从哲学的角度说,信息是事物运动的存在或表达形式,是一切物质的普遍属性,实际上包括了一切物质运动的表征。

有学者提出了宇宙全息统一论。其基本原理是:从潜显信息总和上看,任一部分都包含着整体的全部信息。简言之,部分与整体全息。其主要观点包括:在宇宙统一整体中,各子系统与系统、系统与宇宙之间全息对应,凡相互对应的部位较之非相互对应的部位在物质、结构、能量、信息、精神与功能等宇宙要素上相似程度较大。可以通俗地说,一切事物都具有时空四维全息性;同一个体的部分与整体之间、同一层次的事物之间、不同层次与系统中的事物之间、事物的开端与结果、事物发展的大过

---

[1] 《列宁选集》第2卷,人民出版社1972年版,第89页。

程与小过程、时间与空间，都存在着相互全息的对应关系；每一部分中都包含着其他部分，同时它又被包含在其他部分之中；物质普遍具有记忆性，事物总是力图按照自己记忆中存在的模式来复制新事物；全息是有差别的全息。

宇宙全息统一论强调科学的全息整体性。这种全息整体观与系统论的整体观有着质的区别。系统论虽然强调整体性，但它割裂了部分与整体之间的内在的有机联系，片面强调整体的整体性，而忽视了部分的整体性。全息整体观则彻底将二者统一起来。

宇宙全息统一论揭示了世界物质统一性的具体方式，深化了普遍联系的原理，丰富了转化论，使古老的整体观焕发青春。宇宙全息统一论从全息统一的高度阐明了宇宙的大统一，为科学的大统一奠定了理论基础。这一整体性新学科提出了全新的宇宙整体观，将哲学、自然科学、社会科学、思维科学融为一体，统一起来，使人们从一个崭新的角度来观察自身与世界，对各门具体科学都具有重要的指导作用。[1]

学习普遍联系观点和系统思想，就要有战略头脑和全局眼光。毛泽东倡导："拿战略方针去指导战役战术方针，把今天联结到明天，把小的联结到大的，把局部联结到全体，反对走一步看一步。"[2] 倘若一叶障目、不见泰山，只见局部、不见整体，就不可能正确地分析问题指导工作。正如毛泽东说："马克思主义者看问题，不但要看到部分，而且要看到全体。"[3]

二　芳林新叶催陈叶，流水前波让后波
　　　　——事物的永恒发展

（一）风雨多经人不老，关山初度路犹长
　　　——事物发展与过程

唯物辩证法是最完整深刻而无片面性弊病的关于发展的学说。事物的普遍联系，是同事物的运动、变化、发展紧密不可分的。恩格斯指出：

---

[1] 参见王存臻、严春友《宇宙全息统一论》，山东人民出版社 1988 年版。王存臻、严春友：《宇宙统一科学》，山东人民出版社 1988 年版。
[2] 转引自金冲及《毛泽东工作方法的几个特点》，《人民日报》2013 年 12 月 27 日第 7 版。
[3] 同上。

"我们所面对着的整个自然界形成一个体系，即各种物体相互联系的总体……这些物体是相互联系的，这就是说，它们是相互作用着的，并且正是这种相互作用构成了运动。"① 事物之间的相互作用和影响必然引起事物的运动、变化和发展。联系构成运动，运动引起变化，变化的基本趋势是发展。"未来，变化是唯一的不变。不改变，就会被瞬息万变的未来所淘汰。"这正是畅销书《谁动了我的奶酪》所道出的真谛。

<u>任何事物的发展都是一个动态的过程。</u>

天地从容，万物从容，任何事物的发展都不是一蹴而就的，而是一个动态的过程。"风雨多经人不老，关山初度路犹长。"所谓过程，是指事物的发生、发展和灭亡，一个事物向另一个事物的变化，或不同事物间的统一联系和相互转化。每个事物都有其产生、发展和灭亡的过程。恩格斯指出："世界不是既成事物的集合体，而是过程的集合体。""自然科学本质上是整理材料的科学，是关于过程，关于这些事物的发生和发展以及关于把这些自然过程结合为一个伟大整体的联系的科学。"② 在唯物辩证法面前，"不存在任何最终的东西、绝对的东西、神圣的东西；它指出所有一切事物的暂时性；在它面前，除了生成和灭亡的不断过程，无止境地由低级上升到高级的不断过程，什么都不存在"。③ 事物有代谢，往来成古今。现代科学深刻地揭示了世界上的一切事物都是作为过程而存在和发展的。只是每个事物的性质不同，其发生、发展和灭亡的具体过程与表现形式不同而已。

（二）风物长宜放眼量
——用发展的观点看问题

<u>世界永恒发展的原理要求我们必须用发展的观点看问题。</u>

"芳林新叶催陈叶，流水前波让后波。"人间正道是沧桑。唯物辩证

---

① 恩格斯：《自然辩证法》，《马克思恩格斯选集》第3卷，人民出版社1972年版，第492页。

② 恩格斯：《路德维希·费尔巴哈与德国古典哲学的终结》，人民出版社1971年版，第36页。

③ 《马克思恩格斯选集》第4卷，人民出版社1995年版，第217页。

法是关于世界普遍联系和永恒发展的学说,揭示的是自然界、人类社会和思维发展的一般规律。世界永恒发展的原理要求我们必须用发展的观点看问题。

邓小平在南方谈话中提出的"发展才是硬道理",既是一个非常深刻的命题,又是一个非常普遍的真理。它是在总结了我们党近半个世纪以来社会主义建设经验以后,得出的具有深远意义的结论,为我国如何建设中国特色社会主义指明了前进的方向。

社会主义的本质和根本任务告诉我们"发展才是硬道理"。社会主义的本质是解放生产力,发展生产力,消灭剥削,消除两极分化,最终达到共同富裕。所以邓小平提出的"发展才是硬道理"把对社会主义的认识提高到了新的科学水平,是对科学社会主义的重大理论贡献。对于指导我国建设中国特色的社会主义,具有十分重大的实践意义。突破了把计划经济当作社会主义本质特征的传统观念,为我们坚持社会主义的基本制度、发展和完善社会主义市场经济条件下的分配制度指明了正确的方向。我国现在尚处于社会主义初级阶段,人民群众日益增长的物质文化需求和落后的社会生产力构成了当前的社会主要矛盾,只有发展生产力,才能解决这个主要矛盾。同样,"发展才是硬道理"是我们显示社会主义优越性、巩固社会主义制度的需要。社会主义初级阶段历史前提、时代特点和现状决定了"发展才是硬道理"。

(三) 小荷才露尖尖角,早有蜻蜓立上头
——关爱支持新生事物

发展是前进上升的运动,其实质是新事物的产生和旧事物的灭亡。

发展是运动变化的结果,但并非任何的运动变化都是发展。唯物辩证法所理解的发展是前进上升的运动,其实质是新事物的产生和旧事物的灭亡。所谓新事物,是指符合历史发展的必然趋势,代表社会历史的前进方向、具有强大生命力的事物。所谓旧事物,就是丧失了存在的必然性,日趋灭亡的事物。看一个事物是否是新事物,不在于其出现的时间先后,也不在于其形式是否新颖,而是看其是否符合客观规律,有没有强大的生命力和远大的发展前途,是否同社会历史发展的必然趋势相一致。

新生事物之所以是不可战胜的,是因为:新生事物代表了事物的发展

方向，符合事物的发展规律，能够适合于当前特别是未来的发展条件，因而具有强大的生命力和广阔的发展前途；新生事物是在旧事物内部生长起来的，是在旧事物"母胎"中孕育成熟的。如胚芽的萌发、无产阶级登上历史舞台，是种子本身、资本主义制度本身准备好了的。新生事物对于旧事物来说，固然是促使它灭亡的因素，但同时又是它赖以存在的因素。因此，旧事物是无法克服、无法消除新生事物的。在旧事物的基础上产生出来的新生事物，通过"扬弃"，抛弃了旧事物中消极的、过时的、腐朽的因素，同时又吸收、继承和发展了旧事物中对发展有利的积极因素，并且加进了为旧事物所不能容纳的丰富的、富有生命力的新内容。这样，新生事物就比旧事物更高级，具有旧事物无可比拟的优越性。所谓"青出于蓝而胜于蓝"。例如，生物的新物种抛弃了旧物种中一切不能适应变化了的复杂环境的消极的特性，保留了其中那些对适应新环境仍有积极作用的特性，又加进了一些能适应新的复杂环境的新特性，因而它就能够在优胜劣汰的自然选择中长期存在下去。因此，尽管新生事物在开始时还显得很弱小，而且在发展中又会遇到许多困难和挫折，但它总是由小变大，由弱变强，最终战胜旧事物而取得胜利。

事实也雄辩地证明了这一点。就马克思主义的发展来说，在100多年以前，相信它的人还为数很少，创立它的人也常常受到打击和迫害，但是，由于它是符合客观规律的科学思想，所以，它终于战胜了种种非科学的、反马克思主义的东西，不断地得到丰富、传播和发展。到今天，马克思主义已在全世界范围内取得了伟大的胜利。

就自然科学的发展来说，1872年，门捷列夫发现了化学元素的周期律，当他的周期表一提出时，就遭到"权威们"的嘲讽。他们说门捷列夫研究的不是化学，而是鬼怪和魔术。但是，由于化学元素周期律是符合化学实际的科学规律，所以，不断地被科学实践所证实，并因而被人们普遍地接受。爱因斯坦的相对论在提出时，也遭到许多人的反对。有个好心朋友告诉爱因斯坦，有人将出一本一万人反对爱因斯坦的书。可见，当时阻力有多大。但是，由于相对论是科学真理，它正确地反映了客观事物的规律，所以，终究被举世公认，爱因斯坦也因此作为世界著名科学家而名垂史册。

无数事实说明，新生事物总是要战胜旧事物，新陈代谢、推陈出新或除旧布新，是宇宙间永远不可抗拒的规律。当然，我们说新生事物是不可战胜的,并不是说它的成长是一帆风顺,不会遇到困难和挫折了。相反地,一切新生事物的成长都要经历艰难曲折的道路,都要经过反复激烈的斗争。之所以如此说,是因为新生事物刚出现的时候,总是不够完善的、弱小的。为了争取自己的生存和发展,需要不断充实和完善起来,以适应环境,这必定是一个艰难的过程。因为新生事物在开始时处于被支配的地位,而旧事物则还保持着强大的力量,处于支配地位,并且总是千方百计地压迫、扼杀和摧残新生事物;即使新生事物取得了支配地位,旧事物也不会自行灭亡,仍要作垂死挣扎。就社会主义制度的建立和巩固来说,情况就是这样。当社会主义制度刚刚产生的时候,各种敌对势力,如封建主义、帝国主义等,就百般地诋毁、阻挠、妄图扼杀它,甚至联合起来,动用武力消灭它;即使当社会主义制度在许多国家取得了胜利,并巩固下来的时候,敌对势力的破坏、瓦解活动也没有停止。不断地变换手法,来攻击它、破坏它。再拿达尔文的进化论来说。达尔文的进化论在提出之初,就遭到宗教和各种反动保守势力的反对。进化论被他们指责为"亵渎神圣"的"畜生"之学,是对人类祖先的"污辱"。在进化论历经磨难,被人们公认为科学真理之后,反对势力对它的攻击也没有停止。

"小荷才露尖尖角,早有蜻蜓立上头。"正确认识和全面把握新生事物是不可战胜的道理,是十分有益的。首先,认识了新生事物的不可战胜性,就要坚定地站在新生事物一边,把自己的工作和斗争同新生事物紧紧地结合在一起,当新生事物的促进派。为此,在向科学进军的路上,就要信心百倍地去夺取胜利,就要坚信真理必定战胜谬误,并决心为保卫和发展新生事物而献身。其次,认识了新生事物成长的艰难曲折性,就要善于发现、精心鉴别、热情关怀、积极扶植新生事物。为此,一方面,要尽力发扬新生事物的优点,壮大其力量,努力克服新生事物的缺点,促进其成熟。另一方面,要勇于同各种攻击、破坏、扼杀新生事物的行为作坚决的、毫不留情的斗争,做新生事物的勇敢捍卫者。对于新生事物,既不横加指责,也不无原则吹捧;既不泼冷水,也不揠苗助长。总之,在新生事物面前,我们应当牢记列宁说过的话:"应当缜密地研究新的幼芽,极仔细地对待它们,尽力帮助它们成长,并'照管'这些嫩弱的幼芽。"[①] 这才是我们对待新生事物的正确态度。

[①] 列宁:《伟大的创举》,《列宁选集》第 4 卷,人民出版社 1965 年版,第 15 页。

（四）以人为本，科学发展
—— 自觉践行科学发展观

科学发展观，就是坚持以人为本，全面、协调、可持续的发展观。"科学发展观，第一要义是发展，核心是以人为本，基本要求是全面协调可持续，根本方法是统筹兼顾。"[1] 科学发展观是坚持唯物辩证法的发展观，是坚持历史唯物主义的发展观，是尊重客观规律的发展观。

科学发展观是马克思主义关于发展的世界观和方法论的集中体现。

胡锦涛在十八大报告中说，科学发展观是马克思主义同当代中国实际和时代特征相结合的产物，是马克思主义关于发展的世界观和方法论的集中体现，对新形势下实现什么样的发展、怎样发展等重大问题作出了新的科学回答，把我们对中国特色社会主义规律的认识提高到新的水平，开辟了当代中国马克思主义发展新境界。

科学发展观是中国特色社会主义理论体系最新成果，是中国共产党集体智慧的结晶，是指导党和国家全部工作的强大思想武器。科学发展观同马克思列宁主义、毛泽东思想、邓小平理论、"三个代表"重要思想一道，是党必须长期坚持的指导思想，必须把科学发展观贯彻到我国现代化建设全过程、体现到党的建设各方面。

必须坚持把发展作为党执政兴国的第一要义。要牢牢抓住经济建设这个中心，坚持聚精会神搞建设、一心一意谋发展，不断解放和发展社会生产力。要着力把握发展规律、创新发展理念、转变发展方式、破解发展难题，提高发展质量和效益，实现又好又快发展。

必须坚持以人为本。要始终把实现好、维护好、发展好最广大人民的根本利益作为党和国家一切工作的出发点和落脚点，尊重人民主体地位，发挥人民首创精神，保障人民各项权益，走共同富裕道路，促进人的全面发展，做到发展为了人民、发展依靠人民、发展成果由人民共享。

必须坚持全面协调可持续发展。要按照中国特色社会主义事业总体布局，全面推进经济建设、政治建设、文化建设、社会建设和生态建设，促

---

[1] 胡锦涛：《高举中国特色社会主义伟大旗帜 为夺取全面建设小康社会新胜利而奋斗——在中国共产党第十七次全国代表大会上的报告》，人民出版社 2007 年版，第 15 页。

进现代化建设各个环节、各个方面相协调，促进生产关系与生产力、上层建筑与经济基础相协调。

必须坚持统筹兼顾。要正确认识和妥善处理中国特色社会主义事业中的重大关系，统筹个人利益和集体利益、局部利益和整体利益、当前利益和长远利益，充分调动各方面积极性。既要总览全局、统筹规划，又要抓住牵动全局的主要工作、事关群众利益的突出问题，着力推进、重点突破。

<u>地区发展不平衡和贫富差距拉大问题日益突出，成为当前落实科学发展观面临的重要任务。</u>

经过30多年的改革开放和高速发展，地区发展不平衡和贫富差距拉大问题日益突出，成为当前落实科学发展观面临的重要任务。先富帮后富，走共同富裕道路，是中国特色社会主义的本质要求，没有欠发达地区的小康就没有全国的小康，没有欠发达地区的现代化就没有全国的现代化。要把促进协调发展和共同富裕作为检验实现科学发展观的重要标准之一。

社会主义是中国基本的政治制度，社会主义的核心价值之一就是最终实现全体人民的共同富裕。因此先富帮后富、促进区域协调发展、走共同富裕的道路是中国特色的社会主义和实现科学发展观的本质要求，也是我们各级党政领导干部的政治责任。只有让全体人民都能分享发展的成果，这样的发展才是全面的和健康的；促进区域协调发展，走共同富裕的道路也是构建社会主义和谐社会的必然要求。社会和谐在很大程度上取决于社会生产力的发展水平，取决于发展的协调性。只有有效地逐步缩小地区发展差距，进而缩小城乡区域间基本公共服务、人均收入和生活水平差距，才能在全国范围内实现经济社会各构成要素的良性互动，使各个区域的发展相适应、各个发展的环节相协调，形成全体人民各尽其能、各得其所而又和谐相处的局面。

地区发展不平衡和贫富差距是世界各国在发展过程中都存在的问题，地区发展不平衡主要是由于各地区客观存在的资源禀赋不同，导致发展的基础和发展条件不同，致使各个地区发展有差别；贫富差距的原因就更复杂些，地区发展不平衡、个人能力的不同和占有资源的多寡都是产生差距的原因。市场经济是一种优胜劣汰的机制，市场经济本身会产生财富的马太效应和贫富的差别。这些问题都不是市场经济本身所能解决的问题，属于市场失灵的部分，需要政府采取公共政策加以补救和平衡。因此，现代文明国家的政府都普遍制定相关的公共政策解决地区发展不平衡，以及对社会的困难群体施以援助保证其基本的生存条件和社会福利。以平等理想作为核心价值观的社会主义政府，自然更有责任解决地区发展不平衡和社会的贫富差距问题，促进地区的协调发展和逐步实现共同富裕。

改革开放初期，为了打破计划经济平均主义大锅饭制度，促进经济的发展，邓小平提出让一部分人先富起来的政策和"两个大局"的战略思想，一方面是要求沿海地区加快对外开放和发展；另一方面发展到一定的时候，又要求沿海拿出更多力量来帮助内地发展。我国实行经济特区政策，允许特区采取特殊政策、灵活措施，加快经济的发展。由于各地资源禀赋的不同、政策的不同、市场经济开放程度的不同，客观上形成了各地发展不平衡的状况。不平衡发展与协调发展是一个矛盾运动过程，也符合发展经济学的规律，即发展从不平衡开始，在某些区位有利的地区形成增长极，然后通过辐射和扩散效应，带动落后地区的发展。从现在来看，邓小平所说的第一个大局的格局已经形成，到了可以开始实现第二个大局的时候。

按照科学发展观的要求，要解决地区发展差距和贫富差别的问题，根据不同的情况应当有新的思路。一是区域协调发展的思路。解决地区发展不平衡的问题，不是要求中东西部都均质均衡发展，而是按照经济发展规律，站在全国一盘棋的角度强调协调发展，根据不同地区的资源禀赋状况划分不同的主体功能区，明确不同区域的功能定位，划定相应的评价指标和政策措施，逐步形成各具特色的区域发展格局，使全国的资源得到最优化合理的配置，获得最大的整体效益；二是科学制定公共政策，合理安排公共财政转移支付，科学制订产业发展规划，扶持帮助欠发达地区的发展；三是实现公共服务均等化，使公共财政的阳光平等地惠及各地区，特别是重视对欠发达地区公共基础设施与教育的投入；四是加快城镇化进程，推进产业和人口的双转移，加快农业人口向城镇转移，减少农业人口的数量将从根本上提高农民的人均收入水平；五是推进发达地区与欠发达地区互动发展，建立发达地区对欠发达地区的挂钩帮扶机制。这种帮扶机制是中国特色社会主义的制度安排，也是发达地区必须履行的政治责任。

在党的十八届五中全会上，习近平系统论述了创新、协调、绿色、开放、共享"五大发展理念",强调实现创新发展、协调发展、绿色发展、开放发展、共享发展。五大发展理念的提出,丰富和发展了党的发展理念,深化了党对一系列重要规律的认识,开辟了科学发展观发展的新境界。

三　一阴一阳之谓道
——变化发展的规律

（一）人有悲欢离合,月有阴晴圆缺
——对立统一规律

前面讲过,事物是相互联系、相互作用而运动、变化、发展的,同时事物的变化发展是有规律的。辩证法就是"关于外部世界和人类思维的运动的一般规律的科学"①。唯物辩证法的规律揭示的是自然、社会和思维的普遍的内在本质和必然联系。在由对立统一规律、质量互变规律、否定之否定规律等一系列规律和范畴构成的有机体系中,对立统一规律是唯物辩证法的实质和核心。列宁说:"统一物之分为两个部分以及对它的矛盾着的部分的认识……是辩证法的实质。"②"可以把辩证法简要地规定为关于对立面的统一的学说。这样就会抓住辩证法的核心,可是这需要说明和发挥。"③

对立统一规律也叫矛盾规律。说起矛盾,人们自然会想到《韩非子》中关于卖矛和盾的故事。故事说,有一个楚国人拿着矛和盾在大街上叫卖。先说我的矛是世界上最锋利的,能穿过任何最坚固的东西。接着又说,我的盾是世界上最坚固的,没有任何利器能穿过它。于是,就有人问,如果用你的矛,刺你的盾,怎么样?这个楚国人张口结舌、无言以对。这种说话前后不一、自相矛盾的情况属于形式逻辑上的矛盾。辩证法所说的矛盾则是指辩证矛盾,它是客观事物、系统、过程等本身所固有的本性及其在人们思想上的反映。

---

① 《马克思恩格斯选集》第4卷,人民出版社1995年版,第243页。
② 《列宁专题文集·论辩证唯物主义和历史唯物主义》,人民出版社2009年版,第148页。
③ 同上书,第141页。

<u>矛盾是指事物内部或事物之间既对立又统一的关系。</u>

所谓矛盾是指事物内部或事物之间既对立又统一的关系，也就是既相互依赖、相互制约，又相互排斥、相互分离的性质和趋势。天下之理，有张必有翕，有强必有弱，有兴必有废，有与必有取。《周易·系辞上》说"一阴一阳之谓道"。我国古代著名思想家老子提出："有无相生，难易相成，长短相形，高下相倾，音声相和，前后相随"，一切都是相反相成的，各以自己的对立面为自己存在的前提。他还进一步指出，对立的事物是相互转化的，"祸兮福之所倚，福兮祸之所伏"。有一个成语，"塞翁失马，焉知非福"说的就是这个道理。宋代哲学家张载提出："天地变化，二端而已"，"动必有机，既谓之机，则动非自外也"。① 近代德国哲学家黑格尔以唯心主义的方式系统地表述了关于对立统一的思想，认为矛盾是推动整个世界的原则。马克思主义批判地改造和吸取了哲学史上特别是黑格尔的合理思想，深入地揭示了对立统一规律，并给予了科学的论述。

太极图（又名阴阳鱼）

对立面之间的统一和斗争是矛盾双方所固有的两种相反的属性。对立面的同一即矛盾的统一性，是矛盾双方相互依存、相互肯定的属性，它使事物保持自身统一。事物保持暂时的自身统一，使对立双方能够共处于一个统一体中，这是事物获得发展的必要前提。由于对立面之间相互统一的作用，双方能够互相吸取和利用有利于自己的因素而得到发展，从而为扬

---

① 《正蒙·参两》。

弃对立即解决矛盾准备条件。对立面的斗争即矛盾的斗争性，是矛盾双方相互排斥、相互否定的属性，它使事物不断地变化以至最终破坏自身同一。《红楼梦》里说："不是东风压倒西风，就是西风压倒东风。"俗话说："道高一尺，魔高一丈。"由于对立面之间相互斗争的作用，双方的力量对比和相互关系不断地发生变化；当这种变化达到旧的矛盾统一体所不能容许的限度时，就造成旧矛盾统一体的瓦解、新矛盾统一体的产生。对立面之间的相互斗争是促成新事物否定旧事物的决定力量。

统一和斗争是矛盾运动过程中两种不可分割的基本关系。对立面的相互斗争并不是在双方之间划出一条绝对分明的和固定不变的界限。在对立面的相互斗争中，就有相互依存、相互渗透；相互斗争的结果，可以使双方相互转化、相互过渡。同样，同一也总是以差别和对立为前提的，没有离开斗争的同一。在对立面的相互统一中，就有相互对立、相互排斥；作为斗争的结果而发生的对立面的相互转化，最鲜明地表现着对立面之间的内在统一。

统一和斗争作为矛盾双方两种性质相反的作用，它们的相互联结就是相互制约。斗争制约统一，使统一只能存在于一定的条件下和一定的限度内。对立面的相互斗争创造着双方相互依存的形式，又在它自己所创造的形式内为破坏这种形式而创造条件。因为统一受斗争制约，所以不会是永恒的僵死的统一，而在统一之中包含有事物的发展。统一又制约着斗争，具体的同一性规定着斗争的具体性质、具体形式和界限等。对立面的相互同一使矛盾统一体保持相对稳定的状态，也就使双方的斗争具有确定的内容和形式，并使斗争的成果得以巩固。

斗争是绝对的，统一是相对的。列宁指出："对立面的统一（一致、统一、均势）是有条件的、暂时的、易逝的、相对的。相互排斥的对立面的斗争则是绝对的，正如发展、运动是绝对的一样。"[①] 对立面斗争的绝对性和同一的相对性原理，高度概括地反映了斗争和同一在矛盾运动中的不同地位及其相互关系。只有依据这一原理，才能对事物的矛盾运动过程作出完整的规律性的说明。

对立面斗争的绝对性是指它的普遍性、无条件性。对立面的斗争性是矛盾运动中活跃的、能动的方面，它能够打破各种条件的限制，并能创造

---

① 《列宁全集》第 55 卷，人民出版社 1990 年版，第 306 页。

矛盾发展所必需的新条件。有矛盾就有斗争，矛盾斗争的存在不受任何条件限制，对立面相互排斥的趋势在任何条件下都要贯彻下去。斗争不仅贯穿于每一个具体矛盾运动的始终，而且存在于新旧矛盾交替的过程中，是促使旧矛盾让位于新矛盾的根本力量。

唯物辩证法关于矛盾斗争的绝对性和统一的相对性原理，揭示了事物发展的辩证过程。毛泽东说："有条件的相对的同一性和无条件的绝对的斗争性相结合，构成了一切事物的矛盾运动。"①

<u>对立统一规律是唯物辩证法的实质和核心。</u>

对立统一规律是唯物辩证法的实质和核心。这是因为：

第一，它揭示了事物"自己运动"的源泉在于事物内部的矛盾性，这就从根本上摒弃了那种求诸神秘的"第一次推动"去说明运动发展的唯心主义观点，把辩证法的发展学说建立在唯物主义的基础之上，为科学地说明事物发展的道路、方向、形式等特征，全面地揭示事物发展的辩证规律提供了可能。

第二，唯物辩证法是关于联系和发展的科学，而对立统一规律揭示了事物联系和发展的根本内容。在事物的普遍联系中最突出的是系统联系，而所谓系统是由多方面的对立统一构成的矛盾体系。事物发展的实质是新事物的产生和旧事物的灭亡，它体现着事物内部矛盾双方，即肯定方面和否定方面之间的历史联系。离开对事物内部矛盾双方对立统一运动的考察，便无从把握事物联系和发展的实质。

第三，对立统一规律提供了理解唯物辩证法其他规律及范畴的钥匙。对立统一是唯物辩证法全部规律和范畴的实质。质量互变规律所揭示的量和质、量变和质变的关系实质上是对立统一的关系，量变和质变这两种状态的运动及其相互交替都是由事物内部矛盾双方对立统一的运动引起的。否定之否定规律所揭示的肯定和否定、继承和发展的关系实质上也都是对立统一的关系，否定之否定不过是事物由其内在矛盾所规定的"自己运动"的必然形式。唯物辩证法的所有范畴都体现着对立统一的关系。

第四，唯物辩证法既是世界观，又是方法论。对立统一规律揭示了这一科学方法论的最根本方法，即矛盾分析法。毛泽东说："辩证法的宇宙

---

① 《毛泽东选集》第 1 卷，人民出版社 1991 年版，第 333 页。

观,主要地就是教导人们要善于去观察和分析各种事物的矛盾的运动,并根据这种分析,指出解决矛盾的方法。"[1] 离开对立统一的观点,就无从理解辩证认识和辩证方法的实质。

矛盾既有普遍性又有特殊性。矛盾的普遍性是指,矛盾存在于一切事物的发展过程之中,矛盾存在于一切事物发展过程的始终。简言之,矛盾无处不在,无时不有。矛盾的特殊性是指具体事物的矛盾以及每一矛盾的各个方面都有其特点。矛盾的特殊性主要包括以下情形:其一,不同事物的矛盾各有其特殊性;其二,每一个事物在其发展的不同过程与阶段上的矛盾各有其特殊性。矛盾的特殊性是指事物的个性。世上没有两片完全相同的树叶。具体地分析具体情况,是马克思主义最本质的东西,是马克思主义活的灵魂。所谓具体地分析具体情况,就是具体地分析各种事物矛盾的特殊性。不同质的矛盾用不同质的方法去解决,所谓"对症下药、量体裁衣"。

矛盾的普遍性与特殊性的关系是共性和个性、一般和个别的关系。

矛盾的普遍性与特殊性的关系是共性和个性、一般和个别的关系,两者的辩证关系主要表现在:其一,矛盾的普遍性和特殊性是相互区别的。矛盾的共性比个性抽象、深刻,矛盾的个性比共性具体、丰富。其二,矛盾的普遍性和特殊性又是相互依存、不可分割的。一方面,没有离开个性的共性,共性通过个性表现出来;另一方面,没有离开共性的个性,特殊总是普遍中的特殊。所谓"麻雀虽小,五脏俱全""一叶知秋""窥一斑而知全豹"。讲的都是个性与共性的关系。其三,矛盾的普遍性和特殊性在一定的条件下可以相互转化。一定条件下的普遍性在另一条件下可能转化为特殊性,反之亦然。

矛盾普遍性与特殊性辩证关系的原理具有重要的方法论意义。它是正确认识事物的根本方法。人们的认识总是从个别上升到一般,再用一般指导个别,所以,在认识过程中,把矛盾的特殊性与矛盾的普遍性辩证地统一起来是认识的根本方法。

这一原理是实现中国特色社会主义现代化的理论依据。迈向现代化是世界各民族的共同选择,但各国实现现代化的具体道路和模式却有着自身

---

[1] 《毛泽东选集》第1卷,人民出版社1991年版,第304页。

的个性特点。现代化是人类历史的一次急剧变革,是动态的系统工程,是指从农业文明向工业文明、从传统社会向现代社会的转变过程。概括而言,现代化的特征是经济社会化、政治民主化、精神理性化的综合互动过程,现代化的基本特征是现代化共性的表现。现代化不但有其共性特征,也其个性特征,由于各国历史传统和国际环境的不同,现代化的道路、实现途径是不同的。中国的现代化固然要尊重现代化的共性特征,并以实现这些共性特征为目标,但中国的现代化又具有鲜明的个性特征:中国的现代化是社会主义的现代化,中国的现代化应以市场经济作为其基本的经济运行方式,共同富裕是中国现代化的终极目标。党的十八大报告提出:"坚持走中国特色新型工业化、信息化、城镇化、农业现代化道路,推动信息化和工业化深度融合、工业化和城镇化良性互动、城镇化和农业现代化相互协调,促进工业化、信息化、城镇化、农业现代化同步发展。"习近平指出:"我国现代化同西方发达国家有很大不同,西方发达国家是一个'串联式'的发展过程,工业化、城镇化、农业现代化、信息化顺序发展,发展到目前水平用了200多年时间。我们要后来居上,把'失去的200年'找回来,决定了我国发展必然是一个'并联式'的过程,工业化、信息化、城镇化、农业现代化是叠加发展的。"[1]

它也是把马克思主义的普遍真理同我国的具体实际相结合,建设有中国特色社会主义的哲学基础。邓小平指出:"我们的现代化建设,必须从中国的实际出发。无论是革命还是建设,都要注意学习和借鉴外国经验。但是,照抄照搬别国经验、别国模式,从来不能得到成功。这方面我们有过不少教训。把马克思主义的普遍真理同我国的具体实际结合起来,走自己的路,建设有中国特色的社会主义,这就是我们总结长期历史经验得出的基本结论。"[2] 中国特色社会主义,既坚持了科学社会主义基本原则,又根据时代条件赋予其鲜明的中国特色。"社会主义"是共性,"中国特色"是个性,"中国特色社会主义"则体现了共性与个性的统一。坚持和发展中国特色社会主义是一项长期而艰巨的历史任务。党的十八大报告指出:"实践充分证明,中国特色社会主义是当代中国发展进步的根本方向,只有中国特色社会主义才能发展中国。发展中国特色社会主义是一项

---

[1] 《习近平主持中央政治局第九次集体学习》,《人民日报》2013年10月1日第1版。
[2] 《邓小平文选》第3卷,人民出版社1993年版,第2—3页。

长期的艰巨的历史任务,必须准备进行具有许多新的历史特点的伟大斗争。我们一定要毫不动摇坚持、与时俱进发展中国特色社会主义,不断丰富中国特色社会主义的实践特色、理论特色、民族特色、时代特色。"

既然矛盾是普遍存在的,就要善于运用矛盾的观点看问题。敢于承认矛盾,具体地分析矛盾,正确地解决矛盾,这就是矛盾分析方法。在唯物辩证法的方法论体系中,矛盾分析法居于核心的地位。在中国的传统哲学中,有关于矛盾观的简明表述。例如,"物生有两,相反相成""一分为二,合二而一""和而不同,执两用中"等。这些论述对于我们掌握矛盾分析方法具有启迪作用。

我们通常所说的看问题要"一分为二",是对矛盾分析法的通俗说法。事实上,矛盾并不是"一分为二"那么简单,除了"非此即彼"还有"亦此亦彼"。在对立的两极之间,往往还存在着一些中间环节、过渡阶段,也就是"中介"。矛盾的对立面也往往通过这些中介环节而相互联系、作用、过渡和转化。注意认识把握这些中介环节,对于全面把握矛盾体系,正确分析和解决矛盾,推进科学认识的发展深化具有重要的意义。[①]

要学会弹钢琴。十个指头平均用力不行,一个指头弹也不行,需要协调配合,才能弹出和谐动听的音乐。事物发展过程中往往存在着多种矛盾,构成一个复杂的矛盾体系。其中有根本矛盾和非根本矛盾,有基本矛盾也有非基本矛盾,有主要矛盾和非主要矛盾,有矛盾的主要方面和非主要方面,在社会生活领域还有对抗性矛盾和非对抗性矛盾的区分。在事物的发展过程中,矛盾的地位和作用也不是一成不变的,在不同时期不同条件下会发生相应的变化和转化,并呈现出不同的阶段性特征。在实际工作中,要重视抓根本矛盾、基本矛盾、主要矛盾和矛盾的主要方面,同时又不能忽视其他矛盾和矛盾非主要方面的解决,既不能不分轻重缓急"眉毛胡子一把抓",又不能"抓住一点、不计其余"。坚持辩证思维,既要看到"两点",更要看到"重点",分清大小难易、明确轻重缓急,才能牵住"牛鼻子",找准"突破口"。

毛泽东指出:"研究任何过程,如果是存在着两个以上矛盾的复杂过程的话,就要用全力找出它的主要矛盾。抓住了这个主要矛盾,一切问题

[①] 参见王家忠《论中介思维与科学生长点》,《学术论坛》1990年第1期;《科学创新的中介范式》,《东岳论丛》2002年第4期。

就迎刃而解了。"他还批评说:"万千的学问家和实行家,不懂得这种方法,结果如堕烟海,找不到中心,也就找不到解决矛盾的方法。"① 当然,主要不等于唯一,集中力量解决主要矛盾不等于对其他方面的问题统统丢开不管。毛泽东提出要"学会'弹钢琴'","党委要抓紧中心工作,又要围绕中心工作而同时开展其他方面的工作"。

人生充满了矛盾。黑格尔说:"生命的力量,尤其是心灵的威力,就在于它本身设立的矛盾,忍受矛盾,克服矛盾。"② 文学长久性的魅力之源首先就在于对人性深层中这种矛盾的揭示。要写出人性的深度,就不可忽视人性世界中潜意识层次的情感内容。爱因斯坦曾批评他女婿鲁道夫·凯泽尔所写的《爱因斯坦传》有一个缺点就是忽略这个方面。他在肯定"书中角色的性格刻画也恰到好处"之后说:"被作者所忽视的,也许是我性格中的非理性的、自相矛盾的、可笑的、近于疯狂的那些方面。这些东西似乎是那个无时无刻不在起着作用的大自然为了它自己的取乐而埋藏在人的性格里面的。但这些东西只有当一个人的心灵受到严重考验的时刻才会分别流露出来。"③

鲁迅在论述《红楼梦》的艺术价值时曾深刻地指出,其要点在敢于如实描写,并无讳饰,和从前的小说叙好人完全是好、坏人完全是坏,大不相同。《红楼梦》中的人物性格是"善恶并举""美丑泯绝"的。所谓"如实描写",就是敢于大胆揭露人性深层的矛盾、冲突与斗争,深入剖析潜意识层面的心灵痛苦、挣扎与焦虑,从而使作者、人物与读者之间形成共鸣,随着情节的起伏、跌宕而经受心灵的考验,共同得到人性的超越与升华。王国维说过:"人生充满着欲望,由欲望而引起了追寻,追寻的途径中不择手段,因而产生了过恶,由过恶而产生痛苦,由痛苦而产生忏悔的情绪,由忏悔之情的荡涤,陷于泥淖的灵魂得以净化,得以升腾。"④不同时代、民族、阶级,有着不同的心理冲突和人性特点,但又有着共同的或相通的东西。是否深入揭示人性深层的矛盾和冲突,是一部作品有没有深度和艺术品位的重要标志。

矛盾是事物发展的动力。但矛盾决不仅仅是对抗和斗争,还有统一和

---

① 转引自金冲及《毛泽东工作方法的几个特点》,《人民日报》2013年12月27日第7版。
② 黑格尔:《美学》第1卷,商务印书馆1979年版,第154页。
③ 许良英编译:《爱因斯坦文集》第3卷,商务印书馆1977年版,第41页。
④ 转引自刘再复《性格组合论》,上海文艺出版社1986年版,第417—418页。

转化，也就是所谓"和谐"状态。"和谐是指在由人参与的事物中无势均力敌的对抗性矛盾的良好对立统一状态，是事物稳定性和协调性的成熟表现，是人的主观能动性正确作用的结果。"[1] 和谐不是无差别的同一，而是系统内部各差异、对立的部分、要素之间的对立统一、协调运营。西周史伯提出"和实生物，同则不继"。"和"是指有差别的对立事物之间的和谐统一，"同"是指不包含差别的二者的绝对统一。他认为"和"是万物生存和发展的条件，因而主张"尚和去同"。古希腊哲学家赫拉克利特曾说过的："互相排斥的东西结合在一起，不同的音调造成最美的和谐。"人不仅是社会和谐的受益者，更是社会和谐的推动者。

"和谐"是中华民族对自然、生命和社会的深刻感悟。和谐思想可谓源远流长。早在古代，不少先哲就提出和论述了关于和谐的问题，表达了朴素的和谐思想。在我国最早的文字甲骨文里，"和"字已赫然存在。作为儒家群经之首的《易经》，就自始至终贯穿着整体和谐的思想，强调人与自然、人与社会的和谐统一。"礼之用，和为贵。""君子和而不同，小人同而不和。"是孔子的名言。老子则提出"万物负阴而抱阳，充气以为和"。庄子说："天地与我并生，而万物与我为一"，认为天、地、人、物、我之间是一种共生共存的关系，即整体的和谐、物我的相通。在以后的历史发展中，"和"的思想一直被传承。"和"者，和睦也，含有和衷共济、政通人和、内和外顺等哲理；"谐"者，相合也，强调顺和、协调，力避抵触、冲突。古人云："万物各得其和以生，各得其养以成。"由此可见，和谐是一种调配，和谐是一种力量，和谐是一种胸怀，和谐是一种境界。

在总结和反思近代社会以及人与自然关系的基础上，形成了马克思主义的辩证和谐思想。在马克思主义创始人看来，只有从根本上改变资本主义的私有制度，才能彻底改变人与人之间的对立态度，从而改变人与自然之间的对抗和冲突。所以，只有社会主义和共产主义才能实现人的全面、自由、和谐发展的理想境界，这是一种新的天人合一境界。

<u>"和谐"是中华文化的价值目标和最高追求。</u>

"和谐"是中华文化的价值目标和最高追求。中华文化中包含着许多关于融合、和谐、和睦、平和的思想和观念，内容十分丰富。突出地表现

---

[1] 刘光：《论和谐概念》，《东岳论丛》2002年第4期。

为天人合一、保合太和的宇宙观，合二而一、阴阳互补的辩证法，和而不同、求同存异的价值观，和为贵、泛爱众的处世哲学，德治仁政、政通人和的政绩观，自强不息、厚德载物的民族精神，等等。只有造就深层次的文化和谐，培育和践行和谐价值观，促进和保障完整全面的社会和谐，才能造就充满活力、安定有序、全面协调可持续发展的和谐社会。

"中""和"在我国古代典籍中分别指行为尺度的适度和事物状态的和谐，它既是一种方法论——以"中"为手段、以"和"为目的，更是一种世界观——"致中和，天地位焉，万物育焉"。曾经有外国人问华中科技大学的涂又光先生，中国哲学最精华的是什么地方？他说，如果只讲一个字，就是"和"，和谐的和；讲两个字，就是"中和"；讲三个字，就是"致中和"。"中"要把握"度"，"和"要关系和谐；只有把握"度"，事物各就其位，各司其职，关系和谐，世界才能美好。

中国文化传统中有着著名的"十六字心传"，这就是：

人心惟危，
道心惟微；
惟精惟一，
允执厥中。

这十六字载于《尚书·大禹谟》，传说源于尧舜禹禅让的故事。当尧把帝位传给舜，以及舜把帝位传给禹的时候，所托付的是天下与百姓的重任，是华夏文明的火种。因而谆谆嘱咐代代相传的便是以"心"为主题的这16个字。这"十六字心经"的意思是舜帝告诫大禹说，人心动荡不安，道心幽昧难明，只有精诚专一，实实在在地实行中正之道。其主要含义是：允执其中。"允执其中"也就是得当地把握住它的中正之道。而所谓的中正之道也就是"执两用中"的思维方法。把握事物中两方面的多重联系，运用"无过无不及"的中道原则行事，就是"执两用中"。

当然，"执两用中"不是不讲原则地调和折中。这一点，我国古代哲学家朱熹就意识到了。他主张"诚而中"，反对"不诚而中"，以"诚"为根本。朱熹《中庸章句》把"诚"界定为"真实无妄"，就是要从天人合一的层面讲"诚"，以为"诚"不仅是"天理之本然"，为天所固有，而且也为人性所固有；不仅圣人能够"诚"而真实无妄，而且未至于圣者，也可以"择善而固执"达到"诚"。

党的十八届三中全会，全面总结了改革开放的实践经验。最重要的是，坚持党的领导，贯彻党的基本路线，不走封闭僵化的老路，不走改旗易帜的邪路，坚定走中国特色社会主义道路，始终确保改革正确方向；坚持解放思想、实事求是、与时俱进、求真务实，一切从实际出发，总结国内成功做法，借鉴国外有益经验，勇于推进理论和实践创新；坚持以人为本，尊重人民主体地位，发挥群众首创精神，紧紧依靠人民推动改革，促进人的全面发展；坚持正确处理改革发展稳定关系，胆子要大、步子要稳，加强顶层设计和摸着石头过河相结合，整体推进和重点突破相促进，提高改革决策科学性，广泛凝聚共识，形成改革合力。[①] 这些经验是我国几十年中国特色社会主义探索经验的"真传"，体现了丰富的辩证法唯物主义和历史唯物主义"真谛"。

就个体而言，人经常处于两极之中。生死安危，顺逆盛衰，荣辱得失，喜怒哀乐。人的修养就是要达到临危不惧而又居安思危，胜不骄而败不馁；淡泊名利，宠辱不惊。像孔子说的"乐而不淫，哀而不伤"，或像老子说的"自知而不自见，自爱而不自责"。《礼记·曲礼上》也说"志不可满，乐不可极"。汉武帝《秋风辞》里说"欢乐极兮哀情多"[②]。孔子把"和"与"同"作为区分君子与小人人格的标准，他说："君子和而不同，小人同而不和。"君子能汲取别人的有益思想，纠正其错误思想，力求公允正确，绝不盲从；而小人只会随声附和，从不提出自己的独立见解。（笔者理解，在处理人际关系上，小人往往是臭味相投、结党营私，但不易与大群体合作共处；君子则与人合作共处而不求小群体的苟同）又说："君子中庸，小人反中庸。"实行中庸之道，把握准确的度很不容易，这必须做到"和而不同"，善于忍让，还要有修养与品格。

如果自我的身心内外能够做到中正和谐，即使天下大乱，在自己和天地万物之间，对自己的身心安宁康泰也不会有什么影响；如果自我的身心内外做不到中正和谐，即使天下治理得好，自己的身心也将是不安和错乱的。无论治世、乱世，自己都应修德敬业，这样就可以在活着的时候尽伦

---

① 参见《〈中共中央关于全面深化改革若干重大问题的决定〉辅导读本》，人民出版社2013年版，第6页。

② 《乐府诗集》引《汉武帝故事》。

尽职，在离开人世的时候将是很安宁的，所以北宋哲学家张载《西铭》的最后两句话说："存，吾顺事；没，吾宁也。"

（二）不积跬步，无以至千里
——质量互变规律

"西湖美景三月天，细雨如酒柳如烟……"美丽的杭州西湖和古老的《白蛇传》传说，可谓相得益彰。西子湖畔原来有一座有名的雷峰塔，可惜早就倒塌了。关于塔倒塌的原因，当然与年代久远风雨剥蚀有关，但传说还有另一个原因，就是人们的偷拆。因为它是古塔，迷信的人们以为里面会有什么神灵，就把它的砖块偷回家里，借此来消灾降福。于是不知从什么时候起，雷峰塔砖便一块一块地被人搬走，它的基础也就一天一天不稳固了。最后终于倒塌了。雷峰塔的倒掉是一个从量的变化到质的变化的过程。

前面讲到，矛盾是事物发展的动力。那么事物在矛盾的推动下是如何发展的呢？具体地说事物的发展就是一个从量变到质变，再到新的量变的过程。要弄清量变质变规律，首先需要将质、量、度这三个概念的含义准确把握住。

质是指一事物区别于他事物的内在规定性，它规定事物是什么不是什么，是这个不是那个。量是指事物存在和发展可以用量来表示的规定性，是指事物的大小、多少、快慢、高低等。度是事物保持自己质的数量限度，它体现着质和量的对立统一，如果突破了这个限度，就从一事物转变成了另一事物。

<u>掌握事物的度，对于认识和实践具有重要意义。过犹不及、欲速不达。</u>

掌握事物的度，对于认识和实践具有重要意义。首先，只有认识了事物的度，才能准确把握事物的质。其次，只有准确把握事物的度，才能提出指导实践活动的正确准则，坚持适度原则，防止"过"或"不及"。我们常说过犹不及、欲速不达。审时度势、把握火候、注意分寸等，都是强调适度的意思。毛泽东曾论述"'过犹不及'是两条路线斗争方法"[①]。

---

① 转引自《国家社科基金项目成果选介》第2辑，社科文献出版社2006年版，第37页。

我们想问题办事情，要看时机是否成熟，所谓"时机成熟"也就是准确把握处事的"适度"。唐代杜秋娘在其《金缕衣》中写道：

> 劝君莫惜金缕衣，
> 劝君惜取少年时。
> 花开堪折直须折，
> 莫待无花空折枝。

有专家提出，我国社会主义现代化建设，必须从我国实际出发，吸收资本主义过度工业化、过度市场化和过度资本化的危害，坚持走适度工业化道路。这种观点是有其合理性的，符合我国实际的。

希腊哲学家苏格拉底让几位学生走进麦田去摘麦穗，不能回头，看谁能摘到最大的一束。有些学生刚走几步，看到较大的麦穗就摘了，以后有更大的麦穗只能放弃，心里充满懊丧。也有些学生总觉得前面会有更大的麦穗，直到快走出麦田才凑合着摘一束，却错过了最好的机遇。只有一个学生先仔细观察麦穗的长势、大小、分布规律，选择了一个看起来最大的麦穗，然后就快步走出麦田。苏格拉底借此告诉学生：在寻求目标时要学会审视，掌握好度。目标既不能太高，也不必太低，一旦选定，便不犹豫。智慧就在全面审视和把握好度之间。

事物具有量的规定性，就要求我们在认识事物时，注意认识和把握事物的量。毛泽东在《党委会的工作方法》一文中提出要"胸中有数"的方法。他说："胸中有'数'。这是说，对情况和问题一定要注意到它们的数量方面，要有基本的数量的分析。任何质量都表现为一定的数量，没有数量也就没有质量。我们有许多同志至今不懂得注意事物的数量方面，不懂得注意基本的统计、主要的百分比，不懂得注意决定事物质量的数量界限，一切都是胸中无'数'，结果就不能不犯错误。……在任何群众运动中，群众积极拥护的有多少，反对的有多少，处于中间状态的有多少，这些都必须有个基本的调查，基本的分析，不可无根据地、主观地决定问题。"[①]

正确的决策来自正确的判断，正确的判断一定要有数量的依据。解放

[①] 《毛泽东选集》第4卷，人民出版社1991年版，第1442—1443页。

战争时期，1948年辽沈战役结束后只隔了十来天，毛泽东就作出一个新的判断："中国的军事形势已进入一个新的转折点，即战争双方力量对比已经发生了根本的变化。人民解放军不但在质量上早已占有优势，而且在数量上现在也已经占有优势。这是中国革命的成功和中国和平的实现已经迫近的标志。""这样，就使我们原来预计的战争进程，大为缩短。"① 以此科学判断为依据，加快了全国解放战争的进程。

从20世纪90年代初起，纳米科技得到迅速发展，与之相关的新名词、新概念不断涌现。纳米是长度单位，原称毫微米，就是十亿分之一米或者说百万分之一毫米，略等于45个原子排列起来的长度。纳米科学与技术，有时简称为纳米技术，研究领域为结构尺寸在1—100纳米范围内材料的性质和应用。纳米效应就是指纳米材料具有传统材料所不具备的奇异或反常的物理、化学特性。科学家预言，纳米时代的到来不会很久，它在未来的应用将远远超过计算机工业，并成为未来信息时代的核心。中国著名科学家钱学森教授曾说，纳米将会带来一次技术革命，从而将引起21世纪又一次产业革命。

现实生活中，巧妙运用数字，写出的诗也很有意思。例如："两个黄鹂鸣翠柳，一行白鹭上青天。""一去二三里，烟村四五家。亭台六七座，八九十枝花。""三面荷花四面柳，一城山色半城湖。""疏密纵有千万朵，好花只需三两枝。"

英国的维克托·迈尔·舍恩伯格和肯尼思·库克耶所著《大数据时代》② 是国外大数据系统研究的先河之作。作者在本书中前瞻性地指出，大数据带来的信息风暴正在变革我们的生活、工作和思维，大数据开启了一次重大的时代转型。马克思曾说，人的本质是一切社会关系的总和，而今，这是一个由数据构成的世界，人就是一切数据足迹的总和。

我们每天的生活被大数据包围着，一切行为和事件都以数据的形式被记录、储存和处理。一切事物，如果不能量化它，就不能真正理解、控制、改变它。在大数据时代，人类头脑无法理解的复杂情况，数据可以帮忙解读其中的含义；过去难以掌控的未知因素，数据可以给出最精准的预测；此外，数据还能弥补人们对直觉的过分自信，减轻个人经验与偏见对

---

① 转引自金冲及《毛泽东工作方法的几个特点》，《人民日报》2013年12月27日第7版。
② 浙江人民出版社2013年版。

直觉的扭曲程度。在大数据时代，人人都可以像上帝一样，通过汇总各类数据，俯瞰万千世界的任何一面。最高决策者如此，普通公民亦如此。①

量变是事物在数量和程度上的逐渐的不显著的变化，质变是事物显著的、根本性质的变化。世界上任何事物的变化，都是量变和质变的统一。量变和质变是事物变化发展的两种状态。量变是质变的前提和必要准备，质变是量变的发展和必然结果。

在古代，一些思想家已经注意到了量变引起质变的现象。《老子》提出"合抱之木，生于毫末；九层之台，起于累土"。《战国策》中说"积羽沉舟，群轻折轴"等，包含着量变引起质变的思想。古希腊哲学提出了某种元素的"凝聚化"和"稀薄化"导致形成不同质的事物的思想，在"谷堆论证""秃头论证"中讨论了量变与质变的关系。近代德国哲学家黑格尔第一次以唯心主义的形式系统地阐述了质量互变规律。马克思、恩格斯在概括大量自然科学成果的基础上，批判地继承了黑格尔唯心辩证法中的合理因素，对于质量互变规律进行了科学阐释。

质量互变规律揭示了一切事物、现象发展过程中量变和质变的内在联系及其相互转化。这一规律表明，事物的发展变化存在两种基本形式，即量变和质变，前者表现为事物及其特性在数量上的增加或减少，是一种连续的、不显著的变化；后者是事物根本性质的变化，是渐进过程的中断，是由一种质的形态向另一种质的形态的突变。在事物内部矛盾的作用下，事物的发展从量变开始，当量变达到一定的界限时，量变就转化为质变，事物的性质发生了变化，旧质事物就变成了新质事物。在新质的基础上又开始了新的量变。量变引起质变，质变又引起新的量变，循环往复以至无穷，构成了事物无限发展的过程。在事物发展过程中，量变和质变是相互依存相互渗透的。量变中有阶段性的和局部性的部分质变，质变中有量的扩张。

<u>质量互变规律对于人们的认识和实践活动具有重要的指导意义。</u>

质量互变规律对于人们的认识和实践活动具有重要的指导意义。在社会主义现代化建设中要把远大的革命目标与脚踏实地的工作结合起来，发

---

① 参见冯启娜等《大数据将引领公共管理大变革》，《光明日报》2013年11月30日第6版。

扬艰苦创业精神。实干兴邦,空谈误国。为了实现伟大中国梦,无论是民族梦,还是个人梦,都要脚踏实地、艰苦奋斗,不能眼高手低,急于求成。俗话说,"百炼钢化作绕指柔""只要功夫深,铁杵磨成针""绳锯木断,水滴石穿""集腋成裘,聚沙成塔""差之毫厘,谬以千里""千仓万箱非一耕所得,干天之木非旬日所长"。量变是事物发展的一个过程,它要求人们要重视量的积累,注意事物细小的变化,不可揠苗助长急于求成,对于消极因素,要防微杜渐;同时质变是量变发展到一定阶段时的突变,为此又要根据事物的发展进程,不失时机地促成飞跃,也就是促使事物由量变到质变的转化。

要弄清事物的质,分清是什么、不是什么,不能青菜萝卜一锅煮。新中国成立以来,在很长一段时间里,我们对于"什么是社会主义"这个问题的认识一直是模糊的。邓小平经过认真思索,提出"社会主义的本质,是解放生产力,发展生产力,消灭剥削,消除两极分化,最终达到共同富裕"[①]。

如何建设社会主义?新中国成立不久我们曾设想"跑步60天进入共产主义"。事实证明急躁冒进、欲速不达。经过认真总结反思,最终确认我国正处于社会主义初级阶段。社会主义初级阶段,不是泛指任何国家进入社会主义都会经历的起始阶段,而是特指中国在生产力落后、商品经济不发达条件下建设社会主义必然要经历的特定阶段。

1979年,叶剑英在国庆30周年讲话中初步表露了社会主义初级阶段的思想。1981年6月,中共十一届六中全会通过的《关于建国以来党的若干历史问题的决议》第一次明确指出"我国的社会主义制度还是处于初级的阶段"。1987年10月召开的中共十三大系统地阐述了社会主义初级阶段理论。大会指出:正确认识中国社会现在所处的历史阶段,是建设有中国特色社会主义的首要问题,是我们制定和执行正确的路线和政策的基本依据。社会主义初级阶段包含两层含义:第一,中国社会已经是社会主义社会。我们必须坚持而不能离开社会主义。第二,中国的社会主义社会还处在初级阶段,我们必须从这个实际出发,而不能超越这个阶段。这是中国共产党人对科学社会主义理论的重大贡献。它为实行改革开放、建设中国特色社会主义提供了有力的理论武器。

[①] 《邓小平文选》第3卷,人民出版社1993年版,第373页。

事物的发展是连续性和阶段性的统一。

事物的发展都是连续性和阶段性的统一。社会主义初级阶段必须实施"三步走"战略。

"小康",是邓小平1979年会见当时的日本首相大平正芳时第一次提出的用于现代化发展战略的一个概念。"所谓小康社会,就是虽不富裕,但日子好过。"为了规划中国现代化发展的蓝图,邓小平设想了著名的现代化发展"三步走"战略,即:第一步,从1981年到1990年,国民生产总值翻一番,实现温饱;第二步,从1991年到20世纪末,再翻一番,达到小康;第三步,到21世纪中叶,再翻两番,达到中等发达国家水平。2000年,我们已胜利地实现了"三步走"战略的第一、第二步目标,全国人民的生活总体上达到了小康水平,人均GDP达到848美元,实现了从温饱到小康的历史性跨越。这是中华民族发展史上的一个里程碑。

党的十八大报告提出,综观国际国内大势,我国发展仍处于可以大有作为的重要战略机遇期。我们要准确判断重要战略机遇期内涵和条件的变化,全面把握机遇,沉着应对挑战,赢得主动,赢得优势,赢得未来,确保到2020年实现全面建成小康社会宏伟目标。同时鲜明地提出"两个一百年"的奋斗目标:"在中国共产党成立一百年时全面建成小康社会","在新中国成立一百年时建成富强民主文明和谐的社会主义现代化国家"。

发展是硬道理。发展需要一定的速度,太慢了不行。但不能搞GDP崇拜,而要注重质量和效益,经济社会发展保持又好又快。

曾几何时,"楼上楼下,电灯电话"是人们向往的幸福生活。随着城镇化的推进,许多居民已经把梦想变成了现实。但在城镇化进程中也出现了一些问题,突出的问题是重量不重质,一味地追求速度和规模,不断攻城略地,摊大饼式地发展,甚至脱离当地实际违背农民意愿,致使有些农民"被上楼"。联合国城居署在《伊斯坦布尔宣言》中指出:"我们的城市必须成为人类能够过上有尊严、健康、安全、幸福和充满希望的美满生活的地方。"[①] 这是对城市的要求与定位,毫无疑问,这也应是我国城镇化的目标。推进城镇化,必须从我国社会主义初级阶段基本国情出发,遵循规律,因势利导,转变生产方式,完善公共服务,让农民成为真正的

[①] 刘建华:《城镇不能"中看不中用"》,《人民日报》2013年10月29日第20版。

市民。

（三）山重水复疑无路，柳暗花明又一村
——否定之否定规律

质量互变规律表明，事物的发展从量变到质变，再到新的量变，使发展呈现出连续性与阶段性的统一。那么事物发展的总的趋势是怎样的？唯物辩证法认为，事物在矛盾的推动下变化发展的方向和道路是前进性与曲折性的统一。事物的发展是通过它自身的辩证否定实现的。否定之否定规律揭示事物发展的趋势和道路，以及人类认识发展不断在曲折中前进的辩证实质。

事物内部都存在着肯定因素和否定因素。肯定因素是维持现成事物存在的因素，它肯定这一事物是它自身而不是其他事物；否定因素是促使现成事物灭亡的因素，它破坏现成事物使之转化为其他事物。最初，肯定因素处于支配地位，否定因素处于被支配地位。但是，在矛盾双方的斗争中，否定因素总会由弱变强。一旦否定因素由被支配地位上升为支配地位，事物就转化到了自己的对立面，实现了对事物的否定。事物最终之所以被否定，根源在于事物的内部，是事物内部的否定因素战胜了肯定因素。因此，事物的否定是自我否定。否定是对旧事物的质的根本否定，但不是对旧事物的简单抛弃，而是变革和继承相统一的扬弃。

一个民族、一个国家要永葆长治久安，就必须居安思危，做到安不忘危、治不忘乱、存不忘亡，积极培育肯定因素，不断积聚社会正能量。

文武之道，一张一弛。美国前总统林肯说过，政治是有给有取的艺术。列宁说，退一步是为了进两步。古人说，要想取之，必先予之。《易经·系辞下》说："尺蠖之屈，以求信也；龙蛇之蛰，以存身也。"意思是说尺蠖这种小虫子身体弯曲起来，目的是伸长；龙蛇这样的事物，身体蛰伏起来，为的是可以继续生存。意思就是为了以后的发展，不妨暂时委屈一下，以便积蓄力量、待机发展。冬天来了，春天还会远吗？！

否定是事物发展的环节，没有否定就没有新旧事物的转换。有时候，否定就是肯定。比如生产与消费的关系，在市场经济条件下，从某种程度上说，消费即生产。在山东聊城东北郊有一座桥，叫东板桥，一年秋天，传说有一天夜晚在桥上出现了一条大蟒，几辆车开过去都没能把它轧死，后来一辆车停住了。这条大蟒摇身一变成了一位美丽的少女，少女对司机

说，最近聊城周围都发生了灾害，聊城也要发生。但若人们放鞭炮过"小年"，就可避免。于是，这个"故事"一传十，十传百，一到傍晚家家户户鞭炮齐鸣。各商店的鞭炮被抢购一空。原来，那位司机是一家鞭炮厂的推销员，大蟒之说纯属虚构，他只是利用了人们的迷信心理搞了一次促销而已。这件事发生在20世纪80年代中期。事情说来可笑，但却说明了一个道理：没有消费就没有生产。

<u>唯物辩证法的否定观是辩证否定观。</u>

唯物辩证法的否定观是辩证否定观。它强调：否定是事物的自我否定，是事物内部矛盾运动的结果。否定是事物发展的环节。它是旧事物向新事物的转变，是从旧质到新质的飞跃。只有经过否定，旧事物才能向新事物转变。否定是新旧事物联系的环节，新事物孕育产生于旧事物，新旧事物是通过否定环节联系起来的。辩证否定的实质是"扬弃"，即新事物对旧事物既批判又继承，既克服其消极因素，又保留其积极因素。

与辩证否定观相对立的形而上学否定观则认为，否定是外在的否定，主观任意的否定；否定是绝对的否定，是不包含肯定的否定，这就既割断了事物的联系，又使发展中断。它的信条是："是就是，不是就不是；除此之外，都是鬼话。"

坚持辩证的否定观，就要对一切事物采取科学的分析态度，要同时看到事物的肯定方面和否定方面，在肯定中看到否定，在否定中看到肯定，不能肯定一切或否定一切。对待古代文化遗产，要批判地继承，"古为今用"，"取其精华，弃其糟粕"。对待外国东西，要有选择地吸收，"洋为中用"，既不能一概拒绝、闭门造车，也不能全盘照搬、邯郸学步，认为"外国的月亮也比中国的圆"。建设中国特色社会主义，要大胆地吸取人类社会包括资本主义社会所创造的一切文明成果，同时对其腐朽的东西给予坚决的批判。

德国唯物主义哲学家费尔巴哈在批判黑格尔的唯心主义错误时，把其辩证法的核心发展的观点也抽掉了，恩格斯批评费尔巴哈是把婴儿和洗澡水一起倒掉了。唯物辩证法批判了黑格尔的唯心主义思想，继承了其辩证法的核心发展观点。

列宁曾经指出："无产阶级文化并不是从天上掉下来的，也不是那些自命为无产阶级文化专家的人杜撰出来的，如果认为是这样，那完全是胡说。无产阶级文化应当是人类在资本主义社会、地主社会和官僚社会压迫下创造出来的全部知识合乎规律的发展。"① 毛泽东在《新民主主义论》中也说："中国现实的新政治、新经济是从古代的旧政治、旧经济发展而来的，中国现实的新文化是从古代的旧文化发展而来。" 列宁和毛泽东在这里都讲到新旧文化的继承关系，而且只有继承传统文化中的优秀精华部分，帮助新文化，才是新的文化的"合乎规律的发展"。列宁还说过："马克思主义这一革命无产阶级的思想体系赢得了世界历史性的意义，是因为它并没有抛弃资产阶级时代最宝贵的成就，相反却吸收和改造了两千多年来人类思想和文化发展中一切有价值的东西。"② 总之，"不忘历史才能开辟未来，善于继承才能善于创新"。③

习近平指出，我们党领导人民进行社会主义建设，有改革开放前和改革开放后两个历史时期，这是两个相互联系又有重大区别的时期，但本质上都是我们党领导人民进行社会主义建设的实践探索。中国特色社会主义是在改革开放历史新时期开创的，但也是在新中国已经建立起社会主义基本制度，并进行了20多年建设的基础上开创的。虽然这两个历史时期在进行社会主义建设的思想指导、方针政策、实际工作上有很大差别，但两者绝不是彼此割裂的，更不是根本对立的。不能用改革开放后的历史时期否定改革开放前的历史时期，也不能用改革开放前的历史时期否定改革开放后的历史时期。要坚持实事求是的思想路线，分清主流和支流，坚持真理，修正错误，发扬经验，吸取教训，在这个基础上把党和人民事业继续推向前进。

恩格斯早就预言："在分子科学和原子科学的接触点上，双方都宣称无能为力，但是恰恰就在这个地方可以期望取得最大的成果。"④ 自20世纪以来，一系列边缘学科和交叉学科大量涌现，不但自然科学日趋融合，而且自然科学与社会科学也日益融合起来，这一切有力地证明了恩格斯的科学预言。愈来愈多的科学家摒弃了非此即彼的两极模式，自觉地将注意力转向对于学科间的联系、渗透及其中介领域的研究，探索已有学科间的

---

① 《列宁全集》第4卷，人民出版社1972年版，第348页。
② 《列宁专题文集·论马克思主义》，人民出版社2009年版，第296—297页。
③ 习近平：《在纪念孔子诞辰2565周年国际学术研讨会暨国际儒学联合会第五届会员大会上的讲话》，《人民日报》2014年9月25日第2版。
④ 于光远等：《恩格斯自然辩证法》，人民出版社1984年版，第85页。

处女地带，使许多新的科学"生长点"建立在学科间的结合点上。同时，随着边缘学科与交叉学科的大量涌现，在学科间的边界地带，范畴和概念相互渗透日趋激烈。这不仅引起人们思维方式和研究方法的巨大变革，而且对于现代科学家的知识结构也提出了全新的要求。在现代科学一体化形势下，每一门科学的进步，都要依赖于相邻学科的发展，如若还固守旧的阵地，坐井观天，不敢越雷池一步，必将作茧自缚。

台湾作家席慕蓉提出，我们从小到大，受到的都是分门别类的教育，我如果不是文科的料，我就该是理科的料，我要么是会画画的，要么就是不会画画的……为什么要这样呢？为什么会这样呢？为什么我们不能坦然地在是与不是之间生活？在是与不是之间享受着大自然所给我们的一切的美好呢？

事物由于内部肯定因素与否定因素的矛盾而自我发展，由肯定到否定表现为对立面的展开；由否定又发展到第二次否定，又达到对立面的统一。这就是事物发展的两次否定（否定和否定之否定）和三个阶段（肯定、否定和否定之否定）。事物经过否定之否定之后，第三阶段作为第二阶段的对立面必然与第一阶段有着某些相似特征，但这第三阶段经过两次扬弃，吸收了前两个阶段的优点，是更高级的新事物，是一种自我完善的过程。

否定之否定规律揭示了事物发展的前进性与曲折性的统一。

否定之否定规律揭示了事物发展的前进性与曲折性的统一。前进性体现在，每一次否定都是质变，都把事物推到新阶段；每一周期都是开放的，不存在不被否定的终点。曲折性体现在回复性上，其中有暂时的停顿或倒退，但是经过曲折终将为事物的发展开辟道路。由此可知，事物发展的趋势是波浪式前进或螺旋式上升的。

否定之否定规律的表现形态是多种多样的。我国古代的生产关系就是一个否定之否定规律很好的例子。在原始社会初期，人们处在公有制的生产关系中；后来这种公有制在农业生产发展中就变成生产力发展的桎梏，它被废除了，出现了私有制；私有制在自己的发展中，又反过来成为生产力发展的桎梏，这就必然地产生出否定自己的公有制。不过这时的公有制已不再是原始的那种公有制，而是建立在更高的生产力发展基础上的公有制。

原始公有制（肯定）……私有制（否定）……公有制（否定之否定）

小麦的生长过程是：

麦粒（肯定）……植株（否定）……新麦粒（否定之否定）

人类生产过程是：

生产（肯定）……消费（否定）……再生产（否定之否定）

商品流通过程是：

商品（肯定）……货币（否定）……新的商品（否定之否定）

人的生活过程是：

休息（肯定）……工作（否定）……休息（否定之否定）

昆虫的生长过程是：

卵（肯定）……虫（否定）……新的卵（否定之否定）

天体的演化过程是：

星云（肯定）……恒星（否定）……星云（否定之否定）

社会分工过程是：

原始脑体结合（肯定）……脑体分工（否定）……新的脑体结合（否定之否定）

否定之否定是事物自身矛盾运动的结果。但这个结果不是静止的。在这个结果里，原来的矛盾解决了，新的矛盾又会出现，有矛盾存在，发展就不会停止。上一个否定之否定过程的结果，变成另一个发展过程的肯定环节，开始另一个否定之否定的过程。所以否定之否定既是结果，又是开端。事物的矛盾是绝对的，发展是无限的，否定之否定永远不会到达一个终点。长江后浪推前浪，一代更比一代强。

否定之否定是事物发展的普遍规律。但不同的事物在不同的条件下，否定之否定过程的表现又有特殊性。有的事物只经过一个周期，就向过程之外的他物转化去了。有的事物则要经过许多次的周期循环。如货币—商品—货币的运动，就要经过千百次的循环，货币才能转化为资本。否定之否定是回复性与前进性的统一。有的事物的发展回复性比较明显，有的事物的发展前进性较为突出。否定之否定是事物发展的一般趋势，在这个过程中，事物不断地被扬弃，不断地变化、更新。但由于各种复杂的情况和偶然事件的影响，这个过程也可能暂时发生逆转、倒退、偏差等现象，使事物的发展过程出现曲折，但事物发展的螺旋式上升的总趋势是不可逆转的。

否定之否定规律表明，事物发展的总的趋势和基本方向是前进的、上升的，而发展的具体途径和道路则是螺旋式的或波浪起伏的；发展是前进性和曲折性的对立统一。自觉地运用否定之否定规律，有助于进行辩证的思考，防止和克服思想方法的片面性、直线性和绝对化。"不经历风雨，怎能见彩虹。""不经一番寒彻骨，哪得梅花扑鼻香。"在实践活动中，一方面要防止把事物的发展看作总是直线上升、径直前进，不经任何曲折和艰苦斗争就可以实现的直线论思想；另一方面又要反对只看到事物发展的曲折性而看不到事物发展在基本方向和趋势上的前进性，甚至认为事物发展是"周而复始"的循环论和悲观论思想，以及由此作出否认事物发展的必然性、否认社会进步的必然性的消极结论。

"山重水复疑无路，柳暗花明又一村。"前途是光明的，道路是曲折的。"雄关漫道真如铁，而今迈步从头越。"毛泽东说："我们的同志在困难的时候，要看到成绩，要看到光明，要提高我们的勇气。"[1]"当着天空中出现乌云的时候，我们就指出，这不过是暂时的现象，黑暗即将过去，曙光即在前头。"[2] 在《关于正确处理人民内部矛盾的问题》中，他指出："任何新生事物的成长都是要经过艰难曲折的。在社会主义事业中，要想不经过艰难曲折，不付出极大努力，总是一帆风顺，容易得到成功，这种想法，只是幻想。"[3]

习近平指出："人世间没有一帆风顺的事业。综观世界历史，任何一个国家、一个民族的发展，都会跌宕起伏甚至充满曲折。""我们的事业之所以伟大，就在于经历世所罕见的艰难而不断取得成功。"[4] 在实现伟大"中国梦"的征程中，也不可能一帆风顺，为此我们要把艰苦创业精神与革命乐观主义统一起来。正如电视剧《篱笆·女人和狗》主题歌（词作者张藜）所唱的，生活是一团麻，那也是麻绳拧成的花，生活是一根线，也有那解不开的小疙瘩呀，生活是一条路，怎能没有坑坑洼洼……

---

[1] 《为人民服务》《毛泽东选集》第 3 卷，人民出版社 1991 年版，第 1005 页。
[2] 《毛泽东选集》第 4 卷，人民出版社 1991 年版，第 1245—1246 页。
[3] 《毛泽东文集》第 7 卷，人民出版社 1999 年版，第 220 页。
[4] 习近平：《在纪念毛泽东同志诞辰 120 周年座谈会上的讲话》，《人民日报》2013 年 12 月 27 日第 2 版。

四 联系变化之网的纽结
——唯物辩证法的范畴

唯物辩证法的基本范畴是马克思主义哲学的重要组成部分。它的重要作用列宁有过精彩的描述："在人面前是自然现象之网，本能的人，即野蛮人没有把自己同自然界区分开来，自觉的人则区分开来了，范畴是区分过程中的一些小阶段，即认识世界过程中的一些小阶段，是帮助我们认识和掌握自然现象之网的网上纽结。"[①] 认识这些"网上纽结"，是认识客观世界的重要基础。唯物辩证法的基本范畴是从人类的社会实践中总结出来的成果，它必将随着人类社会实践的发展而发展。

（一）画龙画虎难画骨
——现象和本质

苏轼的《题西林寺壁》一诗写道：

> 横看成岭侧成峰，
> 远近高低各不同。
> 不识庐山真面目，
> 只缘身在此山中。

为什么身在庐山中，却不识真面目呢？这涉及现象和本质的关系问题。辩证唯物主义认为现象是事物的外部联系和表面特征，是事物的外在表现。本质就是事物的根本性质，是组成事物基本要素的内在联系。本质与必然性、规律性是同一序列的哲学范畴。列宁说："规律和本质是表示人对现象、对世界等等的认识深化的同一类的（同一序列的）概念，或者说得更确切些，是同等程度的概念。"[②] 现象和本质是既对立又统一的关系。

现象和本质是对立的。现象和本质有明显的差别。现象是事物的外在

[①] 列宁：《哲学笔记》，人民出版社1974年版，第78页。
[②] 《列宁全集》第55卷，人民出版社1990年版，第127页。

方面，是表面的、多变的、丰富多彩的；本质是事物的内在方面，是深藏的、相对稳定的、比较深刻、单纯的。因而现象是可以直接被认识的，本质则只能间接地被认识。

现象和本质又是统一的。

两者是相互依存的。现象是本质的现象，本质是现象的本质。也就是说，本质只能通过现象表现出来，现象只能是本质的显现，它们之间是表现和被表现的关系。任何一方离开了另一方都是不能存在的，实际的存在总是现象与本质的对立统一。

两者是相互蕴含的，在实际上也是相互包含的。本质寓于现象之中，这是非常明显的，因为现象是整体，本质是现象的一部分，固然是根本性的部分。反过来，本质也包含现象，因为现象尽管是多种多样的、纷繁复杂的，但毕竟是由本质决定的，早已潜在地包含于本质之中。例如，植物通过发芽、生长、开花、结果、凋谢的现象过程，体现了其"新陈代谢"的本质。

现象与本质是可以相互转化的。本质总会通过现象表现出来。某一具体的人无疑是本质与现象的统一体，但其本质也在不断地表现出来，即不断转变为现象。现象与本质的相互转化，正是感性认识与理性认识相互转化的客观基础。

俗话说"画龙画皮难画骨，知人知面不知心"。那么如何区别真象与假象、假象与错觉呢？

真象是从正面表现本质的现象。假象则是一种虚假的现象，它也是本质的一种表现，但却是本质在特定条件下的一种反面、歪曲的表现。有时候制造假象以迷惑敌人，可以使战争转败为胜。例如诸葛亮的"草船借箭""空城妙计"，就反映了其足智多谋的本质。

错觉是由于人的感觉上的错误造成的，属于主观的范畴；假象则是由客观存在的种种条件造成的，它是现象的一种，属于客观的范畴。

把握现象与本质的辩证关系，具有重要的方法论意义。

现象和本质的对立，说明了科学研究的必要性；现象和本质的统一，决定了科学研究的可能性。科学研究的任务就是通过现象去认识本质。人们只有通过对大量现象的研究，才能发现事物的本质，达到科学的认识。如果二者之间只有对立而无统一，那么一切科学研究、科学认识就是徒劳无益、白费力气的了。

<u>要注意把现象作为入门的向导，通过现象去认识事物的本质。</u>

在实践中要注意把现象作为入门的向导，通过现象去认识事物的本质。

从现象进入本质是认识的深化，却不是认识的终止。由现象进入到本质，在一定程度上认识到了事物的规律性以后，还必须在这种认识的指导下，继续地研究尚未研究过或尚未深入研究的现象，以此补充、丰富和加深对于事物本质的认识。这是一个由现象到本质、由不深刻的本质到更深刻的本质的循环往复的认识过程。列宁说："人的思想由现象到本质，由所谓初级本质到二级本质，不断深化，以至无穷。"[①] 习近平指出："坚持实事求是，就要深入实际了解事物的本来面貌。要透过现象看本质，从零乱的现象中发现事物内部存在的必然联系，从客观事物存在和发展的规律出发，在实践中按照客观规律办事。"[②]

把握二者的辩证关系，防止经验主义和理性主义（教条主义）的出现。哲学史上的经验主义和理性主义是自觉的思想体系，以割裂现象与本质为其立论的依据。经验主义否定感性认识到理性认识的转化，也就是否定现象到本质的转化；理性主义否定理性认识到感性认识的转化，也就是否定本质到现象的转化。实际生活中的经验主义和教条主义并无自觉的思想体系，它们只是表现为实际认识过程中的片面性，但其认识基础同样是割裂了现象与本质的辩证统一。

基于对现象与本质的理解，马克思科学地揭示了资本运动的内在规律，揭示了资本运动隐藏在深层的内在的本质，经过多层次的外化，科学地说明了资本运动的外部现象与内在本质的对立统一关系。如果说，《资本论》从第一卷到第三卷科学地揭示了资本运动的全过程，也就是以资本最深层的内在的本质的联系到资本的表面的现象的联系，因而是一个逐步外化的过程的话，那么，马克思对资本的研究方法就是从现象深入到本质，即从具体到抽象的过程，而《资本论》的叙述方法则是从资本的本质上揭示资本的表面现象，即从抽象到具体的过程，从而在本质上把握资

---

① 《列宁全集》第 55 卷，人民出版社 1990 年版，第 213 页。
② 习近平：《在纪念毛泽东同志诞辰 120 周年座谈会上的讲话》，《人民日报》2013 年 12 月 27 日第 2 版。

本运动的形式。

马克思揭露了劳动力的本质是如何被资本主义的工资形式所掩盖的真象，科学地揭示了劳动力同劳动的区别。马克思认为，在资本主义社会，工人在资本家工厂里做工所得到的工资，从表面上看，似乎工人出卖的不是劳动力，而是劳动，资本家支付给工人的工资不是劳动力的价格，而是劳动的价格。其实这是一种假象。因为劳动并不是商品。它没有价值，也没有价格，"劳动是价值的实体和内在尺度，但是它本身没有价值"。实际上，工人出卖的不是劳动，而是劳动力；资本家支付给工人的工资不是劳动的价格，而是劳动力的价格。所以，工资不过是劳动力的价值或价格的转化形式。但是，资产阶级经济学家用"劳动的价值""劳动的自然价格"等范畴，混淆了劳动力与劳动的区别，混淆了劳动力的价值与劳动力在劳动过程中所创造的全部价值的区别，结果，价值概念不能成立。因此，"劳动的价值"是一种假象、虚假现象，它掩盖了劳动力价值的实质。马克思说："在'劳动的价值'这个用语中，价值的概念不但完全消失，而且转化为它的反面。这是一个虚幻的用语，就象说土地的价值一样。但是这类虚幻的用语是从生产关系本身中产生的。它们是本质关系的表现形式的范畴。事物在其现象上往往颠倒地表现出来，这是几乎所有的科学都承认的，只有政治经济学例外。"这里所谓"只有政治经济学例外"，是就资产阶级政治经济学而言的。资产阶级经济学家使用"劳动的价值""劳动的自然价格"之类的范畴，不仅掩盖了资本家剥削工人的秘密，同时也使自己的理论陷入混乱的矛盾之中，并为庸俗经济学家提供了以假象掩盖本质的形而上学的理论基础。

由于这种假象的掩盖和迷惑产生了"工人和资本家的一切法的观念，资本主义生产防护司的一切神秘性，这一生产方式所产生的一切自由幻觉，庸俗经济学的一切辩护遁词，都是以这个表现形式为依据的"。与资产阶级经济学家相反，马克思不仅揭示了现象背后的本质，而且也揭露了剩余价值的秘密，从而也就揭开了工资作为劳动力的价值或价格的转化形式，实际所掩盖的是资本家与工人之间的剥削与被剥削的关系。

不仅如此，马克思在《资本论》中还揭露了在资本主义社会中，劳动的社会生产力的本质是如何为资本的社会生产力的现象所掩盖的；剩余价值的本质如何为利润的形式所掩盖；在生息资本的形式上，人的关系如何为货币关系的假象所掩盖；等等，不仅科学地揭示了资本运动的内在本质，阐明资产阶级剥削无产阶级的庐山真面目，为科学共产主义奠定了坚实的理论基础，而且也深化和发展了现象与本质范畴的理论。

所以，有时候要真正认识事物，还需要深入其中才有体会。只有深入庐山之中，才能真正了解和认识庐山的真面目。

> 横看成岭侧成峰，
> 远近高低各不同。
> 今识庐山真面目，
> 只缘身在此山中。

（二）旧瓶装新酒与换汤不换药
——内容和形式

内容和形式是反映事物构成要素的内在本质及其联系、表现方式的辩证法范畴。内容是指构成事物的各种要素，包括事物的内在矛盾、特性、运动过程和发展趋势等的总和。形式是指内容诸要素的结构、组织类型，是内容的表现方式。

世界上的任何事物都有内容和形式两个方面，是内容和形式的统一体。只有内容而无形式，或只有形式而无内容的事物在世界上是没有的。一个事物所包含着的它由以构成的各种要素的总和表现为内容，这些要素又必然以一定的方式结合起来而形成形式；当构成该事物的诸要素尚不存在，或已经存在而尚未以一定方式结合起来时，它只是可能的而不是现实的事物。只有在构成该事物的诸要素已经具备并且以一定的方式有机联结起来时，这个事物才由可能性的东西变成现实的东西。

古希腊哲学家提出了质料和形式的范畴，对内容和形式以及二者的相互关系进行了探索，提出一些有价值的思想。亚里士多德看到了事物具有质料和形式这两个方面，认为事物都是由质料和形式构成的。他批判了柏拉图把世界的本质看作理念总和的唯心主义观点，正确地提出自然界是实物的总和，而实物则是质料和形式的统一，是形式化了的质料的观点。但是，亚里士多德并没有把这种唯物主义倾向和辩证法因素贯彻到底。他认为存在着没有任何形式的质料和没有任何质料的形式，从而把形式和内容割裂开来。同时，他还认为纯粹形式是世界发展的第一动力，而上帝是最早的形式，即形式的形式。

在近代哲学中，康德研究了思维的形式和内容，他把内容理解为零乱的感性材料的总和，把形式理解为用以整理、综合感性材料的主观框架，认为形式为人先天所固有，不依赖于内容。在康德那里，内容和形式是相互割裂和绝对对立的。黑格尔对内容和形式及其相互关系有深刻的见解，他不把形式理解为外在于内容的东西，而认为形式是内容的形式，是质料和形式的统一。在黑格尔看来，内容和形式的关系是辩证的，彼此之间相互作用、相互转化。

辩证唯物主义在总结概括哲学史上积极思想成果的基础上，指明了内容和形式相互作用、相互制约的辩证原理。在内容和形式的相互关系中，内容是主要的、决定的方面。内容决定形式，形式依赖于内容，并随着内容的发展而发展、变化而变化。

一般来说，内容支配形式，有什么样的内容就有什么样的形式；内容发展变化了，形式也要发生相应的变化。形式对内容的依赖性并不排除它对内容的相对独立性。形式不是消极的、被动的，对内容不是可有可无的。内容和形式作为矛盾统一体的两个方面，对立之间的关系是相互的，内容决定形式，同时形式也能动地反作用于内容，影响、制约着内容的发展变化。适应内容需要而产生的形式，对内容的发展起促进、加速的积极作用，而陈旧过时的、和内容的客观需要相背离的形式，对内容的发展则起阻碍、延缓和破坏的消极作用。一部艺术作品，只有进步的思想内容和完美的艺术形式的统一，才能产生强烈的感染力，并给人以美的享受。没有美的形式的艺术作品，再好的内容也起不到它所应有的作用。内容和形式的相互作用，是事物发展的动因之一。

内容和形式的统一是在它们的矛盾运动中实现的。

内容和形式的相互作用构成它们之间的矛盾运动。内容和形式的统一，不是在静止中而是在它们的矛盾运动中实现的。一般来说，内容是事物中更为活跃的方面，形式则是比较稳定的因素。事物的发展变化一般是从内容首先开始的。活跃的内容和稳定的形式始终存在着矛盾，它们在任何时候都不是绝对适合的。在内容客观需要基础上产生的形式，在一定时期内和内容基本适合，这时内容要求形式的基本稳定而避免使其过早地受到破坏。但内容处于经常的运动、变化和发展的状态中，随着内容的变化和更新，相对稳定的形式变得越来越落后而不能和内容相适应，以致成为内容发展的严重障碍，这时内容和形式则由基本适合转变为基本不适合从而发生尖锐冲突。这种冲突是通过内容和形式的对立面的斗争得以克服和解决的。新的、发展了的内容打破陈旧的过时的形式，并建立起与自己相适应的新形式，在新的基础上达到内容和形式的新的统一，开始了新的矛盾运动的过程。事物就是在内容和形式的这种循环往复的矛盾运动中，不断更新、不断发展的。

内容和形式的关系不是简单的、呆板的，而是复杂的、生动的。不能把内容决定形式、要求与之相适应的形式简单化。由于事物的内在矛盾和各种条件的复杂性，同一内容可能有多种与之相适应的形式。例如，社会主义公有制这一内容，它的形式有全民所有制，有组织水平不同、规模大小不等的集体所有制。社会主义公有制的形式取决于它的内容的客观需要，在此基础上采取相应的不同形式，这是发展社会主义公有制内容所要求的。在某些情况下，同一内容可以有不同的形式，反之，同一形式也不是只能和某一内容相对应，它往往也可以表现或容纳不同的内容。

在内容和形式的对立统一中，新内容和旧形式、新形式和旧内容之间存在着历史继承、相互利用的情况。所谓"旧瓶装新酒""换汤不换药"。在一定范围和条件下，新内容可以利用旧形式，旧内容也可以利用新形式。商品、货币、工资、银行等的旧形式，既可以为资本主义经济内容服务，经过改造以后也可以为社会主义经济内容服务，变成发展社会主义经济的形式。新内容利用旧形式不是无条件的，也不是一切旧形式都可以为新内容服务。

形式和内容的界限不是绝对的，在一定关系或范围中为内容的东西，在另一种关系或范围中则可以成为形式。例如，思想是反映客观事物的形式，同时又是语言形式的内容。演员用的服装道具，对于舞台演出来说是形式，而对于服装道具商店来说则是它的内容。

内容和形式的辩证法指明，人们在认识世界和改造世界的活动中，必须全面地理解内容和形式的对立统一。首先要注意内容这一主要的、决定的方面，着重从内容上把握事物及其发展变化，依据内容的客观需要，决定形式的取舍、利用和改造，反对只注意形式而忽视内容的形式主义。正如马克思所强调的，如果形式不是内容的形式，那么它就没有任何价值了。同时，要依据内容和形式相互作用的原理，善于区分和利用有利于内容发展的各种形式，充分发挥形式对内容的能动作用。深刻理解形式和内容的辩证关系，对于把握生产关系（形式）和生产力（内容）矛盾运动的规律具有重要意义。社会主义的实践证明，社会主义生产关系的发展并不存在一套固定的模式，必须根据生产力发展的客观要求，在每一阶段上创造与之相适应的生产关系的具体形式。从实际出发采取灵活的形式，以推动内容的发展，这是人们实践活动的一项重要任务。

（三）天上下雨地上滑
——原因和结果

当我们观察世界的时候会发现，客观世界到处都存在着引起与被引起的普遍关系，唯物辩证法把这种引起与被引起的关系，称为因果关系或因果联系。其中，引起某一种现象的现象叫作原因，而被某种现象所引起的现象叫作结果。原因和结果构成对立统一关系。

原因和结果的关系与时间的顺序性和空间的并存性密切相关，时间与空间是事物间相互作用和因果关系的存在形式。一般来说，原因是在结果之前出现的，但不能只从事物在时间上的先后和空间上的并存来判定是否存在因果关系；因果关系的基本特征是事物间引起和被引起的关系，一事物产生他事物的关系。无风不起浪，钟不敲不响，摩擦生热，天上下雨地上滑。这里风吹是原因，起浪是结果；敲钟是原因，钟响是结果；摩擦是原因，生热是结果；下雨是原因，路滑是结果。

在因果链条的某一特定关系中，原因和结果有着确定的界限，它们之间是相互排斥的，原因是原因，结果是结果，不能倒因为果，也不能倒果为因。在事物发展的一般因果链条中，原因和结果又是相互依存、相互转化的：同一现象，在一种关系中是原因，在另一种关系中又可以成为结果；反之，也是一样。在同一因果关系中，原因引起结果，结果又反作用于原因，构成互为因果的关系。

因果联系具有复杂性和多样性的特点，一因多果，一果多因，多因多果。在多因中还有内因和外因，主要原因和次要原因，客观原因和主观原因等。多果中有主要结果和次要结果，积极结果和消极结果等。

原因和结果的关系是对应的、统一的。原因正是也仅仅是它造成了结果才是原因，结果规定着它的引起者成为原因；结果是作为原因的被引起者才是结果，原因规定着它的产生物构成结果。特定性质和规模的原因导致相应的结果，特定的结果取决于相应的原因。原因和结果是可以互相转化的。仅仅就甲事物引起乙事物这点来说,甲是原因,乙是结果,不能颠倒其因果关系。如果从甲引起乙而乙又引起丙的因果链条看,乙既是甲的结果又是丙的原因。在一定的条件下,在甲乙两事物的关系中,不仅甲会造成乙的变化,乙也会反作用于甲使甲发生改变,这时甲乙互为因果。世界上无数事物是交互作用着的,在从总的联系中考察某个事物时,它在此时此地是结果,在彼时彼地又成为原因。

辩证唯物主义认为,原因和结果的关系是客观的、普遍的和必然的。在自然界、社会和思维领域以及在宏观过程和微观过程中,都没有无缘无故产生的东西,没有无原因的事物,一切事物都是由一定的原因引起的;世界上也没有不发生任何影响的事物,各种事物都必然地会造成一定的结果。唯物主义的决定论原则,就是承认客观世界中的所有事物、现象和过程都必然地由某种原因所产生,只有原因尚待查明或结果尚需考察的对象,不存在不受因果关系支配的事物。

<u>正确认识和把握客观事物的因果联系是做好一切工作的重要条件。</u>

正确认识和把握客观事物的因果联系是做好一切工作的重要条件。要重视研究事物发展中的因果联系。根据客观事物的发展规律,善于估计工作的后果。社会实践中要求以唯物辩证法为指导,实事求是地总结经验,具体分析工作成败的原因,不断增长才能,搞好工作。

揭示事物之间的因果关系是科学认识的重要内容,是实践活动的重要前提。要了解两个事物间的因果关系,必须用分析的方法把它们从普遍联系中抽取出来,作相对孤立的考察。对于复杂事物间的因果关系,还必须在分析的基础上顾及多因素的相互制约,采用数理统计、正交试验等方法去认识。在因果关系的认识过程中,人们要从已知的结果出发进而查明其原因,在把握了确定的因果关系后,又可以由原因推断和预见其结果。我们既可以顺藤摸瓜,也可以顺瓜摸藤。在实践过程中,人们可以能动地创造某种事物的变革所需要的条件,得到预期的结果;也可以防患于未然,采取措施避免不利结果的产生,或尽量缩小有害原因的作用范围。

科学研究表明,人体存在着生物性节律。人体生物节律是指体力节律、情绪节律和智力节律。由于它具有准确的时间性,因此,也称之为人体生物钟。在我们日常生活中,有人会觉得自己的体力、情绪或智力有时很好,有时很坏,人从他诞生之日起,直至生命终结,其自身的体力、情绪和智力都存在着由强至弱、由弱至强的周期性起伏变化。人们把这种现象称作生物节律。产生这种现象的原因是生物体内存在着生物钟,它自动地调节和控制着人体的行为和活动。注意发现和分析人们的生物节律,可以帮助人们更好地安排生活、学习、工作和休息,提高工作效率和生活质量。

随着社会生活的发展变化和人们认识的深入,因果联系的复杂多样性也得以丰富和发展。

从线性思维到系统思维。现实生活中的许多事物和现象,不是单纯的线性因果联系,而是复杂的系统联系,不是简单的内因和外因联系,而是相互作用相互影响的整体联系。我们在分析和解决此类问题时,不仅要注重事物间的因果分析,还要运用系统思维,从整体上把握各种复杂的矛盾关系。就以人们面对的地球"温室效应"带来的空气污染来说,必须从自然变化、社会生产、人的生活方式诸多方面综合分析,同时也采取综合手段加以治理。

从因果思维到共时性思维。瑞士心理学家荣格(1875—1961)对中国的《易经》的思想给予高度评价和深入研究,而且在对《易经》研究的基础上,阐述了一种"共时性原则",用以表达那些超越了因果关系而同时发生的充满意义的巧合事件。他把《易经》通过占筮活动获得信息的现象称为"共时性"或同步现象。他认为,想要进入《易经》蕴含的遥远且神秘之心境,其门径绝对不容易找到。假如有人想欣赏孔子、老子他们思想的特质,就不能轻易忽略他们伟大的心灵,当然更不能忽视《易经》是他们灵感的主要来源这一事实。荣格曾这样来评价《易经》:"《易经》中包含着中国文化的精神和心灵;几千年中国伟大智者的共同倾注,历久而弥新,仍然对理解它的人,展现着无穷的意义和无限的启迪。"[①]

通过《易经》的帮助和启发,荣格提出了他的"共时性原则"。他说,我自己在对无意识心理学的研究中,发现因果原则在解释一些无意识心理活动和过程时是不充分的,这就促使我寻求另外一种解释的原则。说曹操曹操到,是生活中常见的心理现象。"共时性原则"是荣格对中国

[①] 申荷永等:《灵性:分析与体验》,暨南大学出版社2002年版,第127页。

"天人合一"以及"天人感应"观念的理解,是荣格分析心理学的重要组成部分。他说:"建立在共时性原则基础上的思维方式,在《易经》中表现得最为充分,是中国思维方式的最集中的体现。而对于我们西方人来说,这种思维方式,从赫拉克利特之后,便在哲学史上消失,只是在莱布尼兹那里出现过一些低微的回声。"[1]

从因果思维到关系思维。英国的维克托·迈尔·舍恩伯格和肯尼思·库克耶在《大数据时代》[2]一书中指出,大数据带来的信息风暴正在变革我们的生活、工作和思维,并用三个部分讲述了大数据时代的思维变革、商业变革和管理变革。维克托明确指出,大数据时代最大的转变就是,放弃对因果关系的渴求,而取而代之关注相关关系。也就是说只要知道"是什么",而不需要知道"为什么"。这颠覆了千百年来人类的思维惯例,对人类的认知和与世界交流的方式提出了全新的挑战。

大数据的核心就是预测,把数学计算运用到海量数据上,来预测事情发生的可能性。美剧《超感警探》中的心理专家只能依靠神奇的特异功能破获毫无头绪的案例。而现实中,洛杉矶警探已经可以通过犯罪预测软件的使用,计算出某地发生犯罪的概率、犯罪类型,以及最有可能犯罪的时间段,使洛杉矶山麓地区的盗窃案减少25%。大数据的出现,使得通过数据分析获得知识、商机和社会服务的能力,从以往局限于学术精英圈子扩大到了普通的机构、企业和政府部门。大数据正在改变我们的生活以及理解世界的方式,成为新发明和新服务的源泉。

(四)往最好处努力,做最坏的打算
——可能性和现实性

可能性与现实性揭示的是现实的事物与可能的事物之间的本质联系和转化过程。

现实是指现在的一切事物、现象的实际存在。现实是已经实现了的可能,现实作为哲学范畴,不是孤立地静止地确认个别事实和现象的实际存在,而是对相互联系、变化发展的客观事实、现象的综合。从纵向看,现在的现实是过去现实发展的结果,又是发展为未来现实的原因;从横向

---

[1] 申荷永等:《灵性:分析与体验》,暨南大学出版社2002年版,第24页。
[2] 浙江人民出版社2013年版。

看，任何个别事物的现实存在都不是单一的，而是同周围事物处于普遍联系之中的。换言之，现实性体现了事物联系和发展纵横两个方面的整体性质。

可能性是现实事物包含的预示事物发展前途的种种趋势。相对于现实性来说，可能性是潜在的尚未实现的东西。当某种事物或现象还没有成为现实之前，只是某种可能。可能的反面是不可能性。当我们说某一事物和现象不具备某种客观的依据和条件，因而是永远不能实现的东西，指的就是不可能性。

当然，不可能也不都是绝对的。有些在现在条件下不可能的东西在新的条件下会成为可能的。所以不可能性有两种：一种是绝对不可能，它违背规律，永远不可能，如制造"永动机"的设想；另一种是相对的，是指条件尚不具备，只要为它的出现创造条件就会由不可能变为可能，如传说中的"嫦娥奔月""龙宫探宝""千里眼""飞毛腿"等。

要注意区分现实的可能性与抽象（非现实）的可能性。现实的可能性是指在现实中有充分根据，因而是目前就可以实现的可能。抽象的可能性也是一种可能，只是在当前条件下还不能实现，在将来当条件具备时，这种抽象的可能性也就转化为现实的可能性。

要区分好的可能与坏的可能。可能不是单一的，有着各种可能，其中有着两种相反的可能，这就是好的可能和坏的可能，所谓"天有不测风云，人有旦夕祸福"。我们要争取好的可能，避免坏的可能。

可能性与现实性的关系也是对立统一的关系。

可能性与现实性是两个内容不同的范畴，具有明显的区别，我们不能把可能性与现实性混为一谈。

可能性与现实性又紧密相连。可能性包含在现实之中，是没有展开的、没有实现的现实；现实性则是已经展开、已经实现的可能，同时又孕育着新的可能。所以，没有现实性也就没有可能性，反过来，没有可能也就没有现实。

可能性与现实性又是相互转化的。现实的发展是不断产生可能、可能又不断变为现实的过程。可能与现实的相互转化是一个川流不息、永无止境的发展过程。

<u>掌握现实性与可能性的辩证关系，就要努力在现实性与可能性的转化中发挥人的主观能动性。</u>

掌握现实性与可能性的辩证关系，就要努力在现实性与可能性的转化中发挥人的主观能动性。在这里要注意两方面的问题：第一，在实现由可能向现实转化的过程中，既要注意转化的条件性，又要发挥人的主观能动性，积极创造条件，实现可能向现实的转化。第二，既要注意可能与现实联系的复杂性，又要争取最好的可能。这里不仅存在着多样性，而且存在着好与坏两种对立的可能。凡事预则立，不预则废。意大利著名军事理论家杜黑有句名言："胜利对那些能预见战争特性变化的人微笑，而不是对那些等待变化发生后才去适应的人。"我们应努力创造有利的条件，克服不利的条件，力争实现好的可能；同时又要未雨绸缪，防止坏的可能向现实的转化，并做好应付这种局面的充分准备。往最好处努力，又做好最坏的打算，尽力趋利避害。

只要我们在党的坚强领导下，坚持科学发展，调动一切积极因素，排除各种不利因素，把握主动，团结奋斗，"两个一百年"的奋斗目标一定会由可能变为现实，同样，也一定会实现伟大"中国梦"。

（五）种瓜得瓜，种豆得豆
——必然性和偶然性

必然性与偶然性是揭示客观事物联系和发展过程中，内在的本质联系与外在的非本质联系之间相互关系的一对哲学范畴。必然性是指客观事物联系和发展中合乎规律的、一定如此的趋势，它是由事物内部的根本矛盾即事物的本质所决定的。偶然性是指客观事物联系和发展中可能出现，也可能不出现，可以这样出现，也可以那样出现的不确定的趋势，它是由事物外部的或事物内部的非本质因素所决定的。

必然性与偶然性是对立统一关系。

它们的对立表现在：二者是互相区别的。必然性与偶然性在事物发展过程中所处的地位和所起的作用不同，必然性居于支配的地位，起着主导的作用，它规定着事物发展的前途和方向；偶然性一般居于从属的地位，对事物的发展过程只起促进或延缓作用，使事物发展的趋势带有各种特点和偏差。例如，冬天过后一定是春天，这是必然的。总的趋势是气温逐渐升高。但每一天的气温是否一定比昨天高一些，这则是不确定的，有时还有气温偶然变冷的"倒春寒"现象。马克思说："这些偶然性本身自然纳入总的发展过程中，并且为其他偶然性所补偿。但是，发展的加速和延缓在很大程度上是取决于'偶然性'的。"①

必然性与偶然性又是统一的。一方面，二者相互联系、相互依存，共处于同一事物的发展过程中。必然性寓于偶然性之中，它总是通过大量的偶然性表现出来；偶然性背后总是隐藏着必然性，它是必然性的表现形式和补充。脱离偶然性的纯粹必然性和脱离必然性的纯粹偶然性，都是不存在的。另一方面，由于事物范围的极其广大和发展的无限性，必然性和偶然性的区别是相对的。在一定条件下，必然性可以转化为偶然性，偶然性也可以转化为必然性。即在一定的关系中或一定的条件下是必然的东西，在另一种关系中或另一条件下则可能变成偶然的东西；反之亦然。

在必然性与偶然性的关系中，既要反对形而上学的机械决定论，即只承认必然而否认偶然，也要反对唯心主义非决定论，即只承认偶然而否认必然。

唯物辩证法关于必然性和偶然性辩证关系的原理有重要的认识和实践意义。

唯物辩证法关于必然性和偶然性辩证关系的原理有重要的认识和实践意义。这一原理要求人们在科学研究中要善于透过偶然性把握事物的必然性，并以此制订行动计划；同时，又不忽视偶然性，尽可能地利用有利的偶然因素，避免不利的偶然因素的影响，促进事物的发展，做到有备无患，防患于未然。割裂必然性与偶然性的辩证关系，只承认必然性而否认偶然性，就会导致机械决定论和宿命论；只承认偶然性的作用，否认必然性的存在，就会导致唯心主义的非决定论，二者都是错误的。

社会主义必然取代资本主义。这是因为社会主义不是人们头脑中的主观想象，而是资本主义生产方式矛盾运动本身提出的、用以解决这种矛盾的社会方式。它反映了生产关系要适合生产力发展要求的规律的客观要求。资本主义条件下生产社会化程度的不断提高同以私有制为基础的资本

---

① 《马克思恩格斯选集》第4卷，人民出版社1972年版，第393页。

主义生产关系的日益严重的冲突，表明生产资料的资本主义私有制已经不适应生产力发展的要求，为适应生产力发展的要求，客观上要求以生产资料公有制取代生产资料的资本主义私有制。与此同时，资本主义条件下生产社会化的全面发展使管理过程和管理机构也日益社会化。为缓解资本主义的各种矛盾，资本主义生产关系也在不断地作局部调整，用资本社会化来适应和推动生产社会化，如个别资本股份化、私人资本国家化、民族资本国际化，这表明把资本变为社会公有财产的物质条件日趋成熟。而无产阶级力量随着生产社会化发展而不断壮大和提高，则为制度的变革准备了社会力量。

资本主义自我调节、自我更新的能力是有限度的。资本主义始终无法摆脱危机和冲突。金融危机的不断爆发说明，资本主义自我调节不是万能的。一个1%的人口占有99%的财富的社会，是不可能持续存在和发展的。资本主义必然要被社会主义所取代。

（六）一着不慎，满盘皆输
——整体与部分

整体与部分的存在是互为条件的，整体是由部分组成的，没有部分就没有整体；反之，整体又制约着部分，没有整体也没有部分。整体与部分是辩证统一的关系。

整体与部分是有区别的，表现在以下两方面。

二者的内涵不同：整体是指事物的各内部要素相互联系构成的有机统一体及其发展的全过程。部分是指组成事物有机统一体的各个方面、要素及发展全过程的某一阶段。

二者的地位与功能不同：整体的功能并不一定等于部分功能之和。整体居于主导地位，统率着部分；整体具有部分根本没有的功能。当各部分以合理的结构形成整体时，整体就具有全新的功能，整体的功能就会大于各个部分功能之和。当部分以欠佳的结构形成整体时，就会损害整体功能的发挥。

整体与部分又相互联系：第一，整体和部分是不可分割的。整体是由部分组成，整体功能的形成离不开部分原有的功能。部分是整体中的部分，部分离开整体就不再具有部分的功能。第二，整体与部分是相互影响的。整体的性能状况及其变化会影响到部分的性能状态及其变化；反之，部分也制约整体，甚至在一定条件下，关键部分的性能会对整体的性能状态起决定作用。第三，整体和部分的地位在一定条件下是可以转化的。在一定条件下，整体中的某一部分脱离了原整体，成为独立的另一整体；整体在另一更大整体中成为其中的一个部分。

<u>办事情要从整体着眼，寻求最优目标，又要搞好并发挥局部的作用，使整体功能得到最大限度发挥。</u>

把握整体与部分的辩证关系具有重要的方法论意义。整体与部分的辩证关系是综合与分析相统一思维方法的客观基础。人们认识事物总是先把整体区分为它的各个组成部分，弄清它们的性质、特点和功能，再经过综合达到对整体的认识。

办事情要从整体着眼，寻求最优目标。因为在整体和部分的关系中、系统和要素的关系中，整体或系统处于统率的决定地位。因此，我们在一切活动中都应该有全局观念和整体观念。"懂得了全局性的东西，就更会使用局部的东西"[①]。

搞好并发挥局部的作用，使整体功能得到最大限度发挥。任何整体都是由部分组成的，部分的变化会影响整体的变化，有时甚至还会对全局产生重大的影响。因此，在强调局部要服从整体的前提下，必须十分重视局部的作用。毛泽东说："'一着不慎，满盘皆输'，乃是说的带全局性的，即对全局有决定意义的一着。"[②]

[①] 《毛泽东选集》第 1 卷，人民出版社 1991 年版，第 175 页。
[②] 《毛泽东选集》第 1 卷，人民出版社 1991 年版，第 175 页。

第五讲

社会矛盾、社会变革与社会发展

一 民以食为天，人以群相聚
——生产力与生产关系的矛盾运动

（一）不在于生产什么，而在于怎样生产
——生产力与生产关系统一于社会生产方式

人类要生存和发展、追求美好生活、获得自身解放，首先必须解决衣食住行等物质生活资料问题。所以马克思认为，人类第一个历史活动就是生产满足这些需要的物质资料，生产力是人类社会生活和全部历史的基础。马克思说："各种经济时代的区别，不在于生产什么，而在于怎样生产，用什么劳动资料生产。"[①]

什么是生产力？我国通用的教科书中说："生产力是人们解决社会同自然矛盾的实际能力，是人类征服和改造自然使其适应社会需要的客观物质力量。"[②] 或者定义为"生产力是人类在生产实践中形成的改造和影响自然以使其适合社会需要的物质力量"[③]。传统的生产力定义，只强调了人类对自然的征服和改造能力，忽视了顺应和保护的一面，具有形而上学片面性和时代的局限性。只有把生产力理解为利用和保护自然、维护人与

---

① 《马克思恩格斯文集》第 5 卷，人民出版社 2009 年版，第 210 页。
② 李秀林：《辩证唯物主义和历史唯物主义原理》第 4 版，中国人民大学出版社 2004 年版，第 110 页。
③ 本书编写组：《马克思主义基本原理概论》，高等教育出版社 2013 年修订版，第 101 页。

自然和谐发展的能力，才能促进和保障人类的持续生存与和谐发展，全面落实科学发展观，实现社会文明与生态文明的互动双赢。

<u>生产力是人们利用和保护自然，维持生存和持续发展的能力。</u>

回顾人类的发展历程，反思理论和认识上的偏颇，以科学发展观为指针，必须对生产力的含义加以重新界定。这种界定，应从人与自然的和谐发展，即从"生态经济"或生态文明的角度出发。由此，可以定义为："生产力是人们解决社会同自然的矛盾，维持人类与自然之间的生态平衡，改造和保护自然使其适应社会需要与和谐发展的能力。"简单地说就是"人们利用和保护自然，维持生存和持续发展的能力"。这样界定才能体现改造与顺应并存、开发与保护并重、生存与发展的统一。

坚持整体和谐性与人类能动性的统一。自然界是人类赖以生存的唯一物质基础，人类不但要征服和改造自然，更要顺应自然，遵循自然规律，在维持自然界的整体和谐的前提下而改造自然。自然界是人类获取物质生活资料的唯一来源，但这种资源不是取之不尽、用之不竭的，为此，人类不但要开发和利用自然资源，还要建设和保护自然，维持生态平衡。或如马克思所说的"社会化的人，联合起来的生产者，将合理地调节他们和自然之间的物质变换，把它置于他们的共同控制之下，而不让它作为盲目的力量来统治自己；靠消耗最小的力量，在最无愧于和最适于他们的人类本性的条件下来进行这种物质变换"。[①]

坚持超越性与限制性的统一。马克思在分析劳动过程时曾指出："劳动过程……是制造使用价值的有目的的活动，是为了人类的需要而对自然物的占有，是人和自然之间的物质变换的一般条件，是人类生活的永恒的自然条件，因此，它不是以人类生活的任何形式为转移，倒不如说，它是人类生活的一切社会形式所共有的。"[②] 在这里，既指出了人的能动性、超越性，又强调了自然的限定性、制约性。在生产过程中，人与自然之间的生态平衡只能是一种动态平衡，人类既改造和利用自然，又顺应和保护自然，自觉遵循自然规律。否则，以人类为中心，片面强调改造和征服，必然造成不可弥补的后果。正如马克思所告诫人们的："不以伟大的自然

[①] 《马克思恩格斯全集》第25卷，人民出版社1995年版，第925—926页。
[②] 马克思：《马克思主义经典著作选读》，人民出版社1999年版，第123—124页。

规律为依据的人类计划,只会带来灾难。"①

坚持当代性与持续性的统一。人类不但要解决当代人的生存享受问题,还要考虑人类的持续发展问题,人类的生产生活方式要保障人类能够世代生存和永久发展下去,所以必须把建设社会文明与建设生态文明有机统一起来,大力发展生态经济、循环经济,促进人与自然的全面、协调和持续发展。

实现生产方式的深刻转变,促进生态工业文明建设。恩格斯指出,要对生产的长远后果进行有利于人类的调节,"还需要对我们所有的生产方式,以及和这种生产方式连在一起的我们今天的整个社会制度实行完全的变革"。② 其实,有两种含义的生产方式。

一种是自然生产方式,主要说明人们用什么工具以何种方式进行生产,这是生产力的自然形式。人们通常所说的石器时代、青铜时代、铁器时代等,主要就是从这种含义上说的生产方式。传统工业化模式是一种粗放型生产方式,高消耗、高成本、高污染、低效益,造成人与自然的严重对立。生态工业文明则是一种集约型生产方式,节能、环保、可循环、高效益,以维持人与自然的和谐发展为前提。为此,必须重新解读"知识经济"。知识经济应该是人本经济、智慧经济、创意经济。发展知识经济就是建设生态工业文明。

另一种是社会生产方式,是指生产力的社会形式,是生产力与生产关系的对立统一体。人类历史上出现了五种不同的生产方式。以私有制为基础的生产方式与以公有制为基础的生产方式是两大类基本生产方式。同时,两种含义的生产方式之间又相联系。马克思指出,手推磨产生的是封建社会,蒸汽机产生的是资本主义社会,说的就是二者之间的联系。社会和谐与人和自然的和谐是相互依存的。生产方式的转换必然带来体制和利益的变革与调整。转变传统生产方式,建设生态工业文明,必将带来工业化和城市化道路、现代化发展模式、发展战略、技术政策乃至社会生活方式的一系列变革。

正确理解科学发展观与生产力标准的关系,促进全面小康社会目标的

---

① 马克思引自比·特雷莫《人类和其他生物的起源和变异》(马克思致恩格斯,1866年8月7日),《马克思恩格斯选集》第32卷,第251页。

② 恩格斯:《自然辩证法》,人民出版社1971年版,第160页。

顺利实现。党的十六大确定了全面建设小康社会的目标，其中之一就是：可持续发展能力不断增强，生态环境得到改善，资源利用效率显著提高，促进人与自然的和谐，推动整个社会走上生产发展、生活富裕、生态良好的文明发展道路。十六届三中全会又提出，坚持以人为本，树立全面、协调、可持续的发展观，促进经济社会和人的全面发展。十八大报告提出，到2020年实现全面建成小康社会的目标。"发展观的第一要义是发展。""发展是硬道理。""社会主义初级阶段的根本任务是发展生产力。"这些论断与科学发展观并不矛盾。关键在于要正确认识和全面理解生产力的含义。如果片面认为改造和征服自然就是发展生产力，而把顺应和保护自然排斥于生产力的内涵之外，甚至于为了眼前利益而不择手段，实行"竭泽而渔、杀鸡取卵"式的掠夺性毁灭性生产，那么，发展得越快，问题会越突出、矛盾将越尖锐。

江泽民在全国第四次环境保护工作会议上曾提出"保护环境的实质就是保护生产力"的论断。胡锦涛在中央人口资源环境工作座谈会上也强调指出，"良好的生态环境是社会生产力持续发展和人们生存质量不断提高的重要基础"。"保护自然就是保护人类，建设自然就是造福人类。"习近平指出，人类经历了原始文明、农业文明、工业文明，生态文明是工业文明发展到一定阶段的产物，是实现人与自然和谐发展的新要求。推进生态建设，既是经济发展方式的转变，更是思想观念的一场深刻变革。这些论述实际上就是对生产力问题的新认识、新概括。因此，只有准确理解和把握生产力的科学含义，才能正确认识科学发展观与生产力标准的关系，树立科学的发展理念，促进经济、社会与自然的全面和谐发展。

必须不断提高劳动者的生态意识和环保素质，"不涸泽而渔，不焚林而猎"，"一松一竹真朋友，山鸟山花好兄弟"。增强领导者的"绿色控制能力"和科学决策能力，促进生态文明建设的制度化、规范化。各级领导干部要增强大局意识和生态危机意识，把保护环境资源、维护生态平衡、增强生态环境安全，作为执政为民、维护人民群众根本利益的重要体现。必须进一步完善环保法律体系，有效地保护耕地和合理地利用资源。牢固树立和认真落实正确的政绩观，坚持经济效益、社会效益与生态效益的有机统一，把生态环境的保护和资源能源的消耗作为考核经济发展成绩的重要指标。

（二）内容决定形式，形式反作用于内容
——生产力与生产关系的矛盾运动

<u>生产关系是人们在物质资料生产过程中形成的不以人的意志为转移的经济关系。</u>

生产力与生产关系是不可分割地相互联系着的。生产关系是人们在物质资料生产过程中形成的不以人的意志为转移的经济关系。它的具体内容包括人们在物质资料的生产、交换、分配、消费等方面的关系，生产资料所有制是生产关系的基础，一定的生产资料所有制形式，决定人们在生产中一定的地位和相互关系、一定的交换关系、一定的产品分配和消费关系。马克思指出："为了进行生产，人们相互之间便发生一定的联系和关系；只有在这些社会联系和社会关系的范围内，才会有他们对自然界的影响，才会有生产。"①

生产力和生产关系之间存在着矛盾。在生产方式中，生产力是内容，比较活跃，生产关系是形式，则相对稳定。按照内容和形式辩证关系的原理，内容要求形式与之相适应，因此，生产力和生产关系之间必然发生矛盾。"一切历史冲突都根源于生产力和交往形式之间的矛盾。"②

生产力和生产关系是辩证的关系。内容决定形式，形式反作用于内容。因此，生产力与生产关系就是决定与反作用的关系，这种关系是对立统一关系的进一步展开和具体化。

生产力决定生产关系。生产力的状况（包括生产力的性质、水平和发展要求）决定生产关系的状况、性质和形式。就是说，有什么样的生产力，就会有什么样的生产关系。在生产力发展的一定质的阶段上，生产力的性质和水平决定与之相适应的生产关系的性质和具体形式。每一种现实的生产关系都是建立在一定性质和水平的生产力基础之上的。马克思指出："手推磨产生的是封建主的社会，蒸汽磨产生的是工业资本家的社会。"③

---

① 《马克思恩格斯文集》第 1 卷，人民出版社 2009 年版，第 724 页。
② 马克思、恩格斯有时把生产关系称为"交往形式"，参见《马克思恩格斯文集》第 1 卷，人民出版社 2009 年版，第 567—568 页。
③ 《马克思恩格斯文集》第 1 卷，人民出版社 2009 年版，第 602 页。

生产力发展的要求决定生产关系的变革。在生产方式中，生产力既是决定的因素，又是最革命的因素，整个社会生产方式的变化总是从生产力的变化和发展开始的。马克思指出：

"各个人借以进行生产的社会关系，即社会生产关系，是随着物质生产资料、生产力的变化和发展而变化和改变的。"[①] 随着生产力的发展，就使原来由它所建立并同它相适应的生产关系，变得越来越不能适应，以致不能继续保持其稳定不变的状态。在这种情况下，生产关系就不得不进行部分的变革以继续维持它的存在；而当这种生产关系已经完全不能适应生产力继续发展的客观要求时，就必须进行全面的变革，以新的适合生产力发展状况的生产关系来代替原来的、业已丧失其存在必然性的生产关系。所以，旧生产关系的灭亡、新生产关系的创立，都是客观的必然。

生产关系的变革不可能自然而然地发生，它必须通过人的自觉活动才能实现。在阶级社会中，是通过代表生产力发展要求的先进阶级进行的革命斗争而实现的。

生产关系对生产力具有能动地反作用。生产关系对生产力的反作用表现在以下两个方面。

一方面，当生产关系同生产力的发展要求相适合时，它有力地推动生产力的发展。新的生产关系之所以能够促进生产力的发展，有两个原因：一是它为生产力诸要素的结合，特别是人与物的结合，提供了较好的形式，从而把潜在的、可能的生产力变为现实的生产力，能够比较充分地调动生产力中的积极因素，使其发挥作用。二是它为生产力的发展提供了一个更广阔的空间，使生产力的进一步发展有了余地。

历史上生产关系的每一次合乎规律的变革，适应新的生产力发展的客观要求而形成的新的生产关系，都曾经促进了生产力的迅速发展。资本主义生产关系在它形成以后不到100年的时间内所创造的生产力，超过了以往一切时代所创造的生产力的总和，就是一个证明。

另一方面，当生产关系不适合生产力发展要求时，它就严重地阻碍了生产力的发展。这种阻碍作用分为两种情况：一是当生产关系落后于生产力的状况及其发展要求时，对生产力的发展起阻碍作用。二是当生产关系

[①] 《马克思恩格斯选集》第1卷，人民出版社1995年版，第345页。

"超越"生产力的状况及其发展要求时,对生产力的发展也起阻碍作用。

(三) 形式必须为内容服务
——生产关系一定要适合生产力状况的规律

<u>生产关系一定要适合生产力状况的规律是社会发展的普遍规律。</u>

生产力和生产关系的相互作用及其矛盾运动,表明了生产力和生产关系之间内在的本质的必然的联系,这就是生产关系一定要适合生产力状况的规律。生产关系一定要适合生产力状况的规律主要包括两方面的内容:一方面,生产力决定生产关系。另一方面,生产关系反作用于生产力;当生产关系与生产力相适应,它能有力地推动生产力的发展;相反,当生产关系与生产力不相适应,就严重地阻碍生产力的发展。生产关系一定要适合生产力状况的规律是社会发展的普遍规律,是马克思主义政党制定路线、方针、政策的重要客观依据。

我国是社会主义国家,还处于社会主义初级阶段,生产力比较低下的基本国情决定了我国以公有制为主体、多种所有制经济共同发展为基本经济制度,以按劳分配为主体、多种分配方式共同存在为基本分配方式。在建设中国特色社会主义的实践中,这些社会主义市场经济发展的经济体制和运行机制都是与我国生产力状况相适应的,因而对生产力发展起着积极的推动作用;但是,世界是一个不断发展的有机整体,一切事物都处于不断的发展当中,生产力也是不断发展的,这就需要生产关系不断地适应生产力。另外,多种历史原因,特别是受"左"的思想影响形成的同生产力发展要求不相适应的僵化经济体制,严重影响生产力的发展和人民群众积极性的发挥,这就决定了改革的必要性和迫切性。只有改革生产关系中那些束缚生产力发展的东西,才能发展生产力。

<u>必须善于用市场经济的方法解决经济发展中的矛盾。</u>

遵循生产关系一定要适合生产力状况的规律,必须善于用市场经济的方法解决经济发展中的矛盾,自觉培育市场经济理念。现实中人们面临三种可供选择的经济体制,即自然经济体制、市场经济体制和计划经济体制,而市场经济体制是最适合社会化大生产内在要求的经济体制。坚持市场主导、政府调控,使市场在资源配置中起决定性作用和更好发挥政府作

用。要尊重并相信每一个市场主体，给它们以充分的参与平等竞争的机会，尽快建立起符合市场经济有效运行的各种配套机制。要理性地对待市场经济发展中出现的一些问题，在实施反危机的措施时，要符合市场经济的内在要求。

新形势下，我国正处于经济社会转型提升的重要时期，需要在党的领导下进行全面深化经济体制改革，逐步消除经济持续健康发展的体制机制障碍，加速释放改革红利，打造中国经济升级版。坚持和完善公有制为主体、多种所有制经济共同发展的基本经济制度，完善产权保护制度，积极发展混合所有制经济，推动国有企业完善现代企业制度，支持非公有制经济健康发展。必须明确当前深化经济体制改革的战略重点与主攻方向。要围绕推动经济转型深化改革，以经济结构战略性调整为主攻方向，促进需求结构调整和产业结构升级。要围绕生态文明建设深化改革，以完善资源要素价格形成机制为着力点，推进资源节约型、环境友好型社会建设。要围绕改善民生深化改革，以实现基本公共服务均等化为重点，进一步优化制度安排，增强民生保障能力。要围绕创新驱动深化科技体制改革，以健全科技创新体系为核心，促进要素投入结构调整优化，增强科技创新能力。

社会主义生产关系和生产力发展要求之间的矛盾是不断解决而又不断产生的。深化改革是解决矛盾的途径，是社会主义制度的自我完善和发展。社会主义制度只有在坚持这种自身改革的进程中，才会逐步走向健全、走向完善。

二 政治是经济的集中体现
——经济基础与上层建筑的矛盾运动

（一）社会大厦是经济基础与上层建筑的统一体
——经济基础与上层建筑的辩证关系

经济基础是指同物质生产力一定发展阶段相适应的生产关系的总和，一般是指一定历史阶段上占统治地位的生产关系各方面的总和。要正确理解经济基础的科学含义：经济基础不包括生产力，经济基础就是生产关系。它相对于生产力而言称生产关系，相对于上层建筑而言则称经济基础；经济基础不等于一定社会现实存在的一切生产关系，而是指这个社会中占统治地位的生产关系；经济基础不是指各种生产关系的混合，而是指占统治地位的生产关系各方面、各环节的有机统一。其中，生产资料所有制关系具有决定意义。

上层建筑是建立在一定的社会经济基础之上并为其服务的社会意识形态和与之相适应的制度与设施的复杂体系。如果说经济基础是人与人之间的物质关系，那么，上层建筑则是反映并服务于这种物质关系的政治关系和思想关系。

上层建筑包括政治上层建筑和思想上层建筑。在阶级社会中，政治上层建筑是指人们在一定经济基础上建起的政治、法律制度以及建立的军队、警察、法庭、监狱、政府部门、党派等国家机器和政治组织。思想上层建筑是指适应经济基础的社会意识形态，包括政治思想、法律思想、道德、艺术、哲学、宗教等。

<u>经济基础对上层建筑起决定作用；上层建筑依赖于经济基础，又对经济基础起反作用。</u>

经济基础与上层建筑的辩证关系是，经济基础对上层建筑起决定作用；上层建筑依赖于经济基础，又对经济基础起反作用。经济基础对上层建筑的决定作用主要表现在以下几个方面。

经济基础决定上层建筑的产生。上层建筑是适应经济基础的需要而产生的。一定的经济基础必然会产生一定的上层建筑为它的巩固和发展服务。

经济基础决定上层建筑的性质。有什么样的经济基础，或早或晚就会有什么样的上层建筑。

经济基础决定上层建筑的发展。社会的经济基础发生了变化，上层建筑必然或迟或早也要发生改变；经济基础还决定上层建筑的变化发展的方向。

上层建筑对经济基础有反作用。当它沿着与经济基础发展的同一方向起作用时，就会促进经济基础的发展；当它沿着与经济基础发展相反的方向起作用时，就会阻碍经济基础的发展。

当上层建筑所服务的经济基础适应生产力的发展时，上层建筑就会促进生产力的发展，成为推动社会前进的积极的或进步的力量；反之，就会束缚生产力的发展，成为阻碍社会前进的消极的或反动的力量。当上层建筑严重地阻碍经济基础实现变革的时候，上层建筑的革新，对于经济基础的发展就有巨大的反作用。

（二）社会发展的根本动力
——社会基本矛盾运动

在人类社会发展过程中，生产力和生产关系的矛盾、经济基础和上层建筑的矛盾是社会基本矛盾。

这两对矛盾的存在和发展，决定着其他社会矛盾的存在和发展。其中，生产力和生产关系的矛盾是更为根本的矛盾，它决定并制约着经济基础和上层建筑矛盾的产生和发展。因为社会发展的决定力量是物质资料的生产方式，而生产方式的形成与发展，正是生产力和生产关系之间相互作用的结果，特别是生产力是社会发展的最终决定力量。反过来，经济基础和上层建筑的矛盾也影响与制约着生产力和生产关系的矛盾。生产力和生产关系矛盾的最终解决，还有赖于经济基础和上层建筑的矛盾的解决。

社会基本矛盾运动，是推动人类社会由低级向高级发展的根本动力。

生产力和生产关系的矛盾、经济基础和上层建筑的矛盾的交互作用，构成了社会的基本矛盾运动，是推动人类社会由低级向高级发展的根本动力。社会基本矛盾运动总是从生产力发展到生产力解放的循环往复过程，是从生产关系对生产力、上层建筑对经济基础的基本适合到基本不适合，又从基本不适合到基本适合的过程，是矛盾不断产生又不断解决的无限循环过程。正是在这一过程中，人类社会不断从量变到质变、又从质变到量变的递进，形成了社会形态的依次更替，实现从低级到高级的发展。

社会形态是一定生产力基础上的经济基础和上层建筑的统一体，是社会经济结构、政治结构、文化结构的统一体；包括经济形态、政治形态、意识形态。社会形态更替的统一性表现为五种社会形态的依次更替，即：原始社会、奴隶制社会、封建制社会、资本主义社会和共产主义社会。社会主义是共产主义社会的初级形态。

（三）上层建筑必须为经济基础服务
——上层建筑与经济基础相适应的规律

经济基础和上层建筑之间的内在的本质的联系，构成了上层建筑适合经济基础状况的规律。这一规律是社会发展的又一基本规律。根据这一规律，上层建筑的性质和变化发展，上层建筑是否需要改革以及改革的形式和方面，都取决于经济基础的状况。

经济基础决定上层建筑的产生、性质和变化发展。上层建筑包括政治上层建筑和思想上层建筑，无论哪一部分都是适应经济基础的需要而产生的。建立在一定生产力水平基础上的生产关系，需要有与之相适应的政治法律制度来保护，需要有一定的社会意识形态来为自己进行宣传和辩护。上层建筑的性质由经济基础的性质所规定。政治是经济的集中表现。随着经济基础的变更，全部庞大的上层建筑也或快或慢地发生变革。

上层建筑对经济基础具有能动的反作用。这种反作用集中表现为上层建筑为经济基础服务。上层建筑要维护、巩固和发展自己的经济基础，排斥和反对自己的对立物。上层建筑主要通过政治的、思想的力量来影响、控制经济生活和整个社会生活，从而为经济基础服务。上层建筑适合经济基础状况时，就会促进经济基础的发展；反之，就会阻碍经济基础的发展。

要反对把上层建筑和经济基础辩证关系割裂开来的错误观点。"上层建筑决定论"夸大了上层建筑的反作用，否认经济基础的决定作用；而机械决定论则夸大经济基础的决定作用，忽视或抹杀政治力量和思想力量对经济生活和整个社会生活的能动的反作用。

经济基础和上层建筑的矛盾运动规律，是我国政治体制改革的理论基础。

经济基础和上层建筑的矛盾运动规律，是我国政治体制改革的理论基础。只有运用这一规律，我们才能正确地认识我国政治体制改革的必然性及其实质。

政治体制改革是我国上层建筑与经济基础矛盾运动的必然结果。社会主义上层建筑和经济基础之间既相适应又有矛盾，那么，我们就要及时地自觉地调整和改革上层建筑不适应经济基础的某些方面和环节，使经济基础和上层建筑协调地向前发展。政治体制属于上层建筑。社会主义经济体制的改革必然引起政治体制的改革。在新的历史条件下，社会主义经济基础的发展，特别是社会主义市场经济体制的建立和发展，对社会主义的政治体制提出了新的要求，要求革除政治体制中存在的束缚或影响经济基础发展的弊端，建立起适应社会主义市场经济发展的社会主义政治体制。社会主义政治体制的改革对于保护和促进社会主义经济基础的发展具有重要意义，它为社会主义经济发展和整个社会发展提供强有力的政治保证。

我国政治体制改革的实质是社会主义制度的自我完善。我国政治体制改革的目的是要在完善和发展社会主义上层建筑的基础上，充分发挥社会主义制度的巨大优越性，充分调动人民群众的社会主义建设的积极性，巩固和完善社会主义的经济基础，进而促进生产力的发展。因此，政治体制改革的实质是社会主义制度的自我完善。社会主义上层建筑与经济基础矛盾的性质和运动特点决定了这一改革绝不能采取使国家和社会生活发生激烈震荡的阶级斗争方式，而是在坚持社会主义制度的前提下对政治上层建筑中的政治体制进行改革，以使之不断完善。

在当代，加强民主政治建设、发展社会主义政治文明是一项极为重要的任务。列宁指出："民主是国家形式，是国家形态的一种。"[①] 社会主义民主的本质和核心是人民群众当家做主。胡锦涛在党的十八大报告中指出，"改革开放以来，我们总结发展社会主义民主正反两方面经验，强调人民民主是社会主义的生命，坚持国家一切权力属于人民，不断推进政治体制改革，社会主义民主政治取得重大进展……"[②] 的确，30多年的政体改革成效明显，成绩巨大，但不可否认，与经济体制改革相比，政治体制改革明显滞后，影响了经济体制改革和其他方面的改革进一步推进。新形势下我国政治体制改革的重点要突出制度创新，完善和发展中国特色社会主义制度，推进国家治理体系和治理能力现代化。在政治文明建设中，制度创新是一个"带有根本性、全局性、稳定性和长期性"[③] 的问题。中国当代的政治体制改革，必须从制度创新入手，在政治文明建设中进行理性的探索，不断为政治发展提供动力和资源，促进社会主义政治制度不断发

---

① 《列宁专题文集·论马克思主义》，人民出版社2009年版，第270页。
② 《在新形势下保持党的纯洁性——胡锦涛同志在第十七届中央纪委第七次全会上的重要讲话精神学习读本》，人民出版社2012年版。
③ 《邓小平文选》第2卷，人民出版社1994年版。

展和完善，使社会主义政治制度的优越性和先进性能够充分彰显。制度创新既是当代中国政治体制改革的核心内容，也是实现政治现代化的必由之路。从民主制度较为成熟的国家来看，政治发展过程其实就是一连串制度创新的过程。我国政治体制改革，必须明确改革的最终目标，紧紧围绕坚持党的领导、人民当家做主、依法治国有机统一深化政治体制改革，推进协商民主广泛多层制度化发展，进一步实现社会主义民主政治的制度化、法制化、程序化和规范化，建设社会主义法治国家，将社会主义民主政治的制度优势充分发挥出来，为社会主义现代化建设事业提供健全完善的制度保障。

三　穷则变，变则通
——社会变革与社会发展

（一）革命是历史的火车头
——革命、改良与改革

革命是历史的火车头，是社会进步和政治进步的强大推动力。

《周易》里说："井道不可不革，故受之以革。革物者莫若鼎，故受之以鼎。"意思是说，井道不可以不革去污垢，所以接着是革卦。革除物质，没有再比鼎更好的了，所以接着是鼎卦。在《周易》中井、革、鼎三卦是专门论述变革之道的。为井之道，在除垢求活、治国之道，在革故鼎新。《杂卦》说："革，去故也；鼎，取新也。"日月更新，社会发展，顺天应势，人心所向。《周易·系辞下》说：穷则变，变则通，通则久，是以"自天佑之，吉无不利"。革而信之，文明以说。汤武革命，顺天应人。马克思说"革命是历史的火车头"[1]，是"社会进步和政治进步的强大推动力"[2]。

人类社会是在社会基本矛盾运动的推动下从低级向高级依次发展的。当一种生产方式使社会基本矛盾达到不可调和的地步，必然引起社会革

---

[1] 《马克思恩格斯文集》第 2 卷，人民出版社 2009 年版，第 161 页。
[2] 同上书，第 383 页。

命，推翻旧制度，建立新制度，实现社会形态的变革。当一种生产方式尚能维护生产力的发展，但却存在着局部的暂时的社会矛盾时，明智的统治者在一些有识之士的辅助下，就会实行变法、维新、改良，克服当前矛盾，促进社会稳定，推动社会进步。

党的十一届三中全会以来我国进行的社会主义改革，是一项前无古人的伟大事业，已经取得了伟大成功，但前面的路更长，任务更艰巨。凡事预则立，不预则废。进一步从理论上阐明改革的艰巨性，可以使我们始终保持清醒的头脑，保持政治上的坚定性，避免行动上的盲目性。这对于我们实现"两个一百年"远景目标有着重要的现实意义。社会主义社会基本矛盾的长期存在，决定了改革是一个漫长的过程。社会主义社会的基本矛盾，仍然是生产关系与生产力之间的矛盾、上层建筑与经济基础之间的矛盾。解决基本矛盾的手段和途径是改革。

通过改革，调整不适应生产力发展的生产关系的某些方面和环节，健全有利于生产力发展的新的生产关系；调整不适应经济基础的上层建筑的某些方面和环节，健全适应经济基础需要的新的上层建筑。这是一个长期的、复杂的过程。

改革开放是党在新的时代条件下带领全国各族人民进行的新的伟大革命，是当代中国最鲜明的特色。党的十一届三中全会以来，我们党以巨大的政治勇气，锐意推进经济体制、政治体制、文化体制、社会体制、生态文明体制和党的建设制度改革，不断扩大开放，决心之大、变革之深、影响之广前所未有，成就举世瞩目。改革开放最主要的成果是开创和发展了中国特色社会主义，为社会主义现代化建设提供了强大动力和有力保障。事实证明，改革开放是决定当代中国命运的关键抉择，是党和人民事业大踏步赶上时代的重要法宝。实践发展永无止境，解放思想永无止境，改革开放永无止境。面对新形势和新任务，全面建成小康社会，进而建成富强民主文明和谐的社会主义现代化国家、实现中华民族伟大复兴的中国梦，必须在新的历史起点上全面深化改革，不断增强中国特色社会主义道路自信、理论自信、制度自信。

（二）树立科学的改革观
——改革是社会主义基本矛盾的内在要求

树立科学的改革观，要坚持历史唯物主义基本观点，用科学发展观来认识改革、分析改革。

社会主义社会要不要改革？现在绝大多数人对这个问题都会做出肯定的回答。但是要回答"为什么改革"的问题时，意见并不一致。

有人从抽象人性论出发，认为"人都是自私的"，所有人都追逐个人私利，自私自利是人的本性。生产资料公有制、社会主义制度都是与人的本性相矛盾的，因而都是空想，必须通过改革来根据"人的本性"改造社会主义制度。按照这种观点，只有私有制才能符合人的本性，只有资本主义才是"人类文明的正道"。这种观点在理论上是错误的，所谓"人的本性是自私的"假设是一个唯心主义命题。在实践上是危险的，按照这种思路搞改革，只能把改革引向资本主义道路。

有人说过去那种高度集中的计划经济体制存在各种弊端，束缚了生产力的发展，所以必须通过改革，建立社会主义市场经济体制。这种说法是有一定道理的，但这样回答还是不够的。难道确立了社会主义市场经济体制以后就不需要改革了？

社会主义社会为什么要改革？只有从分析社会主义社会矛盾出发，才能得到正确的答案。

社会主义社会还有没有矛盾？列宁依据唯物辩证法的一般规律，曾经预言："在社会主义下，对抗将会消失，矛盾仍将存在。"[①] 但列宁逝世以后，以斯大林为代表的苏联理论界长期否认社会主义社会还有矛盾。他们认为，在社会主义社会里，生产关系完全适合生产力的性质，两者之间已不再有矛盾。

毛泽东以唯物辩证法批判了苏联理论界的错误观点，鲜明地指出对立统一规律是宇宙的根本规律。矛盾是普遍存在的，不过按事物的性质不同，矛盾的性质也就不同。同其他社会一样，在社会主义社会中，基本矛盾仍然是生产关系与生产力之间的矛盾、上层建筑与经济基础之间的矛盾，但是矛盾的状态已同资本主义社会根本不同了。社会主义的生产关系与生产力之间、上层建筑与经济基础之间，是既相适应又不适应，而且是基本适应、局部不适应的状态。因此，对相适应的方面（这是基本的方面）必须坚持，对不相适应的方面（这是局部的方面）则必须改革。

1956年，我国生产资料私有制的社会主义改造基本完成之后，中国

[①] 《列宁全集》第60卷，人民出版社1990年版，第282页。

由新民主主义社会进入社会主义社会，我国社会主义制度已经确立。但是，经济文化落后的状况和一穷二白的落后面貌，并没有得到根本性的改观，人民的生活水平极其低下，甚至基本生活需要也难以满足，强烈的需求与落后的社会生产之间的矛盾十分突出。为此，党的八大曾明确地指出，过渡时期结束以后，我国社会的性质已经是社会主义，国内的主要矛盾不再是工人阶级和资产阶级之间的矛盾，而是人民对于建立先进的工业国的要求同落后的农业国的现实之间的矛盾，是人民对于经济文化迅速发展的需要同当前经济文化不能满足人民需要的状况之间的矛盾，矛盾的实质是先进的社会主义制度同落后的社会生产之间的矛盾。解决矛盾的主要方法是，适时地把党和国家的工作重点转移到社会主义建设上来，大力发展社会生产力，实行大规模的经济建设。党的八大对我国主要矛盾的分析是正确的，并在此基础上提出了具有创新性的发展思路和发展战略。但可惜的是对主要矛盾的正确判断没能清醒而坚定地坚持下去，当国内外形势发生变化时出现了反复，以至于最后把阶级矛盾当作了主要矛盾，用阶级斗争的方式来对待一切问题。

党的十一届三中全会，恢复了实事求是的思想路线，确立了"一个中心、两个基本点"的基本路线，即坚持以经济建设为中心，坚持改革开放，坚持四项基本原则。改革是一场革命，这是就改革的广泛性和深刻性而言。但改革并不是从根本上改变社会主义的根本制度，而是社会主义制度的自我发展和完善。正如习近平所强调的，改革必须坚持正确的方向，沿着正确的道路前进。在方向问题上，我们头脑必须十分清醒，不断推动社会主义制度自我完善和发展，坚定不移走中国特色社会主义道路。

树立科学的改革观，要用科学发展观来指导改革、统领改革和推进改革。

树立科学的改革观，要用科学发展观来指导改革、统领改革和推进改革。改革必须坚持以人为本，改革为了人民，改革依靠人民，改革的成果由人民所共享。社会结构体系是一个有机的整体，社会基本矛盾运动支配着整个社会的发展进程；而人类社会与自然界又从根本上联结在一起。因此，应把握好社会发展的整体性要求，全面推进和深化各领域的改革与发展。

改革要搞好系统设计，加强顶层设计和摸着石头过河相结合，提高改革决策科学性，做到全面协调可持续。改革搞好顶层设计就是要制定好战略规划。"取乎上，得乎中；取乎中，得乎下。"摸着石头过河，就是摸规律，从实践中获得真知。改革开放是没有先例的伟大事业，没有现成经验可以借鉴。只能大胆闯，勇于试，采取摸着石头过河的策略。然而，随着改革开放向纵深推进，深化改革的复杂性、艰巨性大大增强，为此，推进改革必须坚持统筹兼顾，不能"头痛医头、脚痛医脚"。"不谋万世者，不足谋一时；不谋全局者，不足谋一域。"习近平指出，我们提出全面深化改革的方案，是因为要解决我们面临的突出矛盾和问题，仅仅依靠单个领域、单个层次的改革难以奏效，必须加强顶层设计、整体谋划，增强各项改革的关联性、系统性和协同性。只有既解决好生产关系中不适应的问题，又解决好上层建筑中不适应的问题，这样才能产生综合效应。同时，只有紧紧围绕发展这个第一要务来部署各方面改革，以解放和发展社会生产力为改革提供强大牵引，才能更好推动生产关系与生产力、上层建筑与经济基础相适应。①

顶层设计作为一种战略思维和宏观设计，更加注重系统性、整体性、协同性、贯通性和前瞻性。搞好顶层设计就是要有的放矢，抓核心、抓重点，明确改革目标和方向，同时注重理论创新，用创新性思维来指导进一步的改革。只有把"摸着石头过河"与"搞好顶层设计"有机结合起来，才能渡过大江大河。坚持学必求深，做必务实，行必求远，才能把中央顶层设计的好政策落到实处。

党的十八大以来，党中央从坚持和发展中国特色社会主义全局出发，提出并形成了全面建成小康社会、全面深化改革、全面依法治国、全面从严治党的战略布局。这个战略布局，既有战略目标，也有战略举措，每一个"全面"，都具有重大战略意义。"四个全面"是一个有机联系的系统。第一个"全面"，即全面建成小康社会是战略布局中的战略目标。第二、第三和第四个"全面"，即全面深化改革、全面依法治国、全面从严治党是战略布局中的三大战略举措。"四个全面"是一个大系统，每个"全面"则又是相对独立的一个小系统。它们之间相互影响、相互作用、层层递进，构成一个有机统一体。

恩格斯有句名言，"蔑视辩证法是不能不受惩罚的"。全面深化改革

---

① 习近平在中共中央政治局第十一次集体学习时的讲话（2013年12月3日）。

必须坚持唯物辩证法,完善改革方法论。改革任务越是繁重,越需要我们自觉以辩证思维武装头脑、不断提高治理能力,用好辩证思维这个法宝,用科学方法善做善成。要注重战略思维、系统思维、整体布局、协同推进,全国一盘棋。注重实事求是,尊重规律,探索规律,与时俱进。建立问题倒逼机制,破除制约发展的各种障碍。注重逆向思维,实行负面清单制度,制约政府行为。注重底线思维,设置行为红线,把权力关进制度的笼子,不越轨、不出界,推进法治政府建设。总之,要以"民本思维"定目标,以"实践思维"探路径,以"战略思维"谋大局,以"创新思维"增活力,以"辩证思维"解矛盾,以"系统思维"聚合力,以"底线思维"防风险,以"法治思维"求善治。

(三)改革只有进行时
——充分认识改革的长期性艰巨性

改革是社会主义的永恒话题。"改革只有进行时没有完成时。"

正如恩格斯指出的,所谓"社会主义社会"不是一种一成不变的东西,而应当和任何其他社会制度一样,把它看成是经常变化和改革的社会。[1] 当我们实现了从传统的计划经济体制向社会主义市场经济体制过渡这一任务以后,仍需要通过改革来推动社会的发展。改革是社会主义的永恒话题。正像习近平所指出的:"改革只有进行时没有完成时。"[2] 没有改革开放,就没有中国的今天,也不会有中国更加美好的未来。改革是民族复兴的关键一招。

现阶段我国社会的主要矛盾仍然是人民日益增长的物质文化需要同落后的社会生产之间的矛盾。经过30多年的改革和发展,我国社会的主要矛盾出现了一些阶段性特征。

改革开放以来,我国社会的主要矛盾没有变,但其表现特征已经悄然发生了变化:一是我国落后的社会生产状况得到了巨大的改变,生产供给能力大大提高,从20世纪90年代后期,我国主要生产资料和消费品出现

---

[1] 《马克思恩格斯选集》第4卷,人民出版社1995年版,第693页。
[2] 《习近平在中共中央政治局第二次集体学习时强调:以更大的政治勇气和智慧深化改革朝着十八大指引的改革开放方向前进》,《人民日报》2013年1月2日第1版。

了供求基本平衡或供大于求的格局，卖方市场开始向买方市场转化，长期以来困扰我们的商品紧缺现象已经根本改观。二是人民群众的需要基本获得了满足，日常生活必需品供给充足，大件生活耐用品已经进入寻常百姓家庭，人民群众的整体生活水平已经走出贫困、越过温饱、实现小康，正朝着全面小康的水平迈进。三是生活资料供需之间基本保持了动态平衡，以公有制经济为主体、多种所有制经济共同发展的社会主义初级阶段基本经济制度，适应了多层次的生产力发展水平，以市场作为资源配置基础手段的社会主义市场经济体制依据价格机制，调节着生产规模、生产效率和产品与服务的质量，生产与消费通过市场这一中介联系更为紧密，社会多层次的需要通过市场得到了最大限度的实现。

毫无疑问，现阶段我国社会主要矛盾的特征与改革开放之初相比较已经发生了很大的变化。为了适应主要矛盾特征的变化，发展理念、发展战略、发展措施必然要进行相应的调整。

习近平指出，要学习和掌握社会基本矛盾分析法，深入理解全面深化改革的重要性和紧迫性。只有把生产力和生产关系的矛盾运动同经济基础与上层建筑的矛盾运动结合起来观察，把社会基本矛盾作为一个整体来观察，才能全面把握整个社会的基本面貌和发展方向。坚持和发展中国特色社会主义，必须不断适应社会生产力发展调整生产关系，不断适应经济基础发展完善上层建筑。我们提出进行全面深化改革，就是要适应我国社会基本矛盾运动的变化来推进社会发展。社会基本矛盾总是不断发展的，所以调整生产关系、完善上层建筑需要相应地不断进行下去。改革开放只有进行时、没有完成时，这是历史唯物主义态度。[①]

必须明确改革的总目标，我国全面深化改革的总目标是完善和发展中国特色社会主义制度，推进国家治理体系和治理能力现代化。必须更加注重改革的系统性、整体性和协同性，加快发展社会主义市场经济、民主政治、先进文化、和谐社会、生态文明，让一切劳动、知识、技术、管理、资本的活力竞相迸发，让一切创造社会财富的源泉充分涌流，让发展成果更多更公平惠及全体人民。到2020年，在重要领域和关键环节改革上取得决定性成果，形成系统完备、科学规范、运行有效的制度体系，使各方面的制度更加成熟、更加定型。

---

① 习近平在中共中央政治局第十一次集体学习时的讲话（2013年12月3日）。

世界大势，浩浩荡荡，顺之则昌，逆之则亡。诗人汪国真说得好："没有比人更高的山，没有比脚更长的路。"开弓没有回头箭，改革没有回头路。基于我国社会主要矛盾的新认识和对改革所处新阶段的把握，当前的改革应该更加注重法律制度建设，更加注重社会公平与和谐，更加注重群众的精神文化生活需求。

（四）百足之虫，死而不僵
——科学认识当代资本主义

资本主义自诞生起就处于不断变化之中，经历了原始积累、自由竞争、私人垄断资本主义和国家垄断资本主义等重要发展阶段。20世纪70年代滞胀危机后，资本主义发生了重要而深刻的变化，成为信息化、全球化、金融化和新自由主义化的垄断资本主义。

在资本主义发展的新阶段，以信息革命为基础的社会生产力获得了巨大发展，生产社会化程度不断提高，资本的力量不断加强。随着资本主义生产方式的深刻变化，资本主义的基本矛盾即生产的社会化与生产资料资本主义私人占有之间的矛盾不断发展和深化。主要表现为两极分化加剧、生产持续低迷、金融危机频发、生态危机突出、世界经济严重扭曲。[①]

<u>这次国际金融危机是系统的制度性危机，是资本主义基本矛盾在新的历史条件下的总爆发。</u>

2008年9月，以美国雷曼兄弟倒台为标志，西方资本主义国家陷入了一场严重的金融危机，进而从金融、经济问题蔓延到政治领域、社会领域，使西方陷入全方位困境。这次国际金融危机并非一般的周期性危机，而是系统的制度性危机，是资本主义基本矛盾在新的历史条件下的总爆发。西方资本主义面临的主要困境表现在以下几个方面。

经济发展"失调"。西方资本主义国家为摆脱金融和债务危机所采取的财政和货币手段，效果都不明显。究其原因，主要是几个结构性陷阱使然。一是金融陷阱。西方国家金融领域过度膨胀，金融业以高于实体经济增长率数倍的速度扩张。二是债务陷阱。西方国家长期以来养成超前消费、借债度日的习惯，导致债务负担积重难返。三是福利陷阱。长期以

[①] 参见张宇《怎样认识当代资本主义新特征》，《人民日报》2013年11月10日第5版。

来，西方国家把福利制度作为安抚中下层百姓、维护社会稳定的重要手段，号称"从摇篮到坟墓"，福利只高不低、只上不下，财政不堪重负。

政治体制"失灵"。一是西式选举难以选贤。西方选举制度对政治人物的成长和发展，不是能力导向，而是作秀导向。这种选举制度选出的领导人，往往缺乏实际执政经验，能说而不能干，政客多而政治家少。二是政党利益凌驾国家利益。金融危机期间，不少西方国家上演"党锢之祸"。政党私利凌驾国家利益，给经济和民生造成严重损害。众所周知的美国两党"债务上限"之争，一度使美联邦政府关门歇业。三是"民主陷阱"阻碍国家治理。表现为一小部分人的利益或非理性的民意裹挟、绑架社会公益，使危机治理寸步难行。总之，民主选举"游戏化"，民主运作"资本化"，民主决策"短视化"，民主形式、程序大于实质和内容，阻碍了国家治理。

社会融合机制"失效"。一是社会极端思潮抬头。西方主流社会近年在贸易、移民、宗教等问题上保守倾向上升。一些欧洲国家出现右翼政党"登堂入室"的势头。二是社会流动性退化。主要是贫富分化加重，中产阶层萎缩。社会各阶层之间的健康流动"凝固化"。三是社会矛盾激化。主要表现为"群体性事件"增多。2011年发达国家风起云涌的"占领运动"，其实质是西方普通民众看不到希望，要抗争求变。

思想道德"失范"。政治精英道德水平下滑，大企业商业道德失准，社会精英道德问题多发。各种丑闻涉及资本主义制度下的官德、商德、公德，它们反映的是资本主义主流社会的价值观和利益观受到深刻侵蚀，也暴露了资本主义"权力制衡"的有限性和局限性，动摇了民众对社会主流力量的信任。

对于困境中的西方资本主义，要辩证地科学地看待。一方面，危机和困境确实对西方造成较大打击。据美国白宫经济顾问委员会主席克鲁格估算，仅2007—2009年，美国因金融危机造成的经济损失即高达16万亿美元，相当于全美财富总量的1/4。由于危机导致的问题和困境很难迅速、彻底解决，西方可能会在相当长一段时期内继续处于"亚健康"状态，其对发达经济体和世界经济的负面影响还会持续显现。另一方面，西方仍具备较强实力，生产力还有进一步释放的空间。从核心生产力、核心硬实力、核心软实力等角度看，尽管受到严重冲击，但西方的整体优势仍然比较明显。美、欧、日三方的GDP仍占全球经济总产出的60%以上。西方仍主导现代科学前沿，在军事安全领域具有领先优势，并总体把持着国际规则和话语权。

面对危机，西方国家也在进行反思，并抓紧进行调整和改革。一是推进制度改革。如欧洲把货币联盟进一步推向财政联盟，试图通过建立统一财政纪律化解债务危机的根源，同时向政治联盟迈出重要一步。二是寻求新的经济增长点。主要发达资本主义国家相继出台以创新为核心的产业政策，在人工智能、医疗科技、信息通信、3D打印、清洁能源等领域加大投入。三是从战略上调整。金融危机以来，西方内顾倾向明显上升，关注重点逐渐转向国内。特别是由于实力受损，西方被迫重算"经济账"，把投入进一步向经济和民生领域转移。① 马克思在论述资本主义生产方式时指出："发展社会劳动的生产力，是资本的历史任务和存在理由。资本正是以此不自觉地创造着一种更高级的生产形式的物质条件。"② 这是对资本主义历史过渡性最精辟而辩证的论述。

种种迹象表明，资本主义经济发展和世界经济格局正处于深刻变动之中。西方资本主义的困境，给我们以许多启示。

要看到我们的道路优势，坚持道路自信。不论是推进改革开放，还是应对国际金融危机，中国特色社会主义道路用实实在在的成绩证明了自身的有效性和科学性，得到包括越来越多西方有识之士在内国际社会的广泛认可。意大利学者洛丽塔·纳波利澳尼在《中国道路：一位西方学者眼中的中国模式》一书中指出："经济危机将整个欧美变成人人自危的恐怖之地。……然而在中国，人们在见证经济高速增长的同时，幸福感也与日俱增。"③ 他在题记中还写道："尽管中国相关改革依然任重道远，但是无论是联合国还是世界银行，乃至广受尊敬的非政府组织，没人能否认中国正行进在正确的道路上。"④ 两位美国学者出版的《21世纪的优秀治理：走一条东西融合的中间道路》一书中明确提出，未来的国家和国际治理应当兼收东西方文明成果。西方有识之士对中国道路都日益看好，我们对

---

① 参见刘晓明《对西方资本主义困境的观察与思考》，《人民日报》2013年4月12日第3版。
② 《马克思恩格斯文集》第7卷，人民出版社2009年版，第288页。
③ ［意］洛丽塔·纳波利澳尼：《中国道路：一位西方学者眼中的中国模式》，孙豫宁译，中信出版社2013年版。
④ 同上。

自己的道路更应坚定自信。

要看到我们的理论优势,坚持理论自信。中国特色社会主义的最大优势之一,在于坚持并发展了一套完整的理论体系。相形之下,西方执政党普遍存在的一个问题,就是陷入理论迷茫,缺乏成熟的理论指导,也没有系统的理论建设,每个政党上台后另搞一套,解决经济社会问题顾东望西,左右摇摆。西方的教训告诉我们,一个国家要发展好、少折腾,必须坚持一套行之有效、与时俱进的理论体系,否则就要走弯路。

要看到我们的制度优势,坚持制度自信。纵观西方资本主义的困境,再对比中国特色社会主义建设的巨大成就,我们完全有理由对社会主义制度保持战略自信。我们坚持和不断发展的社会主义制度体系,已被事实一再证明能够最大限度地适应当代中国的客观实际,满足生产力发展的客观要求。具有强大的社会动员能力,特别是集中力量办大事,不断提高人民的生活水平和社会主义国家的综合国力,并有效应对全球化、信息化和多极化时代的复杂挑战。

四　群众是真正的英雄
——群众与个人

(一) 是谁创造了历史
——群众史观与英雄史观

人民群众是创造社会历史的决定力量。

人民群众是指一切对社会历史发展起推动作用的人,是社会成员的大多数。人民群众是一个历史范畴,从事物质财富生产的体力劳动者和从事精神财富生产的脑力劳动者(知识分子)始终是人民群众的主体。马克思主义认为,人民群众是创造社会历史的决定力量。

在历史创造者问题上,始终存在着两种历史观的对立。唯物主义历史观从社会存在决定社会意识出发,坚持群众史观,认为人民群众是历史的创造者。唯心主义历史观从社会意识决定社会存在出发,坚持英雄史观,认为少数英雄人物是历史的创造者。

马克思主义认为,人民群众是人类历史的创造者。这是因为:

人民群众是社会物质财富的创造者。人民群众创造的社会物质财富，是社会得以存在和发展的物质保障。人民群众的这一创造作用同生产力是社会发展的最终决定力量这一原理具有逻辑上的一致性，因为作为人民群众主体的劳动群众，乃是生产力的体现者。

人民群众是社会精神财富的创造者。人民群众的社会实践活动是科学、文化、艺术的唯一源泉；劳动群众为人们从事精神文化活动提供了一切物质手段和物质条件；劳动知识分子在精神财富的创造过程中起着极其重要的作用。

恩格斯指出："人们首先必须吃、喝、住、穿，就是说首先必须劳动，然后才能争取统治，从事政治、宗教和哲学，等等。"[1] 如果没有人民群众所创造的物质财富作基础，就不可能有社会的精神生产或精神财富的创造。同时，人类社会的一切科学文化成果，归根结底是人民群众所进行的生产、生活实践活动的经验总结。我国医药名著《黄帝内经》《本草纲目》，农业名著《氾胜之书》《齐民要术》等，都是总结劳动群众的生产和生活经验编写成的。许多文学名著，如我国的《诗经》《楚辞》《水浒传》《西游记》，外国的《荷马史诗》《伊索寓言》《天方夜谭》，等等，也都是在民间口头文学和民间传说的基础上加工提炼而成的。另外，劳动知识分子还直接参与了精神财富的创造。例如，中国宋代发明活字印刷的毕昇，英国发明高效蒸汽机的瓦特，美国电学理论家富兰克林和发明电灯、电影、留声机的爱迪生，德国唯物主义哲学家荻慈根，俄国文学家高尔基，等等，他们都来自社会的下层，但都对人类科学文化的发展做出了重要贡献。

《国际歌》是1871年由欧仁·鲍狄埃写成的无产阶级的战歌，并用"国际工人协会"的简称"国际"来命名。欧仁·鲍狄埃（1816—1887）是法国工人诗人，巴黎公社的活动家。1816年10月4日，鲍狄埃出生在巴黎一个赤贫的工人家庭，青少年时代用诗歌做武器与反动势力斗争。1871年巴黎公社成立后，他当选为公社委员，保卫公社英勇作战。巴黎公社失败后的第二天，他隐藏在巴黎城郊蒙马特尔工人区一间简陋的顶楼里，写下了《国际歌》的歌词。他在歌词中揭露了资本主义"毒蛇猛兽"吃尽了劳动人民血肉的暴行；阐明了"从来就没有救世主"，是劳动群众

---

[1] 《马克思恩格斯选集》第3卷，人民出版社1995年版，第335—336页。

"创造了人类世界"的历史唯物主义观点;表达了公社英雄们要把"旧世界打个落花流水,要为真理而斗争"的决心;阐述了无产阶级的团结战斗,必然能使"鲜红的太阳照遍全球","英特纳雄耐尔就一定要实现"的伟大真理。1888年6月,法国工人作曲家比尔·狄盖特为这首歌谱了曲。从此《国际歌》就响彻全世界,激励着各国无产阶级为实现共产主义而奋勇斗争。

人民群众是社会变革的决定力量。人民群众既是社会革命的决定力量,又是社会改革的决定力量。社会革命、社会改革根源于社会基本矛盾,但生产关系一定要适合生产力发展状况的规律、上层建筑一定要适合经济基础发展状况的规律不可能自发地起作用,必须通过人民群众这一社会变革的主体才能实现其作用。

英雄人物的历史作用也是应该肯定的。他们是一定历史任务的发起者,是完成一定历史任务的组织者和领导者,还是重大事件的直接参与者、策划者和指挥者。

时势造英雄。杰出的英雄人物在历史发展中有重要作用,但不能说人民群众与英雄人物共同创造历史。这是因为:人民群众的历史创造作用是杰出人物历史作用的基础。杰出人物的历史作用从属于并受制于人民群众的作用。杰出人物的力量来源于人民群众。没有人民群众的支持,杰出人物就不可能产生,也不可能有任何作用。杰出人物发挥历史作用的方向和程度、功过是非,都取决于是否符合历史规律和人民群众的利益、要求。无论英雄人物作用有多大,都不能改变历史发展的趋势,而且杰出人物的失误,还要靠人民群众的实践来纠正。总之,最终决定历史发展方向的是人民群众。

习近平指出,要学习和掌握人民群众是历史创造者的观点,紧紧依靠人民推进改革。人民是历史的创造者。要坚持把实现好、维护好、发展好最广大人民根本利益作为推进改革的出发点和落脚点,让发展成果更多更公平惠及全体人民,唯有如此改革才能大有作为。[①]

实现中华民族伟大复兴的中国梦,是民族的梦,也是每个中国人的梦。人民群众是实现中国梦的主体力量。正如习近平所指出的:"中国梦

[①] 习近平在中共中央政治局第十一次集体学习时的讲话(2013年12月3日)。

归根到底是人民的梦,必须紧紧依靠人民来实现,必须不断为人民造福。"①

(二) 三个臭皮匠,顶个诸葛亮
——个人和集体

<u>个人和集体之间是对立统一的关系。</u>

为了弄清人们在历史发展中的地位和作用,需要进一步分析个人和集体的关系。马克思主义对个人和集体的辩证关系进行了科学概括。个人是指处于一定的社会关系之中并具有不同的社会地位、才能和作用的个体的人。集体,从宏观上说,是指社会这个大集体;从微观上说,是指以某种共同目的或任务联系、结合的人们的集合体。个人和集体之间的对立统一关系表现在以下两个方面。

一方面,个人依赖于集体。作为社会的人,任何个人都不能离群而独居。在生产力水平十分低下的原始社会,人们只有共同劳动,共同抵御各种自然力的袭击,才能生存。在科学技术日益发达、生产的社会化程度不断提高的现代社会,社会的联系纽带十分复杂,个人更不能脱离社会、脱离这样或那样的集体而存在。在各个不同的时代,任何人都是作为社会的一员、集体中的一分子活动在历史舞台上的。他们以不同的方式和在不同的程度上依赖社会所提供的物质生活和精神生活的条件而生存,都要自觉或不自觉地从集体中汲取智慧和力量以求自身的发展。一旦脱离社会,游离于集体之外,个人就无法生存,更谈不上发展。社会的发展是个人的发展条件,集体利益的实现是个人利益的满足的根本保证。

另一方面,个人也作用于集体。集体是由个人组成的,社会是人们交互作用的产物。个人的状况在不同程度上影响着整个集体;个人作用的发挥是集体总体力量发挥的前提;个人利益满足的程度制约着集体利益的发展。因此,个人的发展是社会、集体发展的基础。个人和集体是相互依存、相互作用的,在这种对立统一的关系中,集体对个人的影响和作用具有根本性的意义。在不同的社会形态里,个人和集体的关系具有不同的特点。在以私有制为基础的社会中,由于阶级关系的制约,个人和社会往往

---

① 习近平:《在第十二届全国人民代表大会第一次会议上的讲话》(2013年3月17日)。

处于对立的状态，个人与集体的结合也存在着种种的障碍。只有社会主义社会才能为个人施展才干提供有利的经济的和政治的条件，并使个人在为社会、为集体的服务中实现自身的价值。正确处理个人和集体的辩证关系，既要坚持集体主义原则，提倡先集体、后个人，个人利益服从集体利益；又要兼顾个人的合理利益，重视发挥个人的作用，这是社会主义现代化建设中的一个重要课题。俗话说："三个臭皮匠，顶个诸葛亮。"个人的智慧是有限的，群体的智慧是无穷的。

是我们改变了社会，还是社会改变了你和我？其实，每个人的意愿和行为都或多或少、或大或小地影响了社会的发展，但每个人的意愿和行为都不是社会发展的决定力量。社会的发展是多个力相互作用构成的平行四边形，也就是多种力的合力。正如马克思、恩格斯所说："只有在集体中，个人才能获得全面发展其才能的手段，也就是说，只有在集体中才可能有个人自由。"[①] 所谓"大河有水小河满，大河无水小河干"。

（三）从群众中来，到群众中去
——群众观点与群众路线

<u>群众观点是马克思主义的基本观点，群众路线是我们党的工作路线。</u>

群众观点是马克思主义的基本观点，群众路线是我们党的工作路线。刘少奇在《论党》中指出，"一切为了人民群众的观点，一切向人民群众负责的观点，相信群众自己解放自己的观点，向人民群众学习的观点，这一切，就是我们的群众观点，就是人民群众的先进部队对人民群众的观点"。他的这一重要论述，阐明了党的群众观点的内容。

马克思主义认为，人民群众是历史的创造者，人民群众不仅是物质财富和精神财富的创造者，而且是社会变革的决定性力量。群众观点是马克思主义唯物史观的一个基本观点，也是马克思主义政治观的一个最重要的观点。坚持马克思主义群众观，是由我们党的性质和国家政权的性质决定的。人民群众是物质财富的创造者，人民群众的生产活动是整个社会全部活动的前提和基础，以不同形式从事和促进生产实践活动的人民群众，必然会对社会的发展起决定性作用；人民群众是精神财富的创造者，任何真

[①] 《马克思恩格斯选集》第 1 卷，人民出版社 1972 年版，第 32 页。

正有价值的精神财富，都是对人民群众所从事的实践活动的概括和总结；人民群众是社会变革的决定力量，他们推动着社会制度的变革和根本变革。这些观点主要包括：人民群众是历史创造者的观点、虚心向人民群众学习的观点、竭诚为最广大人民谋利益的观点、干部的权力是人民赋予的观点、对党负责和对人民负责相一致的观点等。以上这几个方面相互联系，构成了党的群众观点的有机整体。

党的群众路线是中国共产党处理自己和群众关系问题的根本态度与领导方法。它包括相互联系的两个方面：一是党的政治路线和组织路线，即"一切为了群众，一切依靠群众"；二是根本的领导方法和工作方法，即"从群众中来，到群众中去"。党的七大会议上，刘少奇在《关于修改党章的报告》中专门论述毛泽东所倡导的群众路线时指出："不但我们党的政治路线，而且我们党的组织路线，都应该是正确地从群众中来的路线……所谓正确的组织路线，就是党的群众路线，就是我们党的领导骨干和党内外广大群众密切结合的路线，就是从群众中来到群众中去的路线，就是指导方法上的一般号召与个别指导相结合的路线。"党的群众路线概括起来就是："一切为了群众，一切依靠群众，从群众中来，到群众中去，把党的正确主张变为群众的自觉行动。"①

中国共产党的利益和人民群众的利益是完全一致的，党没有凌驾于群众利益之上的特殊利益。早在革命战争年代，毛泽东就指出，我们的共产党和共产党所领导的八路军、新四军是革命的队伍，我们这个队伍完全是为着人民的，为人民的利益而工作的。② 也正因为如此，在战争时期才形成了党和人民群众的鱼水深情。毛泽东把马克思的思想与中国实际相结合，把全心全意为人民服务作为党的唯一宗旨。他说："全心全意地为人民服务，一刻也不脱离群众，一切从人民的利益出发而不是从个人或小集团的利益出发；向人民负责和向党的领导机关负责的一致性：这些就是我们的出发点。"③ 邓小平继承并发展了毛泽东的思想，指出共产党员的含义就是两句话，"全心全意为人民服务，一切以人民利益作为每个党员的最高标准"。他还把人民利益标准具体化为"人民拥护不拥护，人民高兴

---

① 《中国共产党章程》，人民出版社2012年版，第19页。
② 参见《为人民服务》单行本。
③ 毛泽东：《论联合政府》（1945年4月24日），《毛泽东选集》第3卷，人民出版社1991年版，第1094—1095页。

不高兴，人民赞成不赞成，人民答应不答应"。党的十五大报告指出："我们党来自人民，植根于人民，服务于人民。建设有中国特色社会主义全部工作的出发点和落脚点，就是全心全意为人民谋利益。共产党员要倾听群众呼声，关心群众疾苦，为群众办实事、办好事。"江泽民提出并系统阐述了"三个代表"的重要思想，他强调："全党同志要始终坚持一切为了群众、一切依靠群众的根本观点，坚持党的群众路线，深入群众，深入基层，倾听群众呼声，反映群众意愿，集中群众智慧，使各项决策和工作符合实际和群众要求。"[1]胡锦涛指出："相信谁、依靠谁、为了谁，是否始终站在最广大人民的立场上，是区分唯物史观和唯心史观的分水岭，也是判断马克思主义政党的试金石。"[2]习近平指出："崇高信仰始终是我们党的强大精神支柱，人民群众始终是我们党的坚实执政基础。只要我们永不动摇信仰、永不脱离群众，我们就能无往而不胜。"[3] 一句话，党的领导干部必须运用人民赋予的权力，做到信念坚定，为民服务，勤政务实，敢于担当，清正廉洁，切实为群众谋利益，保证决策倾向的人民性，而不能以权谋私，攫取一帮一派一己之私利。

群众的利益和需要是多方面的、多层次的，必须加以正确的引导，使其逐步提高。民以食为天。首先要解决群众的温饱问题，满足群众的生存需要，在解决和平衡群众的物质利益的同时，要不断丰富群众的精神文化生活，提高群众的消费理念和精神境界。

为群众谋利益，不是一味地迁就或放任群众的欲望，而应对诸种社会欲望加以调控，教育群众正确处理好个人、集体与国家的关系，生存与发展的关系，纠正和克服不合理的消费欲望。要调动群众的积极性、创造性，发掘社会潜能，引导群众积极向善，促进人性的进化和社会的进步。

古人云，水能载舟，亦能覆舟。得民心者得天下，失民心者失天下。民安则国安。欲得民心，不仅要想为群众所想，急为群众所急，切实为群众谋利益，而且还要紧紧依靠广大群众，与群众同甘苦、共患难。因为党的事业是千百万人民群众的事业，只有依靠人民群众，才能干好各项事

---

[1] 江泽民：《在庆祝中国共产党成立80周年大会上的讲话》，《光明日报》2001年7月2日第2版。
[2] 《十六大以来重要文献选编》上，中央文献出版社2005年版，第369页。
[3] 习近平：《全面贯彻落实党的十八大精神要突出抓好六个方面工作》，《求是》杂志2013年第1期，第7页。

业。早在延安时期，黄炎培先生就曾问毛泽东，中国历史绵延几千年，但始终跳不出"人亡政息"的周期率，共产党人建立新中国后如何跳出这周期率呢？毛泽东说，我们已经找到了新路，这条路就是"民主"，人人都起来监督政府，政府就不敢懈怠，就可以避免"人亡政息"。

当然，依靠群众，绝不是搞群众运动，而是通过民主和法制的渠道，合理驾驭和正确发挥群众的政治潜能，调控群众的政治激情，推动各项事业的正常发展。

（四）下水上山问渔樵，欲知民意听民谣
——社会潜意识与群众路线

<u>必须将群众的觉悟程度和心理承受能力作为制定各项决策的重要依据。</u>

重视和把握社会潜意识，对深入理解和贯彻党的群众路线，提高党的执政能力，具有特殊的意义。依靠群众，就必须将群众的觉悟程度和心理承受能力作为制定各项决策的重要依据。决策者闭目塞听、主观武断，完全不考虑群众的思想和感受，势必导致官僚主义；倘若蜻蜓点水、偏听偏信，势必导致形式主义；只有深入基层、联系群众，不仅了解人们的普通心理，而且把握人们潜隐的意见和感受，才是彻底的唯物主义。忽视群众的心理感受而盲目决策，就如将大厦建在沙滩上一样。

下水上山问渔樵，欲知民意听民谣。重视社会潜意识，全面把握社会信息，是制定决策的重要依据。决策的形成通常是从分析问题开始的，决策就是提出解决问题的有效途径和方法。在现代社会里，各类问题往往是以信息的方式传递的。社会心理是对社会生活的敏感反映，是一种十分重要的社会信息。全面准确地把握有关信息，是制定决策的重要客观依据。在日常生活中，有些社会心理能够以"民意"的方式公开表达出来，可以直接进入决策渠道。而有些社会心理由于缺乏公开表达的条件，也往往为决策者所忽视，便沉淀为"民隐"。由于官僚主义和不正之风的存在，基层群众的合理愿望和要求长期受到压抑与抑制，积久成怨，酿成"民怨"。这些受压抑和抑制的社会心理，就其隐秘性而言，它们藏而不露，往往是对某些重大社会问题最深刻的认识和体验；就其叛逆性而言，它们代表了一种否定性的认识和评价，是与流行的思想倾向相对立的，是基层

群众对某些现实问题的批评意见和怨愤。这些群众心理能否进入决策渠道，将直接影响着决策目标的制定及其有效度。一项重大决策的形成，必须做到了解民意，体恤民隐，化解民怨。

知屋漏者在宇下，知政失者在草野。注意析取负面信息，善于听取不同意见，是科学决策的重要一环。决策就是不同意见的争论和明晰过程，没有不同意见，就谈不上决策。决策者主观武断，不重视各方面的信息，听不得各方面的意见和建议，忽视对各种潜隐信息的把握和分析，势必造成决策失误。早在100多年前，清末两广总督张之洞兴办冶炼厂，委托驻英公使薛福成代购设备。薛说，设备有适合酸性、碱性两种，需将铁矿和焦炭化验定性后才能决定。张却回答说，中国地大物博，何矿不有，只管买一套来！结果买了适合酸性矿的设备，恰恰与所需矿物不符。在选择厂址时，本来应选在煤、铁矿附近。可张之洞却要在总督衙门看见工厂冒烟，硬是选在汉阳附近稻田里。如此，不仅增加了煤、铁矿的运输开销，仅买地基就多耗白银百万余两。无独有偶，时至今日，不重视信息的全面准确性，不听从反对意见而造成决策失误的情况还时有发生。据中央电视台《焦点访谈》报道，国家投资3000余万元兴建的青海铬盐厂，因厂房建在一块腐蚀性极强的沼泽地上，仅开工6年厂房和设备就被腐蚀得无法运营，被迫停产。当时进行可行性论证时，尽管有人提出了某些异议，但因畏于某种压力，出于某种利益考虑，没能据理力争改变决策，结果造成无可挽回的损失。

众所周知，我国20世纪50年代的"大跃进"，之所以造成那么严重的灾难，其中一个主要原因就在于决策者对信息把握不准，被一些虚假信息所笼罩。决策者定向失误后，一项决策出台，全国马上"捷报"频传，放"卫星"，出"高产"。这些虚假的信息把许多人的脑袋冲昏了，反过来又使决策者更印证了原先决策的"正确性"，致使错误的决策无法及时得到纠正。当年马寅初提出的"新人口论"，竟被戴上马尔萨斯主义的帽子遭到无端的批判，结果是"错批一人，误增数亿"，造成了我国严重的人口问题。

原中共湖北省监利县棋盘乡党委书记李昌平，于2000年3月8日怀着对中国农民的深切同情，对中国经济的深切忧虑，对党的无限忠诚，以《一个乡党委书记的心里话》为题，向国务院领导如实反映"农村真穷，农民真苦，农业真危险"的情况。时任国务院领导动情批示："'农村真穷，农民真苦，农业真危险'，虽非全面情况，但问题在于我们往往把一些好的情况当作全面情况，而又误信基层的'报喜'，忽视问题的严重性。"国务院领导两次动情批复，引发了湖北一场声势浩大的农村改革。李昌平坦言：现在真话无处说。上级领导来听农民增收就高兴，汇报农民减收就批评人。基层干部察言观色，投领导所好，到处增产增收，形势大好，所以真话听不到了。他说，如果我要是见到国务院领导，我会对他说：人人都想跟您说真话，但说句真话不容易！[①] 针对中国农村的现实情况，中共中央2004年一号文件，着力解决"三农"问题，巩固农业的基础地位。同时，中央倡导科学的发展观，统筹城乡发展，促进社会的全面、协调、可持续发展。小康不小康，关键看老乡。

据《吕氏春秋》记载，周武王欲伐商纣王，先派人去刺探情况，这人回来对武王说，商国百姓都斥骂纣王残暴，请武王抓住时机出兵讨伐。武王却说不能出兵；过段时间又派人去了解，这人回来说，现在商国民愤沸腾，怨声载道，我们只要出兵就能打败纣王。武王仍说不能出兵；过段时间再派人去侦探，这人气馁地报告：商国眼下已很平静，再也听不到有人骂纣王了。可武王听了却大喜，立即发重兵讨伐纣王，结果大获全胜！大臣们不解其中缘由，请教武王，武王说，老百姓斥骂纣王，埋怨纣王，是关心他，希望他好；已经没有人骂他了，说明没有人关心他，对他彻底失望了，这样的王朝就没有希望了，所以我们能取胜。[②] 武王取胜的原因就在于，他能够准确适时地把握商国百姓心态的变化。换一个角度来看，执政者、决策者只有深刻体察民情民意，认真听取和处理基层群众的不同意见、批评和要求，才能保障社会的稳定与协调发展。因此，我国历代的政治家和思想家都非常重视研究人心的向背问题。

重视社会潜意识的作用，促进决策创新。社会潜意识对社会政治、经济生活的反映是迅速而敏感的，只有深入把握社会心理的深层悸动，才能使决策建立在现实性与可行性的基础上，实现决策的创新。我国春秋时期的政治家管仲，就曾著有《心术篇》，提出民心是为政之本的观点，依此而助齐桓公安定民心，成就霸业。明代开国皇帝朱元璋充分吸取元朝覆亡

---

① 李昌平：《我向总理说实话》，光明日报出版社2002年版。参见《书摘》2002年第4期，第8页。
② 参见黄金来《民心与兴衰》，《民主》1993年第9期。

的教训，认识到"天道厌乱，人心思治"[①]，提出使"民获实惠"的重要思想。朱元璋从此思想出发制定的政策被证明是相当成功的。当年在延安，一位农民借雷击事件发牢骚。毛泽东闻知后了解到，当地农民抱怨负担过重，遂决定进行大生产运动，从而改善了官兵生活，密切了军民关系。所以政治家取胜的诀窍在于，不是仅仅从自己的意愿出发，而是根据群众的心理去谋划。

列宁强调，领导群众的一条重要经验，就是要能够在任何时候、任何问题上正确地判断群众的情绪、愿望、想法和要求，能够不带半点臆测地确定群众的觉悟程度，能够用同志式的态度对待群众、关心群众，满足群众的合理要求，从而赢得群众的无限信任。一项决策的制定，如果超出了群众的心理承受能力，或者忽视了民族习惯等心理性因素，必然会造成偏差乃至失误。在现实生活中，基层群众的合理愿望和要求，要进入决策渠道往往受到诸多方面和环节的限制，况且一项决策制定以后就具有了相对稳定性，也不能及时反映群众心理的变化。所以，政治要发展，决策要创新，就必须认真倾听群众的呼声，及时捕捉潜隐的社会信息，发现新情况，开拓新思路，解决新问题。"文化大革命"末期，我国的经济停滞不前，农民生活难以为继。安徽凤阳的农民冒着生命危险搞承包制，这一活动直接促进了党中央在全国农村推行的改革。

---

① 《明太祖实录》卷40。

第六讲

认识、真理与价值

一 蚂蚁、蜘蛛与蜜蜂
——感性认识与理性认识

(一) 学而不思则罔，思而不学则殆
——感性认识和理性认识的辩证关系

孔子说："学而不思则罔，思而不学则殆。"[①] 意思是说，学习而不思考，人会被知识的表象所蒙蔽；思考而不学习，则会因为疑惑而更加危险。德国哲学家康德说过："感性无知性则盲，知性无感性则空。"与孔子的这句话可以说是惊人的一致。这都涉及感性认识和理性认识的关系问题。

认识过程就是从感性认识到理性认识、由浅入深逐步发展的。

我们认识一个人，首先接触到他的音容笑貌、言谈举止等感性的东西，进一步交往了解会知道他的性格特点、兴趣爱好、思想品质等理性的东西。认识过程就是从感性认识到理性认识、由浅入深逐步发展的。

感性认识和理性认识是同一认识过程的两个阶段。二者既相互对立又相互统一。

感性认识和理性认识之间的区别在于：感性认识是认识的初级阶段，是客观事物直接作用于人的感觉器官而产生的，它反映的是事物的具体特

[①] 《论语·为政》。

性和外部联系，具有直接性和形象性的特点，是对事物现象的认识。理性认识是认识的高级阶段，是对感性认识材料的抽象和概括，它具有间接性和抽象性的特点，反映的是事物的本质。

感性认识和理性认识之间的联系在于：感性认识是理性认识的基础，理性认识依赖于感性认识，一切真知都是从社会实践中得来的，而感性认识直接发源于实践，离开了感性认识，理性认识就成了无源之水、无本之木，这体现了认识的唯物论。感性认识有待于深化、发展为理性认识，认识的任务，不是认识事物的表面现象和外部特征，而是达到对事物的内在本质和规律性的认识，只有这样，才能正确地指导实践，变革现实，改造世界，这体现了认识的辩证法。毛泽东指出"认识有待于深化，认识的感性阶段有待于发展到理性阶段——这就是认识论的辩证法"。[①] 感性认识和理性认识相互渗透，你中有我，我中有你。一方面，感性认识包含着理性认识的因素，感性认识要用概念等理性认识的形式来表达，并在理性认识的参与下来进行；另一方面，理性认识包含着感性认识的成分，它不仅以感性材料为基础，而且以语言文字等感性形式来表达。所以，纯粹的感性认识和理性认识是没有的，它们的区分也是相对的，我们不应当把它们截然分开。

例如，老中医在给患者看病时，一般要望、闻、问、切，这种感性认识活动需要以一定的中医理论为依据才能进行，同时通过一番望、闻、问、切，然后依据中医理论进行综合分析概括，才能确诊一个人究竟得了什么病。

感性认识和理性认识统一的基础是实践。它们都是在实践中产生的，由感性认识到理性认识的飞跃，也是在实践的基础上实现的。割裂感性认识和理性认识的辩证关系会犯唯理论和经验论的错误。唯理论否认感性认识的重要性，片面夸大理性认识的作用，认为理性认识是可靠的。经验论否认理性认识的重要性，片面夸大感性认识的作用，认为只有感觉经验才是唯一可靠的认识，而理性认识是空洞、不可靠的。唯理论和经验论都有唯心和唯物的区别。

唯理论和经验论在实际工作中则表现为教条主义和经验主义。它们都背离了感性认识和理性认识辩证统一的原理，在实际上都是有害的，曾给革命和建设事业带来巨大危害。用一个形象的比喻，经验论者就像蚂蚁，

---

① 《毛泽东选集》第1卷，人民出版社1991年版，第291页。

只会一味地往窝里搬东西,却不会加工制作,唯理论者好比蜘蛛,只知道往外吐丝,只有蜜蜂既能采集百花,又能加工酿蜜。

毛泽东有句名言:"没有调查就没有发言权。"① 感性认识和理性认识辩证关系的原理,对指导我们今天的改革开放事业具有非常重要的意义。既然感性认识是理性认识的基础,理性认识依赖于感性认识,一切真知都是从社会实践中得来的,那么,我们的一切工作都必须树立实践第一的观点,打好基础;在认识中要重视调查研究,注意材料的积累。既然感性认识是对事物的表面现象、外部特征的认识,有其局限性,理性认识才能揭示事物的本质和规律。因此,我们的认识就不能停留在感性认识上,不能只相信"眼见为实",要相信科学,要用正确的理论指导实践。这就是通常所说的要坚持摸着石头过河与搞好顶层设计相结合。

(二) 从实践到认识,从认识到实践
——认识的两次飞跃

从感性认识到理性认识,从理性认识到实践,是认识过程的两次飞跃。

从实践中获得的感性认识只是关于事物的表面特征和外部联系的认识,要达到对事物内在联系和本质的把握,就需要从感性认识上升到理性认识。康德指出:"人类理性总不会满足于眼前的事实或经验,它的本性就是追根求底,探讨现象背后的本质和真理。"

从感性认识到理性认识的飞跃需要一定的条件。

要积极投身于实践,在实践中获取十分丰富的合乎实际的感性材料,尽量收集全面准确的信息资料。

必须对感性材料加以思维的抽象,要采用归纳和演绎、分析和综合、抽象和具体等逻辑方法,对感性材料进行消化、加工,形成概念、判断和推理。毛泽东指出:"要完全地反映整个的事物,反映事物的本质,反映事物的内部规律性,就必须经过思考作用,将丰富的感性材料加以去粗取精、去伪存真、由此及彼、由表及里的改造制作工夫,造成概念和理论的

---

① 《反对本本主义》。

系统，就必须从感性认识跃进到理性认识。"① 在这个过程中，针对不同情况要善于运用各种科学的思维方式，例如系统思维、矛盾思维和中介思维，收敛式思维与发散式思维，逆向思维与横向思维，等等。

辩证思维方法与现代科学思维方法是相辅相成的。辩证思维方法是现代科学思维方法的方法论前提。稍加分析就会发现，系统方法与普遍联系的观点、控制论的方法与内外因观点、突变论与量变质变的观点、信息论与相互作用的观点都有着内在的联系。现代科学思维方法与辩证思维方法是一致的。同时，现代科学思维方法又丰富了辩证思维方法。现代科学思维方法是一个巨大的方法群，包括控制方法、信息方法、系统方法、结构—功能方法、模型化方法和理想化方法等，这些方法都丰富和深化了辩证思维及其方法。创新是一个民族进步的灵魂。认识进步离不开创新思维。当今社会是创意社会，好的创意就是要出其不意，攻其不备。

从感性认识上升到理性认识，实现了第一次飞跃，并没有结束认识，理性认识还要再回到实践中去，实现第二次飞跃。这是因为：认识的目的在于指导实践、改造世界。第一次飞跃并没有实现这一目的，只有第二次飞跃才能实现这一目的。毛泽东指出："马克思主义的哲学认为十分重要的问题，不在于懂得了客观世界的规律性，因而能够解释世界，而在于拿了这种对于客观规律性的认识去能动地改造世界。"② 另外，第一次飞跃并不能保证理性认识的正确性，理性认识是否正确，只能依靠实践的检验。在第二次飞跃中，理性认识可以得到检验，得到修正、补充和发展。

理性认识向实践飞跃也需要具备一定的条件和途径。

必须从实际出发，做到普遍理论和具体实践相结合，理论必须服从实践，做到"有的放矢"。

要把关于事物的认识与主体的需要结合起来，确定行动的目的和计划，形成实践方案，做到"目标明确"。

理论应当被群众掌握。群众是实践的主体，理论只有为群众所掌握，才能转化成强大的物质力量，使实践获得成功，做到"唤起民众"。

在认识过程中，要处理好理性因素和非理性因素在认识过程中的作用。

认识过程中的理性因素，包括理性直观、理性思维等，是主导因素；

---

① 《毛泽东选集》第1卷，人民出版社1991年版，第291页。
② 同上书，第292页。

认识过程中的非理性因素，则包括两类：一类是情感、意志，包括欲望、动机、信仰、习惯、本能等。列宁说过："没有人的感情，就从来没有也不可能有人对真理的追求。"① 一类是认识中不能被逻辑思维所包含的主体心理形式，如幻想、想象、直觉、灵感等，所谓"身无彩凤双飞翼，心有灵犀一点通"。发明家爱迪生说过："天才就是1%的灵感加上99%的汗水。但那1%的灵感是最重要的，甚至比那99%的汗水都要重要。"② 1981年诺贝尔化学奖得主福井谦一说："有些人的构思来自逻辑思维，我的构思却大多来自直觉。"③ 爱因斯坦说过："我相信直觉和灵感。"钱学森也认为，要创造要突破得有灵感。"创造思维中的'灵感'是一种不同于形象思维和抽象思维的思维形式。"④

在认识过程中，理性因素与非理性因素是相互作用、相互补充的，共同推动感性认识向理性认识的飞跃。非理性因素应当受到理性因素的制约，应在理性因素的主导下，发挥其积极作用，抑制其消极作用。就个人而言，智商、情商和意（志）商和谐，才能取得成功。

（三）试玉要烧三日满，辨才需待七年期
——认识过程的反复性和无限性

实践、认识、再实践、再认识，循环往复以至无穷。

我国唐代诗人白居易有句诗："试玉要烧三日满，辨才需待七年期。"从感性认识到理性认识，从理性认识到实践，并不是认识过程的终结。实践、认识、再实践、再认识，循环往复以至无穷，这就是认识从简单到复杂、从低级到高级无限发展的全过程。列宁指出："从生动的直观到抽象的思维，并从抽象的思维到实践，这就是认识真理、认识客观实在的辩证途径。"⑤

认识之所以要不断反复，是因为：从客观方面看，事物是复杂的。主体对客观事物的认识受到客观事物本身的发展过程及其表现程度的限制。物质世界是无限的，客观事物作为系统也是多方面、多层次的。客观事物

---

① 《列宁全集》第25卷，人民出版社1990年版，第117页。
② 马涵坤：《上海支部生活》党课专刊第5期。
③ 福井谦一：《学问的创造》，三联书店1988年版，第172页。
④ 钱学森：《关于形象思维的一封信》，载《中国社会科学》1980年第6期。
⑤ 《列宁专题文集·论辩证唯物主义和历史唯物主义》，人民出版社2009年版，第135页。

存在着一个产生、变化和发展的过程,其本质和规律也有一个暴露的过程。所有这些,使得人类的认识具有反复性。同时,主体对客观事物的认识还受历史条件和科技水平的限制。如果没有显微镜,人们就无法认识微观世界;如果没有望远镜和光谱分析仪,人们对天体的观察和研究就要受到限制。人类的认识就是在实践过程中,在不断打破这些限制的基础上不断得到发展。这也使得认识具有反复性。

从主观方面看,主体对客观事物的认识还要受到主体本身的限制。这些限制包括:人的实践范围、知识水平、认识能力、实践能力、立场、观点、方法以及生理素质。所有这些,也使得认识具有反复性。

就整个认识过程而言,认识的反复具有无限性。但是,这种无限性不是简单的圆圈式的循环,而是表现为螺旋式的上升。毛泽东在《实践论》中概括了人类认识发展的总规律,指出:"通过实践而发现真理,又通过实践而证实真理和发展真理。从感性认识而能动地发展到理性认识,又从理性认识而能动地指导革命实践。改造主观世界和改造客观世界。实践、认识、再实践、再认识,这种形式,循环往复以至无穷,而实践和认识之每一循环的内容,都比较地进到了高一级的程度。这就是辩证唯物论的全部认识论,这就是辩证唯物论的知行统一观。"[①]

就人们对地球的认识来说,从天圆地方到地球是圆的,再到地球是椭圆,地球是扁椭圆,认识是不断反复和加深的。

认识辩证运动全过程的原理,是党的群众路线的理论基础。

党的群众路线包括:一切为了群众,一切依靠群众,从群众中来,到群众中去,把党的正确主张变为群众的自觉行动。党的群众路线以辩证唯物主义认识论为基础,是辩证唯物主义认识论的具体运用。党的群众路线和辩证唯物主义认识论具有一致性。

首先,辩证唯物主义认识论主张群众既是实践的主体又是认识的主体,实践是千百万群众的实践。党的群众路线则主张相信群众。因此,二者具有一致性。

其次,"从群众中来",实际上就是把群众的感性认识能动地升华成理性认识,表现为领导者的智慧和决策方案,这其实就是第一次飞跃;"到群众中去",实际上就是让理性认识被群众所掌握,化作改造世界的

[①] 《毛泽东选集》第1卷,人民出版社1991年版,第296—297页。

物质力量，这其实就是第二次飞跃。

再次，"从群众中来，到群众中去"是一个不断反复的过程，而"从感性认识到理性认识，从理性认识再回到实践中去"也是一个不断反复的过程。

坚持认识和实践的具体的历史的统一，理论创新和实践创新相互促进。

实践、认识、再实践、再认识……表明认识与实践是不断分离又不断重合的过程，而每一次循环，都使认识上升到高一级的层次。由于实践处于不断发展之中，认识经常与实践发生矛盾，这就要求认识与实践、主观与客观必须实现具体的历史的统一。

所谓具体的统一，是指认识、理论要同一定时期、地点、条件下的具体实践相适应。认识、理论要根据具体实践不断地补充、丰富和完善。所谓历史的统一，是指认识、理论要同不断发展的实践相适应，要根据实践的变化而变化，不能落后于实践。恩格斯指出："每一个时代的理论思维，从而我们时代的理论思维，都是一种历史的产物，它在不同的时代具有完全不同的形式，同时具有完全不同的内容。"① 割裂认识与实践的具体的历史的统一，会导致"左"的或右的错误。

<u>实践是不断发展的，理论也要随着实践的发展而发展。</u>

理论是灰色的，实践之树是常青的。实践是不断发展的，理论也要随着实践的发展而发展。在新的理论的指导下，实践会进一步向前发展。实践要不断地创新，理论也要不断地创新。"社会实践中的发生、发展和消灭的过程是无穷的，人的认识的发生、发展和消灭的过程也是无穷的。"②

"路漫漫其修远兮，吾将上下而求索。"③ 实践不停止，认识不止步。已知的事物只是圆圈内的部分，圆圈外的东西都是未知之物。知识越丰富，接触的未知面也越多。一次，苏格拉底的朋友到德尔斐神庙请示神谕，询问苏格拉底是不是希腊最有智慧的人，得到了肯定的答复。苏格拉底知道后十分惊诧，因为他一贯以无知自居。于是，他到处找"聪明人"对话，以证明神谕错了，然而，却失望地发现那些据说聪明的人实在不怎

---

① 《马克思恩格斯选集》第4卷，人民出版社1995年版，第284页。
② 《毛泽东选集》第1卷，人民出版社1991年版，第295页。
③ 屈原：《离骚》。

么样。苏格拉底终于悟出了神谕的含义：他之所以被认为是最聪明的人，不是因为他有知识，而是因为他知道自己无知。一个自以为智慧的人不会再去追求智慧，而一个自认无知的人才会对智慧忠诚，毕生热爱和追求智慧，从而不断趋近智慧。

科学家牛顿尽管做出了巨大贡献，却从来没有骄傲自满过，他谦虚地说：在科学的道路上，我们只是一个在海边玩耍的孩子，偶然拾到一块美丽的石子。至于真理的大海，我还没有发现呢！

几个世纪以来，人们对宇宙的了解越多，反而越惊恐地发现自己对宇宙是怎样的无知。毕竟，人类探索宇宙的历史，和宇宙自身的经历相比起来，实在是沧海一粟。

随着深空探测工具正以不可想象的速度发展，它们代替人类的眼睛去望向广袤无垠的深处，返回地球大量数据不断完善甚至更改着人们对宇宙的理论推测。

宇宙是如何运行的？宇宙起源于大爆炸，并且其随后的碰撞过程正因为无数宇宙的重力影响而逐渐变慢的论调，一直占据着天体物理学界和普通人们的思想高地。而科学探测发现恰恰相反，宇宙碰撞的速度不仅没有减缓，反而正在逐渐加快。另外，此前人们也一直认定暗物质决定着宇宙的整体运动，但事实上，并非"暗物质"而是暗能量在主导着这一膨胀过程。美国《探索》杂志2013年五月刊的封面故事就详细记述了以上理念被扭转的历史进程，并论述了关于暗能量的定义及如何影响宇宙的最新理论。[1]

二　吾爱吾师，吾更爱真理
——科学的真理观

（一）鼓励创新，宽容失败
——真理与谬误

真理和谬误总是相比较而存在，相斗争而发展的。

真理是一个美丽的字眼。《国际歌》中唱道："满腔的热血已经沸腾，

---

[1] 参见张梦然《请对宇宙的永恒魅力行注目礼》，《科技日报》2013年8月18日。

要为真理而斗争!"真理是人们对于客观事物及其规律的正确认识。真理和谬误是对立的：真理是人们对于客观事物及其规律的正确反映。谬误是人们对于客观事物及其规律的歪曲反映。真理和谬误又是统一的：真理和谬误相互依存。真理和谬误总是相比较而存在，相斗争而发展的。没有真理，无所谓谬误；没有谬误，也无所谓真理。真理战胜谬误的过程也就是发展自己的过程。

真理和谬误在一定条件下可以相互转化。在一定条件下真理向谬误的转化主要表现在：其一，真理是具体的，总是适用于一定的条件和一定的范围。如果条件发生了变化或者超出了特定的范围，真理就会变成谬误。列宁说："只要再多走一小步，看来象是朝同一方向多走了一小步，真理就会变成错误。"① 其二，真理是一个过程。真理必然要随着客观事物和社会实践的变化发展而变化发展。如果人们的认识不能及时地反映事物在发展变化过程中所出现的新问题、新情况或者超越历史发展，就会造成主观和客观由相符变成不相符，从而使真理转化成谬误。其三，真理是全面的，是一个完整的体系。如果把其中的某一原理孤立起来，把它加以绝对地夸大，真理也会变成谬误。

在一定条件下谬误向真理的转化主要表现在：其一，条件和范围发生了变化，谬误可以变为真理。在一定条件下一定范围内是谬误的东西，在另外的条件下和另外的范围内则可以转化成真理。其二，失败往往是成功之母，谬误往往是真理的先导。一个正确的认识往往是通过许多的失误获得的。科学认识和实验活动，往往是经过多次失误而不断矫正，最终才得以成功的。其三，批判谬误能够发展真理，这也属于谬误转化为真理的一种特殊情形。

马克思主义哲学从认识和实践相统一的高度揭示了真理的本质。作为人们对客观事物及其规律的正确反映，真理本身包含着不以人的意志为转移的客观内容。真理之所以是真理，并非某位天才或权威的决断，而是实践检验的结果。真理之所以有力量，就在于它是从事实出发，而不是从主观臆断出发。真理揭示和反映了客观事物运动、发展的规律，是主观与客观相统一的产物。只要是真理，就具有不可战胜性！违背真理的人，不管装出多么吓人的样子，迟早要在客观规律面前碰得头破血流。任何东西都

---

① 《列宁选集》第 4 卷，人民出版社 1995 年版，第 211 页。

无法掩盖真理的光辉，正如古罗马的李维所言："真理之火有时会变得暗淡，但它永远不会熄灭。"这一点，历史已经多次证明，并将继续证明。

人类历史是追求、探索和传播真理的历史，也是摆脱蒙昧、无知和愚笨的历史。人们热爱真理，崇尚真理，所以有亚里士多德"吾爱吾师，吾更爱真理"的千古名言。天文学家哥白尼曾说，人的天职在勇于探索真理。然而，探求真理的过程大都是艰难曲折的。真理向前发展的每一步都并非一帆风顺，往往有一个由少数人认识、到多数人接受以至广泛认同的过程。人们为了寻求真理，要向无知、偏见挑战，要与荒谬斗争，要同强权抗衡，要承受巨大的压力，有时甚至要付出生命的代价。因此，追求真理，必须具有不畏艰难险阻、锲而不舍的精神，必须具有非凡的勇气和毅力。在革命战争年代，面对敌人的封锁镇压，周恩来坚定地指出，刺刀和机枪是封锁不住真理的声音的。

真理，不惧怕权势，不迷信权威，只注重事实。只有实事求是，才能不断发现和发展真理。实事求是、求真务实的过程也就是追求真理、捍卫真理的过程。当年，彭德怀元帅敢于实事求是地反映"大跃进"的问题，就是坚持真理的楷模。然而，现实生活中，有的人只尊重领导，不尊重群众；只尊重上级，不尊重真理；只尊重本本，不尊重实际。也有的人缺乏求真务实的勇气，胆小怕事，畏首畏尾，怕得罪人，常常模糊是非、回避矛盾，不敢坚持真理和批评错误。这些错误倾向有百害而无一利。只有坚信真理的不可战胜性，不唯书、不唯上，不盲从、不迷信，努力求真务实，才能在实践中高举真理的火炬，勇往直前。

由于客观环境的复杂性、主体因素的多样性，人们对同一对象的认识往往存在着差异和对立。西方社会兴起的"现代解释学"，就是对这种现象的认识和探索。唐朝诗人王建有一首小诗《新嫁娘词》："三日入厨下，洗手作羹汤。未谙姑食性，先遣小姑尝。"诗写的是一个聪明能干的新媳妇，过门三天后便下厨做饭菜，因不熟悉婆婆的食性，于是做好饭菜后，就先请小姑尝尝味道，结果很受婆婆的宠爱。对于这首诗的意境有两种截然不同的理解和解释。一种意见说，这首诗表达的是一种和谐的家庭氛围；另一种意见则认为这是反映了封建家庭环境下新媳妇受欺压的情形。

在文学艺术欣赏中，不乏这类现象：对同一篇作品，不同的读者会得出不同的结论，所谓"仁者见仁，智者见智"。如对名著《红楼梦》，鲁迅先生说："经学家看见'易'，道学家看见淫，才子看见缠绵，革命家看见排满……"而这些结论未必符合作者的主观意图,也就是众所周知的"有一千个读者,就有一千个哈姆雷特"。同一部作品,不同民族会有不同的理解,或者说同一个人物故事往往被不同民族的读者分别"民族化"了;同一部作品,在不同时代也会有不同的感受和觉悟,总会发掘出与以往不同的东西,给人一种常读常新的感觉。

解释学"是关于与本文相关联的理解过程的理论"。[①] 现代解释学由德国哲学家海德格尔所创始,经德国哲学家伽达默尔到法国哲学家利科尔,其思想几经转变和创新,已形成了一套系统的解释学理论。所谓"本文"就是由书写所固定下来的任何话语。关于"本文"的理解问题是解释学的核心问题。"本文"是话语构成的一个作品,这个作品是对特定社会生活条件及其矛盾的概括和反映。

任何读者(解释者)都是特定社会历史条件下的人,他不仅受特定社会心理环境的左右和影响,而且他们在阅读和理解作品时,头脑中并不是一块白板,而往往存在着既有的成见、观念、期望、设想、视界、认知定式等,这些因素直接或间接地影响着其对"本文"的理解与解释。所以,理解总是以参与为前提的,而不是消极地复制"本文"。

本文和语言既可以表达人们的意图,又不能完全表达人们的意图,这既有表达者的意识和无意识因素,也有语言和文字本身的因素,还有接受者的意识和无意识因素综合起作用。有时候,特别是在一些文艺作品中,作者有意使用一些模糊语言或隐语,以启迪读者,表达特殊的意境。利科尔曾谈到,诗化语言是一种非描述的、创造性的语言,其基本特征是隐喻的使用。诗化语言就是力图保持并发展一词多义和隐语,从而启发和引导人们去想象、猜测和理解。从汉语言文字来看,往往存在着多层含义,就像剥洋葱一样层层分解其中的含义;一题多义,同一段文字往往有多重意义;环境定义,特定的环境确定特殊的含义;群体定义,一定群体或集体的共同意见决定其意义;言不由衷、词不达意,特定的语言不能或不敢充分表达内心的意愿;特定的语词表达不了内心的意愿。这里自始至终存在着人们之间社会潜意识的碰撞和沟通问题。

解释学所探索的问题进一步说明了,真理性认识是一个逐渐接近的过程,在这个过程中由于客体、环境、主体的复杂性,人们难免形成不同的

[①] 利科尔:《解释学与人文科学》,河北人民出版社1987年版,第41页。

观点和看法，但真相最终只有一个。

（二）在坚持中发展，在发展中坚持
——真理的绝对性与相对性

真理既有绝对性又有相对性。在坚持中发展，在发展中坚持。

真理既有绝对性又有相对性。真理的绝对性或绝对真理，是指真理内容表明主客观统一的确定性和发展的无限性。具体来说，有以下几方面内容。

从真理的内容看，任何真理都是包含于人们认识中的符合客观事物及其规律的客观的内容，都同谬误有原则的界限，都不能被推翻，否则，就不称其为真理，这一点是绝对的、无条件的。在这个意义上，承认客观真理也就是承认了绝对真理。

从人的认识本性和认识任务来看，人类认识按其本性来说，是能够正确认识无限发展着的物质世界的，认识每前进一步，就是对无限发展着的物质世界的接近，这一点也是绝对的、无条件的。在这个意义上，承认世界的可知性，承认人能够获得对无限发展着的物质世界的正确认识，也就承认了绝对真理。

真理的相对性或相对真理，是指人们在一定条件下对具体的客观过程及其发展规律的正确认识总是有限度的。具体来说，包含以下几方面内容。

从整个客观世界来看，任何真理性的认识只是对无限宇宙的一个部分、一个片段的正确反映，人类已经达到的认识总是有限的。

从特定事物或现象来看，任何真理性的认识都只是对该客观事物或现象的某些方面、一定程度和一定层次的正确反映，对事物反映的广度和深度也总是具有近似的性质。

真理的绝对性和相对性或在这个意义上的绝对真理与相对真理，是在任何情况下每一客观真理都必然具有的两重特征。它们之间的辩证统一主要表现为：一是相互依存，相互表现；二是相互过渡，相互转化。

人们对于自然或社会的每一个正确认识，都是在一定条件下、一定范围内和一定程度上的认识，所以，它是有条件的、相对的。但在这一定条件、一定范围和一定程度上，它又是对客观的正确反映，在这个限度内它永远不能被推翻，并作为一个稳定的因素保留在客观真理的体系中，所以，它又是无条件的、绝对的。

在人类认识的发展中，在一种范围和条件下正确的反映，在另一种范围或条件下，变成了不正确的；在某个特殊的范围和条件下变成了绝对的正确反映。这就是真理的相对性和绝对性的相互过渡与相互转化。

真理的相对性和绝对性的对立统一，是一切现实的具体的真理及其发展的辩证法，这一辩证法存在于真理性认识发展的每一阶段、每一形态之中。

在另一种意义上的绝对真理和相对真理的相互关系，也表现为两个基本的方面。

首先，绝对真理与相对真理的相互渗透和相互包含。一方面，相对之中有绝对，绝对寓于相对之中，任何相对真理之中都包含有绝对真理的颗粒；另一方面，绝对之中有相对，相对是绝对的一个成分，绝对真理通过相对真理表现出来。其次，相对真理向绝对真理的辩证转化。真理是一个过程，它永远处在由相对到绝对的转化和发展中。绝对真理好比是一条川流不息的长河，相对真理则是这长河中的一个个河段。毛泽东说过："马克思主义者承认，在绝对的总的宇宙发展过程中，各个具体过程的发展是相对的，因而在绝对真理的长河中，人们对于在各个一定发展阶段上的具体过程的认识只具有相对的真理性。无数相对的真理之总和，就是绝对的真理。"[①]

马克思主义唯物史观的产生，揭示了社会发展的客观规律性，使关于社会的理论成为名副其实的科学。但是，包括唯物史观在内的整个马克思主义的真理，也是人类的认识由相对真理走向绝对真理的一个阶段，体现了绝对真理和相对真理的统一。马克思主义正确反映了社会的本质及其发展的规律，社会实践反复证明了它的颠扑不破的真理性，从这个意义上说，它是绝对真理。然而，马克思主义并没有穷尽一切客观事物及其发展规律，没有解决也不可能解决人类认识的一切问题，从这个意义上说，它又是相对真理。同一切科学真理一样，马克思主义真理也既是绝对的又是相对的。

然而随着实践的发展，马克思主义必然要用新的经验、新的知识、新

[①] 《毛泽东选集》第 1 卷，人民出版社 1991 年版，第 295 页。

的成果来补充和丰富自己，使自身得到不断的发展；它的某些结论和原理，也必然要由适应新的历史条件的新原理和新结论来代替。马克思主义的基本原理任何时候都不能违背，违背了就要犯错误。承认任何事物、任何理念都是不断发展的，这恰恰正是任何时候都不能违背的马克思主义的一条最基本的原理。坚持真理的绝对性和相对性相统一的观点，我们就应当以创造性的科学态度来对待马克思主义这一创造性的科学。在坚持中发展，在发展中坚持。

（三）纸上得来终觉浅，绝知此事要躬行
——实践是检验真理的标准

实践是认识的来源和动力，实践是认识的最终目的。实践还是认识真理性的标准。

人的正确思想是从哪里来的？是头脑里固有的吗？不是；是天上掉下来的吗？也不是。人的正确思想只能从实践中来。古人说："物有甘苦，尝之者识；道有夷险，履之者知。"① 就是说东西甜苦，尝到的人知道；道路安危，走过的人知道。实践出真知，实践长才干。实践是认识的来源和动力，实践是认识的最终目的。恩格斯说，社会一旦有技术上的需要，这种需要就会比十所大学更能把科学推向前进。

不仅如此，实践还是检验真理性的标准。

马克思指出："人的思维是否具有客观的真理性。这不是一个理论的问题，而是一个实践的问题。人应该在实践中证明自己思维的真理性，即自己思维的现实性和力量，自己思维的此岸性。"② 毛泽东说："真理只有一个，而究竟谁发现了真理，不依靠主观的夸张，而依靠客观的实践。只有千百万人民的革命实践，才是检验真理的尺度。"③ 又说："真理的标准只能是社会实践。"④ 这就非常清楚地告诉我们，一个理论，是否正确反映客观实际，是不是真理，只能靠社会实践来检验。这是马克思主义认识论的一个基本原理。

---

① （明）刘基：《拟连珠》。
② 《马克思恩格斯选集》第1卷，人民出版社1995年版，第58页。
③ 《毛泽东选集》第2卷，人民出版社1991年版，第663页。
④ 《毛泽东选集》第1卷，人民出版社1991年版，第284页。

辩证唯物主义所说的真理是客观真理，是人的思想对于客观世界及其规律的正确反映。因此，作为检验真理的标准，就不能到主观领域内去寻找，不能到理论领域内去寻找，思想、理论自身不能成为检验自身是否符合客观实际的标准，正如在法律上原告是否属实，不能依他自己的起诉为标准一样。作为检验真理的标准，必须具有把人的思想和客观世界联系起来的特性，否则就无法检验。人的社会实践是改造客观世界的活动，是主观见之于客观的东西。实践具有把思想和客观实际联系起来的特性。因此，正是实践，也只有实践，才能够完成检验真理的任务。事实胜于雄辩，实践最有权威。科学史上的无数事实，社会实践的不断发展，充分地说明了这个问题。

门捷列夫根据原子量的变化，制定了元素周期表，有人赞同，有人怀疑，争论不休。之后，根据元素周期表发现了几种元素，它们的化学特性刚好符合元素周期表的预测。这样，元素周期表就被证实了是真理。哥白尼的太阳系学说在300年里一直是一种假说，而当勒维烈从这个太阳系学说所提供的数据，不仅推算出一定还存在一个尚未知道的行星，而且还推算出这个行星在太空中的位置的时候，当加勒于1846年确实发现了海王星这颗行星的时候，哥白尼的太阳系学说才被证实了，成了公认的真理。

马克思主义之所以被承认为真理，正是千百万群众长期实践证实的结果。毛泽东说："马克思列宁主义之所以被称为真理，也不但在于马克思、恩格斯、列宁、斯大林等人科学地构成这些学说的时候，而且在于为而后革命的阶级斗争和民族斗争的实践所证实的时候。"① 马克思主义原是工人运动中的一个派别，开始并不出名，反动派围攻它，资产阶级学者反对它，其他的社会主义流派攻击它，但是，长期的革命实践证明了马克思主义是真理，终于成为国际共产主义运动的指导思想。马克思也当之无愧地成为"千年第一思想家"。

检验路线之正确与否，情形也是这样。马克思主义政党在制定自己的路线时，当然要从现实的阶级关系和阶级斗争的情况出发，依据革命理论的指导并且加以论证。但是，国际共产主义运动和各个革命政党的路线是否正确，同样必须由社会实践来检验。20世纪初，国际共产主义运动和俄国工人运动中，都发生了列宁的马克思主义路线与第二国际修正主义路

---

① 《毛泽东选集》第1卷，人民出版社1991年版，第292—293页。

线的激烈斗争，那时第二国际的头面人物是考茨基，列宁主义者是少数，斗争持续了很长一段时间。俄国十月革命和各国无产阶级革命的实践证明列宁主义是真理，宣告了第二国际修正主义路线的破产。

毛泽东思想是马克思列宁主义普遍真理与中国革命具体实践相结合的产物。毛泽东的革命路线与"左"、右倾机会主义路线进行了长期的斗争。在一个时期内，毛泽东的革命路线没有占主导地位。长期的革命斗争，成功的经验和失败的教训，从正反两个方面证明毛泽东的革命路线是正确的，而"左"、右倾机会主义路线是错误的。标准是什么呢？只有一个，就是千百万人民的社会实践。

当然，实践作为检验真理的标准，既具有确定性，又具有不确定性。实践标准的确定性，即真理标准的绝对性，指检验真理的唯一标准只能是实践，并且随着实践的发展终将证明真理、驳倒谬误。实践标准的不确定性，即真理标准的相对性，指在一定历史条件下的实践对认识的每一次检验都不具有最终完成的性质，即不能完全证实或驳倒现存的一切真理性的认识，而只能证实或驳倒当时的部分认识。人类的实践总是具体的，受时间、地点、历史条件和认识深度等多方面的限制，都有其局限性和相对性，只能在一定的范围内，从一定的方面、一定的局部和一定的层次对人类的认识作出检验，而不能不受局限地检验人类的所有认识。"一代天骄，成吉思汗，只识弯弓射大雕。"[1] 现代科技的发展，则使卫星遨游太空成为可能。否认实践标准的相对性，就会把实践和认识绝对化、凝固化，导致形而上学，阻碍真理的发展。列宁说："在这里不要忘记：实践标准实质上决不能完全地证实或驳倒人类的任何表象。这个标准也是这样的'不确定'，以便不让人的知识变成'绝对'，同时它又是这样的确定，以便同唯心主义和不可知论的一切变种进行无情的斗争。"[2]

UFO 是"不明飞行物"的英文字首，又称飞碟。世界各地的目击者和研究者著书立说分析 UFO 案例。迄今各国数万 UFO 案例中，95% 以上得到合理解释，包括气球、飞机、火箭、视差等原因，也不乏伪造讹传。

---

[1] 毛泽东：《沁园春·雪》。
[2] 《列宁专题文集·论辩证唯物主义和历史唯物主义》，人民出版社 2009 年版，第 49 页。

但仍然有众多案例目前无法释疑,超出人类目前认知,可能和外星智慧相连。这需要随着科技的发展和实践的深入来证明。

<u>理论与实践的统一,是马克思主义的一个最基本的原则。</u>

"纸上得来终觉浅,绝知此事要躬行。"理论与实践的统一,是马克思主义的一个最基本的原则。毛泽东指出:"我们的结论是主观和客观、理论和实践、知和行的具体的历史的统一,反对一切离开具体历史的'左'的或右的错误思想。"① 为此,我们必须始终坚持党的思想路线,一切从实际出发,理论联系实际,实事求是,在实践中检验真理和发展真理。一切从实践出发,说到底,就是要做到实事求是。正如邓小平所说:"马克思、恩格斯创立了辩证唯物主义和历史唯物主义的思想路线,毛泽东同志用中国语言概括为'实事求是'四个大字。"② 在当代中国,一切从实际出发,就是一切要从社会主义初级阶段这个最大的实际出发。坚持解放思想,实事求是,与时俱进,求真务实。

马列主义、毛泽东思想之所以有力量,正是由于它是经过实践检验了的客观真理,正是由于它高度概括了实践经验,使之上升为理论,并用来指导实践。正因为这样,我们要非常重视革命理论。列宁指出:"没有革命的理论,就不会有革命的运动。"③ 理论之所以重要,就是在于它来源于实践,又能正确指导实践,而理论到底是不是正确地指导了实践,以及怎样才能正确地指导实践,一点也离不开实践的检验。不掌握这个精神实质,就不可能真正发挥理论的作用。

面临社会重大变革时期,针对各种社会难点热点问题,总会出现形形色色的社会思潮。社会思潮产生的根源,就在于对重大社会现实问题的不同看法。有些观点或"左"或右,除了阶层或集团利益的影响,一个重要原因就是背离了理论与实践的统一,因而脱离中国当时的实际。社会思潮中有些合理思想,也在于其从不同角度正确反映了中国的现实情况。当然地,实践也是判别一种社会思潮正确与否、先进与否的最终标准。

---

① 《毛泽东选集》第1卷,人民出版社1991年版,第296页。
② 《邓小平文选》第2卷,人民出版社1994年版,第278页。
③ 《列宁选集》第1卷,人民出版社1976年版,第241页。

在当代中国，我们必须高举中国特色社会主义伟大旗帜，坚持以邓小平理论、"三个代表"重要思想、科学发展观为指导，从理论和实践的结合上不断研究新情况、解决新问题。把理论创新和实践创新统一起来，用发展着的马克思主义指导新的实践。

客观世界是不断发展的，实践是不断发展的。新事物新问题层出不穷，这就需要在马克思主义一般原理指导下研究新事物、新问题，不断作出新的概括，把理论推向前进。这些新的理论概括是否正确由什么来检验呢？只能用实践来检验。例如，列宁关于帝国主义时代个别国家或少数国家可以取得社会主义革命胜利的学说，是一个新的结论，这个结论正确不正确，不能用马克思主义关于资本主义的一般理论去检验，只有帝国主义时代的实践，第一次世界大战和十月革命的实践，才能证明列宁这个学说是真理。

有一则关于爱因斯坦和他的司机的故事。爱因斯坦常常到大学去讲授他所创立的相对论。有一次，在去讲课的途中，他的司机对他说："博士，我听过你的课大约有30次了，我已经记得很清楚了，我敢说，这课我也能讲哩！""那么，好吧，我给你一个机会。"爱因斯坦说，"现在我们要去的学校，那里的人都不认识我。到了学校，我就戴上你的帽子充作司机，你就可以自称爱因斯坦博士去讲课了。"司机准确无误地讲完了课。正当他准备离开时，一位教授请他解答一个复杂的问题，司机想了一下说道："这个问题太简单了，我很奇怪您竟然还要问我。好吧，为了让您明白它是多么的容易，我现在就叫我的司机来给您解答。"于是，充当司机的爱因斯坦走上讲台，整了整帽子，开始解答问题。这个故事告诉我们，没有亲身实践取得的知识，只能知其然，但不知其所以然。

在具体工作中，如何更好地做到实事求是呢？毛泽东说："'实事'就是客观存在着的一切事物，'是'就是客观事物的内部联系，即规律性，'求'就是我们去研究。"[1] 我们要从实际情况出发，从其中引出其固有的而不是臆造的规律性，即找出周围事物的内部联系，作为我们行动的向导。

---

[1] 《毛泽东选集》第3卷，人民出版社1961年版，第801页。

实事求是作为党的思想路线，是我们党的基本思想方法、工作方法和领导方法。

实事求是作为党的思想路线，始终是中国共产党人认识世界和改造世界的根本要求，是我们党的基本思想方法、工作方法和领导方法，是党带领人民推动中国革命、建设、改革事业不断取得胜利的重要法宝。

实事求是是党的"生命线"。我们必须要深刻理解实事求是的科学含义和精神实质，要清楚地认识和准确地把握我国社会主义初级阶段的基本国情和基本特点，正确分析面临的历史机遇和风险挑战，更加奋发有为地推进改革开放和社会主义现代化建设。

要真正做到实事求是，必须眼睛向下看、脚步朝下走，到基层去、到实践中去、到群众中去，虚心听取群众意见，真正及时了解人民群众的所思所盼，真正做到耳聪目明、心中有数，切实解决群众关心的问题，做到心为民所系、情为民所用、利为民所谋。陈云倡导"不唯上，不唯书，只唯实，交换、比较、反复"的"十五字诀"。他说："这十五个字，前九个字是唯物论，后六个字是辩证法，总起来就是唯物辩证法。"① 可谓坚持实事求是思想路线的典范。

著名教育家陶行知曾提出"六大解放"：解放眼睛，敲碎有色眼镜，教大家看事实；解放头脑，撕掉精神的裹头布，使大家想得通；解放双手，剪去指甲，撕掉无形的手套，使大家刻意执行头脑的命令，动手向前开辟；解放嘴，使大家可以享受议论自由，摆龙门阵，谈天、谈心，谈出真理来；解放空间，把人民与小孩从文化鸟笼里解放出来，飞进大自然、大社会去寻觅丰富的食粮；解放时间，把人民与小孩从劳碌中解放出来，使大家有点时间，想想问题，谈谈国事，看看书，干点于老百姓有益的事，还要有空玩玩，才算是有点做人的味道。现在看来，这些道理也不乏其时代价值。有了这"六大解放"，才能把真理性认识推向深入，人的创造力才能充分发挥出来。在学习实践中要保有"日新"精神，"苟日新，日日新，又日新"。② 以不息为体，以日新为道，解放思想、改革开放、

---

① 习近平：《在纪念陈云同志诞辰110周年座谈会上的讲话》，《光明日报》2015年6月13日第2版。
② 《礼记·大学》。

创新驱动、科学发展，不断开创各项工作的新局面。

三　求真与有用
——真理与价值

（一）真理一定是有用的
——真理与价值的辩证统一

哲学上的价值是揭示外部客观世界对于满足人的需要的意义关系的范畴，是指具有特定属性的客体对于主体需要的意义。价值泛指客体对于主体表现出来的积极意义和有用性。西红柿原本生长在南美洲原始森林中，因为好看才被移植到英国皇家花园里，但一直无人敢吃。直到一位画家勇敢地吃了它，不仅味美且没有中毒，才被人们普遍种植。可见，西红柿的审美价值与实用价值是随着人们的实践和需要而被发现与实现的。

真理是人们对客观事物及其规律的正确反映，能够正确指导人们的实践，在改造世界的活动中获得成功，因而它是"有用"的。

真理是就真实性和正确性而言，价值是就有用性、利益性而言，二者既相互区别，又相互联系。

在真理问题上，必须批判实用主义真理观。在认识真理思想内容客观性的同时，还必须正确认识真理形式的主观性。我们既不能把真理思想内容的客观性等同于客观对象的客观性，把真理当作客观实在，又要反对唯心主义否认客观真理的错误观点。实用主义所鼓吹的"有用就是真理"，是主观真理论的一个典型。胡适认为，真理是"人造出来供人用的"，正"因为它大有用处"，所以才叫它"真理"。实用主义者把"有用"和"真理"完全等同起来，从根本上否认了客观真理的存在。即把真理的客观性和价值性等同起来，以真理的价值性取代了真理的客观性，否认了真理的客观本质。

真理和价值相互渗透、相互引导。

真理和价值相互渗透，相互引导。真理对价值的引导作用是指真理的不断发展引导着人们提出新的相关的价值追求，真理本身也具有价值并推动价值的发展。从真理走向价值是真理发展的必然趋势，也是价值实现的必要途径。真理是人类实践活动中的一个内在环节，人们追求真理的目的，就是用真理指引自身的活动，从而有效地改造社会和自然，满足人的价值要求。真理能够引导人们通过实践而创造价值。这种由真理向价值的运动，不仅是实践活动的要求，同时也是真理发展的要求。

价值对真理的引导作用主要体现在：正确的价值目标的确定，必然推动人们深入全面地揭示客观真理；价值的客观实现必然进一步扩大和深化人们对真理的追求。这主要是因为价值目标、价值要求对发现和认识真理具有引导作用，并且已经实现了的现实的价值对人们继续认识新的真理也具有引导作用。

真理和价值是具体的历史的统一。认识真理是实现价值的前提和基础；实现价值是认识真理的动力和归宿。真理和价值在一定条件下是具体的，人们不可能一次穷尽真理，也不可能一次满足全部价值要求。真理和价值的统一又随着实践的发展而发展，实践中不断出现的新的价值目标，不断推动人们去探求新的真理和价值。

总之，真理和价值既相互渗透又相互引导，并在二者的同一中共同促进人类的实践不断由较低的水平发展到较高的水平，使二者在实践中实现了具体的历史的统一。

从方法论上看，在实践基础上实现真理与价值的统一，是人类社会进步的内在条件，也是马克思主义哲学的一条基本原则。这一原则，充分体现在马克思主义哲学的科学性和革命性的统一，坚持真理和捍卫人民利益的统一，尊重历史规律和无产阶级及人类解放的统一，也充分体现在社会主义一要发展生产力、二要实现共同富裕的基本原则上。

（二）科学与人文，和而不同
——科学精神与人文精神的统一

科学与人文同源共生互通互动。

华中科技大学教授杨叔子院士认为，科学与人文同源共生互通互动。科学所追求的目标或所要解决的问题是研究和认识客观世界及其规律，是求真。科学是关于客观世界的知识体系、认识体系，是逻辑的、实证的、一元的，是独立于人的精神世界之外的。人文所追求的目标或所要解决的问题是满足个人与社会需要的终极关怀，是求善。我们的活动越符合社会、国家、民族、人民的利益就越人文，就越善。然而，科学与人文是共生的，是互动的，有以人文导向的科学，也有以科学奠基的人文，这就是"是什么"与"应该是什么"的"交集"，即数学上所谓的"交集"。

他强调："科学人文，和而不同。"强调大学人文教育，并不是说重文轻理，而是因为现在重理轻文的势头太重，不得不多强调人文的重要性。其实，科学解决不了方向问题，这要靠人文来解决，但人文也无法解决自身基础是否正确的问题，必须靠科学来帮忙。科学为人文奠定了正确的基础，人文为科学提供了正确的发展方向，两者并行不悖，同等重要，必须同时成为今日"大学之道"的灵魂。

科学精神的关键在于质疑和批判，其目的在于创新。人文精神包括担当和关怀，其目的在于履行历史责任，贡献于国家和民族的发展。科学精神和人文精神是辩证统一的。就辩证性而言，科学精神是以严格的规律为前提，考察事物的客观面自然面，有着永恒的不可改变性；人文精神研究的是事物的社会性，社会性不是一成不变的，随着时间的推移和社会的进步，体现为不同的状态；就统一性而言，无论自然精神还是社会精神，它们在一段时期内都是科学精神的体现，都是正确客观的。同时，社会精神和自然精神也相互作用相互渗透，共同发展和提高。科学是把"双刃剑"，正确利用能够为人类造福，不当利用则会带来灾难。只有在人文精神的牵引下，科学才能合理利用。

（三）世间一切事物中，人是最可宝贵的
——人的价值与尊严

世界是有规律运动的物质世界。但人作为万物之灵，在世界运动发展中有着特殊的地位和作用。见物不见人，只能是机械唯物论。毛泽东说过，"世间一切事物中，人是最可宝贵的。在共产党领导下，只要有了人，什么人间奇迹都可以创造出来"。

人的价值是人与人之间、人与自我之间的一种相互需要、相互满足的关系。

什么是人的价值？人的价值就是客体的人对主体的人的需要的满足，是客体的人对主体的人的积极作用。人的价值是人与人的相互关系，不是人与物的关系。人的价值是人与人之间、人与自我之间的一种相互需要、

相互满足的关系。在人的价值中，人既是价值的主体，又是价值的客体。

在人与人之间，当一个人或者一些人作为价值主体的时候，从别人那里获得需要的满足，占有和享用别人的积极作用，这种价值属于别人，是别人的价值。当这些人作为价值客体的时候，自己满足别人的需要，对别人发生积极的作用，这种价值属于自己，是自己的价值。也就是说，社会对个人的尊重和满足，是别人的价值。个人对社会的责任和贡献，是自己的价值。无论别人的价值，还是自己的价值，都是作为客体的人的价值，都是人的社会价值。人的社会价值就是客体的人对社会的积极作用。

在人与自我之间，人既是自我的价值主体，又是自我的价值客体。人自己满足自己的需要，自己对自己发生积极作用。人自己对自己的价值叫作人的自我价值。人的自我价值就是人自己满足自己的需要，自己对自己的积极作用。人的自我价值是人的价值的重要组成部分。主张人的自我价值的意义，就在于主张自食其力，自力更生，加强自我修养，不断发展自己，不断完善自己。

人的价值的主体可以是人类、集体或个人，人的价值的客体也可以是人类、集体或个人。那么，按照人的价值客体来划分价值的类型，就可以分为人类的价值、集体的价值、个人的价值。人类的价值是客体的人类对主体的人类的积极作用，是人类自己对自己需要的满足。人类的价值也可以叫作人类的自我价值。集体的价值是客体的集体对主体的人类、其他集体、个人、本集体的积极作用。一个集体作为客体，对人类、其他集体、个人的积极作用，是集体的社会价值。这个集体对本集体的积极作用，是集体的自我价值。个人的价值是客体的个人对主体的人类、集体、其他个人、自己的积极作用。个人作为客体，对主体的人类、集体、其他个人的积极作用是个人的社会价值。个人作为客体对自己的积极作用是个人的自我价值。歌德说过："你若要喜欢你自己的价值，你就得给世界创造价值。"张海迪说，人的价值在于奉献，而不是索取。

人的生命存在是生存，而"人的尊严"则是生活，生活包含物质生活和精神生活。人的尊严的正面表述可以说是：每一个人都是自主、自决的独立个体，都是具体存在并且具有意义的生命。每个人均有权利为自己维护自己的尊严；每一个人在社会中，均有其一定的社会价值，每个人都有权主张自己应受到充分的尊重。法律面前人人平等，机会面前人人平等，人格尊严一律平等。因此，国家不能为了成就特定人的目的，而将任何人当成达成目的的手段，人尤其不能被贬抑为单纯仅受国家行为支配的客体，而在根本上损及其作为一个人的主体性，包括了他的自主、自决及自治权力。

（四）大道同源，人生指南
——实事求是与学《易》致用

在实际工作中，如何坚持真理与价值的统一？大道相通。在这里，中国古老的《易经》能够给我们以有益的帮助和启迪。

关于《易经》的定性问题，历来是见仁见智。笔者认为，《易经》最基本的内容，是"尊天循道"的朴素唯物论，"阖辟通变"的中国式辩证法，"三材交感"的古代信息论，"居正持中"的政治伦理学与"穷神知化"的传统预测学有机结合、融为一体，简称为"五位一体"论。

《易经》是朴素的唯物论。这是因为，它承认有客观存在的"道"，天有天道，地有地道，人有人道。三才之道中，天道地道是基本的，人道是受天地之道制约的，而"一阴一阳之谓道"，这就是说主观辩证法——人的变化之道是服从于客观辩证法——天地变化之道的。从其认识路线来看，《易经》的成卦，是观物取象的方法，所谓"仰观、俯察、近取"，这是"从物到感觉和思想"的唯物主义路线。

《易经》是中国式的辩证法。毛泽东指出："辩证法的宇宙观，不论在中国，在欧洲，在古代就产生了。"[1] 众所周知，《易经》的辩证法思想十分丰富、深刻。《易经》内容繁杂、涉及广泛，但却集中体现道统一的哲学原理：阴阳变化的规律。正如朱熹在《周易本义〈序〉》中所说："六十四卦、三百八十四爻，皆所以顺性命之理，尽变化之道也。"《易经》辩证法与西方辩证法实质一致而特色相异，《易经》辩证法自成体系，且每一卦就是一个辩证命题，是中国古代辩证法思想的集大成者，也是中国几千年辩证法思想的源头活水。

《易经》是古代的信息论。信息是同世界的物质过程、能量过程紧密联系在一起的普遍现象，它是系统内部和系统之间通过相互联系而实现和保留的某一事物的形态、结构、属性和含义的表征。事物之间相互作用，往往在对方身上打上自己的印迹，以另一种形式表现出来，就成为关于该

---

[1] 《毛泽东选集》第1卷，人民出版社1991年版，第303页。

事物的信息。人们常常利用这种信息传递和储存的现象，通过信宿了解信源，以间接的方式观察和推测天文、气象、农作甚至人事的变化趋势。《易经》的象征符号在高度抽象的同时又有着丰富的具体，是人与客观存在及其发展态势之间的一种信息交流，通过物化过程获取可观的物象，使潜在信息显态化，再破译这种物象符号形成对事物发展趋势的判断。信息的本质特征在于它的表征性。《易经》是一套特殊的表征符号，是中华民族的伟大创造，是古代的信息论。正确的决策来自正确的判断，正确的判断需要遵循信息准全原则。《易经》正是主体与客体、现实与未来、意识与无意识、信息与潜信息的交融互动。

《易经》是政治伦理学。《易经》"尊天循道、阖辟通变"，核心却是为了人事。从客观上说，做人处世要遵循三才之道，从主观上说，在特定社会中要服从该社会的秩序与规范。从这个角度来看，作为三才之道的"人道"不能完全与"规律"画等号，在这里把"道"理解为"规则"更确切。它是主观与客观的统一、可能与现实的统一、应有与现有的统一，既是唯物的又是辩证的，所谓"一阴一阳之谓道"。天之规则是阴与阳的结合交替，人的规则是柔与刚的结合交替。《易经》是变易之道，但其中又有不变之道，那就是尊天、居正、持中的思想。所以《易经》的伦理思想是以政事为核心而展开的。"居正持中"的思想是《易经》伦理的核心，在此基础上进一步阐发了自强不息、诚信待时、扶正压邪、居安思危、防微杜渐、以弱胜强、应势通变、中正和谐的思想，不仅体现了政治统治的秩序性、规范性，而且体现了政治斗争的策略性、艺术性。

《易经》是传统的预测学。既然天、地、人各有其道，那么怎样才能自觉地把握和遵循这种"道"行事，从而避免不必要的损失或失误？动物只能用其灵敏的感受器官来判断环境安全与否，而人却能借助于一定的工具来测试事态的利与害。从投石问路、竹竿探路，到观测各种物象变化，利用各种占卜材料获取外界信息的表征物象，最后经过几代人的演练而形成具有"一般与个别统一，抽象与具体统一"的八卦表征符号，体现了人类在探知世界变化规律方面的不懈努力。通过仰观、俯察、近取，形成高度抽象又丰富具体的表征符号，以此来获取事物发展变化的信息，这在本质上和投石问路是一样的。科学发展到今天，世界物质统一论、宇宙全息统一论、意识起源论，以及系统论、信息论、控制论、脑科学等的研究成果，完全可以对《易经》预测作出唯物的科学的解释。所以，观

《易》可以知得失、明进退、识荣辱，有所为，有所不为。

马克思主义哲学阐明了实事求是的基本原理，《易经》则揭示了在实际生活中如何"实事求是"。

台湾作家龙应台说："就我个人体认而言，哲学就是，我在绿色的迷宫里找不到出路的时候，晚上降临，星星出来了，我从迷宫里抬头往上看，可以看到满天的星斗；哲学就是对于星斗的认识，如果你认识了星座，你就有可能走出迷宫，不为眼前障碍所惑，哲学就是你望着星空所发出来的天问。"[①] 如果说马克思主义哲学阐明了实事求是的基本原理，《易经》则揭示了在实际生活中如何"实事求是"，是生活的北斗星，人生的指南针。

四　读万卷书，行万里路
——坚持"知行合一"

（一）耳闻不如目见，目见不如足践
——间接经验与直接经验

直接经验是指亲身参加变革现实的实践而获得的知识；间接经验是指从书本或别人那里得来的知识。

辩证唯物主义的认识论，一方面强调直接经验的重要性，因为认识来源于实践，只有从亲身的实践中得到的直接经验才是获得的真知。但是一种经验，对自己来说是直接经验，对别人来说就是间接经验，没有直接经验就没有间接经验。更重要的是很多问题必须有亲身实践的体会，才会理解得深刻。你要知道梨子的滋味，就必须亲自尝一尝。从工作方法上来说，也必须有亲身的实践，才能把上级的指示和本部门的具体情况相结合起来。所以直接经验是很重要的。另一方面，又不能否认学习间接经验的重要性，因为一个人的实践总是有限的，一切事情都靠自己直接经验是不可能的。事实上，一个人所接受到的知识，绝大部分都是间接经验的东西。转益多师是吾师。孔子说过，三人行必有我师焉。为了继承历史遗留下来的精神财富和学习外域的知识，接受间接经验是完全必要的。每代人都把前人的

---

① 龙应台：《我们为什么要学习文史哲》，《新华文摘》2014年第11期。

认识当作自己认识的起点，又都以自己的认识成果充实人类知识的宝库，作为下代人认识的基础。人类通过世世代代的知识积累和交流，推动着认识的发展。如果每一代人都摒弃前人的认识成果，一切都从头开始，那么人类的认识就会永远停留在原始的最低水平上，得不到发展和提高。牛顿曾说过：如果说我比别人看得远些的话，"是因为我站在巨人的肩膀上"。

一个人的知识，包括直接经验和间接经验两部分，真正的经验都是从实践中获得并经过实践检验的。

耳闻不如目见，目见不如足践。一个人的知识，包括直接经验和间接经验两部分，而真正的经验都是从实践中获得并经过实践检验的。人们在接受间接经验时，多少要以自己的直接经验为前提，要真正理解间接经验，还有待于自己的实践。因此，在人的认识过程中，在实践中取得直接经验和虚心学习间接经验是一致的，是缺一不可的。只有把学习间接经验与直接经验有机结合起来，才能保障我们认识活动的源头活水永不枯涸。所谓"读书破万卷，下笔如有神"。正如朱熹在《观书有感》中所写的：

> 半亩方塘一鉴开，
> 天光云影共徘徊。
> 问渠那得清如许，
> 为有源头活水来。

（二）知难行易与知易行难
——知与行的对立统一

知行合一是辩证的哲学思维，也是一种方法论。

"知难行易"还是"知易行难"？这是宋明儒学理学家们争论的重大议题。传统的"知行"观强调的是"知行合一"，如朱熹所概括的那样，它所说的"只有两件事：理会、践行"。具体说来就是，"知与行，工夫须著并到。知之愈明，则行之愈笃；行之愈笃，则知之愈明。二者皆不可偏废。"① 明中期哲学家王阳明也是坚持"知行合一"论。知，可以解释

---

① 陈嘉明：《儒家知行学说的特点与问题》，《学术月刊》2013年第7期。

为认知，也可以解释为知识。行，就是实践、履行。王阳明认为，知和行并不存在谁难谁易，他倡导的是一种体验哲学。你应该去经历、去体验，然后获得知识，再以知识为指导，接着去体验去经历去感知，这样，你的知识就是无止境的。这是一种知与行相结合的观点，也是一条思想解放的路子。因为不管是"知难行易"还是"知易行难"，最终都会走到一个极端去。但知行合一不同，知行合一是没有止境的。你可以把知行合一看作一种辩证的哲学思维。同时你也可以把知行合一看作一种方法论，这种思维在体验和学习中不断积累成长永远没有止境。

当然，我们也要看到中国传统知行观的局限。他们所说的"知"往往偏重道德良知，而非理性知识。在王阳明那里，这种道德知识论表现得最为典型。在他看来，"良知"乃是唯一的真知。因此，他断言："良知之外，更无知，致知之外，更无学。"① 显然，这种"致良知"说，排除了对外部事物的认识。

马克思说："一步实际运动比一打纲领更重要。"② 习近平指出："实干兴邦，空谈误国。"③ 一分部署，九分落实。李克强也强调，喊破嗓子，不如甩开膀子。就生态文明建设而言，我国早就具备丰富而优秀的生态环境思想，可是几千年来生态环境却持续遭到破坏，究其原因，一个重要方面就是知与行的严重脱节，先贤们的抽象思想与百姓的生存实际严重脱离。一句不践行，万卷成空文。为此，今天要搞好生态文明建设，建设"美丽中国"，必须形成理论家、政府、企业和普通公民的强大合力，转变思想理念，转变发展思路，转变发展方式，转变生活方式，公其心、正其知、端其行，从我做起，从现在做起，从点滴做起，把科学的生态理念化作人们的自觉行动。

（三）在游泳中学会游泳
——理论与实践的统一

古人说"读万卷书，行万里路"。读书与行路都能使人开阔眼界，增长知识和能力。读书是获取间接经验，行路则是获取直接经验。读书是静

---

① 陈嘉明：《儒家知行学说的特点与问题》，《学术月刊》2013年第7期。
② 《马克思恩格斯选集》第3卷，人民出版社2012年版，第355页。
③ 《在中央经济工作会议上的讲话》2012年12月15日，载中共中央文献研究室《论群众路线——重要论述摘编》，中央文献出版社2013年版，第127页。

态的，行路是动态的，书中知识有限，只有行路眼观耳识才能补其不足。

有时候"行万里路"要比"读万卷书"还要重要。所谓"行路"就是在实践中学习。人类进化是从行路开始的。从树上到了地面，我们的祖先首先学会的是行走。行走的目的是获得更多的食物，为了寻找安全的栖息地，同时也开阔了眼界，学到了很多有用的知识。大禹是在随父治水中悟到了"宜疏不宜堵"的治洪原理。孔子非常重视实践在学习中的作用，并通过周游列国治国安邦来印证所学。李时珍、徐霞客、马可波罗、达尔文、哥伦布都是靠"行路"写出了宏伟巨著或取得重大发现。可见，"行万里路"较"读万卷书"要重要得多。

读书一方面能够使我们增长知识，学习到别人的经验，但同时也给你的头上加了一道"紧箍"。"读万卷书"之后，只有"行万里路"，走出去亲自看一看，体验一下书中描述的情景，你才会发现书中所说的不及体验的十分之一，同时也使你理解了作者对这种情景的感受并同自己的感受加以比较，从而扩充你的知识，只有这时读书的效果才能体现出来。就是说不但要多读书，还要多出去走走，多看看。不能读死书，要把书中的道理和实践联系起来。

读万卷书和行万里路都是成长、学习的方法。

读万卷书和行万里路都是成长、学习的方法。读万卷书是通过书本知识（理论知识、间接经验）来丰富自己的学问；行万里路是通过亲身体验的方式（直接经验）来增长自己的见识。

有些知名学者也说出了"行万里路"胜"读万卷书"的道理。例如，著名的教育家陶行知先生，早期就认为要先"知"然后"行"，所以以前他叫陶知行。后来他认为要先"行"然后"知"，所以又更名为陶行知。

俗话说，在游泳中学会游泳。读万卷书，是指要努力读书，让自己的才识过人。行万里路，是指让自己的所学，能在生活中体现，同时增长见识，也就是理论结合实际，学以致用。毛泽东指出："我们的结论是主观和客观、理论和实践、知和行的具体的历史的统一，反对一切离开具体历史的'左'的或右的错误思想。"[①]

[①] 《毛泽东选集》第 1 卷，人民出版社 1991 年版，第 296 页。

"要么读书，要么旅行，让孩子们的身体和灵魂总有一个在路上。"这是 2013 年 11 月第十一届"全国基础教育学习论坛"上一位嘉宾的发言，也是国内外与会者的共识："读万卷书，行万里路"的教育理念永不过时。

第七讲

自由、必然与人的解放

一 会当凌绝顶，一览众山小
——从必然王国到自由王国的飞跃

（一）庖丁解牛，游刃有余
——必然与自由是相对的

自由是指对必然的认识和对客观世界的改造。

必然是指客观事物的本质和规律，而自由是指对必然的认识和对客观世界的改造。必然和自由是一对相互矛盾的范畴，它们之间是对立统一的关系。

首先，它们是相互对立的。必然是客观规律，是外在的约束，对人类主观而言，必然的存在是一种"不自由"。而自由是人类对于规律的掌握和运用，是主观的自我意志，是主观的"随心所欲"。

同时，必然与自由又是辩证统一的。必然是相对于自由而言的，是人类主观意志对于客观世界的感受。没有人类的主观理解力，也就无所谓必然。而自由也不能脱离必然而独立存在，必须以必然性为前提。没有必然就无所谓自由。

自由是对必然的认识。只有认识和掌握了必然，人类才会有自由。违背必然的所谓"自由"，不是真正的"自由"，而是盲动。这种盲动，由于违反了自然规律，必定会受到规律的惩罚，因而最终是不自由的。科学认识和正确掌握了必然，人类才会在必然中自由行动。这是真正的自由。庖丁只有正确认识和掌握了牛的生理结构，解牛时才能"游刃有余"。人类只有掌握了运动规律和宇宙结构，才能自由地翱翔于太空，才能"可上九天揽月"。

自由也必须通过对世界的改造而得到。要认识自然，认识必然，必须通过改造自然的途径获得，除此别无他途。在改造自然的过程中，不断发现真理，发现规律，不断逼近真理，逼近规律，也不断掌握真理，掌握规律。这就是认识必然的过程，也是获得自由的过程。"自由不在于幻想中摆脱自然规律而独立，而在于认识这些规律，从而能够有计划地使自然规律为一定的目的服务……自由就是在于根据对自然界的必然性的认识来支配我们自己和外部自然"[①]。

（二）拔剑四顾心茫然
——事物在被认识之前都是必然王国

"必然王国"和"自由王国"是两个相对的概念。

必然王国，是指人们没有掌握自然界和社会历史发展的客观必然性之前，行为活动受自然界和社会领域盲目力量支配和奴役，不能自觉有效地改造世界、创造历史的状态。

自由王国，是指人们认识和掌握了社会历史的必然性与规律，从自然界和社会领域的盲目力量的支配与奴役下解放出来，成为自然界和社会的主人，能自觉地创造自己的历史的状态。

<u>必然王国是人受物支配的社会状态，自由王国是人支配物的社会状态。从必然王国向自由王国是一个历史发展过程。</u>

简言之，必然王国是人受物支配的社会状态，自由王国是人支配物的社会状态。

在社会历史中，必然王国指人受盲目必然性的支配，特别是受自己所创造的社会关系的奴役和支配的社会状态；自由王国指人自己成为自然界和社会的主人，摆脱了盲目性，能够自觉地创造自己历史的社会状态。

拔剑四顾心茫然。事物在被认识之前都是必然王国。从必然王国向自

---

① 《马克思恩格斯文集》第9卷，人民出版社2009年版，第120页。

由王国是一个历史发展过程。认识必然、争取自由，是人类认识世界和改造世界的根本目标。"人类的历史，就是一个不断地从必然王国向自由王国发展的历史。这个历史永远不会完结……人类总得不断地总结经验，有所发现，有所发明，有所创造，有所前进。"①

唐代诗人杜甫在《望岳》中有这样的豪迈诗句："会当凌绝顶，一览众山小。"意思是说，定要登上泰山的顶峰，那时俯瞰群山会是多么渺小！宋代诗人王安石也写道："不畏浮云遮望眼，只缘身在最高层。"② 是的，站得高，才能看得远。就人类社会整体而言，一旦社会占有了生产资料，生产的无政府状态为有计划的自觉的组织所代替，"一直统治着历史的客观的异己的力量，现在处于人们自己的控制之下了。只是从这时起，人们才完全自觉地自己创造自己的历史；只是从这时起，由人们使之作用的社会原因才在主要的方面和日益增长的程度上达到他们所预期的效果。这是人类从必然王国进入自由王国的飞跃"。③ 就具体问题而言，任何一个客观规律一经被认识和利用，就是实现了一个从必然王国进入自由王国的飞跃，不过在阶级社会里会受到严重的限制和束缚，只有到了社会主义社会才较为顺利。但是，必然王国仍将存在，还要不断地由必然王国向自由王国发展，这个过程永远不会完结。

（三）不入虎穴，焉得虎子
——实践是通往自由王国的桥梁

《后汉书·班超传》里说："不入虎穴，焉得虎子。"意思是说不冒危险，就不能成事。也比喻不经历最艰苦的实践，就不能取得真知。实践是通往自由王国的桥梁。毛泽东指出："'自由是必然的认识'——这是旧哲学家的命题。'自由是必然的认识和世界的改造'——这是马克思主义的命题。"④《易经》中《履》卦的卦辞说："履虎尾，不咥人，亨。"意思是说，跟在老虎尾巴后面走路，老虎却没有回头咬人，亨通顺利。履就是践履的意思，践履就要胆大心细、有勇有谋，敢作为而又善作为。

实践是人们改造客观世界的一切活动。人类为了生存，通过实践活动

---

① 《毛泽东文集》第8卷，人民出版社1999年版，第325页。
② 王安石：《登飞来峰》。
③ 《马克思恩格斯选集》第3卷，人民出版社1995年版，第758页。
④ 《毛泽东著作选读》下，人民出版社1986年版，第485页。

认知自然规律，主动回避各种可能的灾难，与其他动物消极适应自然的本能活动有着根本的区别；人类为了能像鸟类一样在天空展翅飞翔，像鱼类一样在水中自由来往，利用已知的客观规律，从事生产活动，处理社会关系，探索科学规律，发明和创造各种形式的物质工具、精神食粮以及处理社会关系的规章制度，不断拓展自由的生存空间，丰富人类的物质和精神生活。

<u>在正确的思想引导下，人类的每次重要实践活动，都极大地推动了社会经济快速向前发展，拓展了人类自由生存的空间。</u>

从人类社会发展史来看，在正确的思想引导下，人类的每次重要实践活动，都极大地推动了社会经济快速向前发展，拓展了人类自由生存的空间。

第一次工业革命，从17世纪英国的棉纺织业开始，以18世纪欧洲普遍使用蒸汽机为标志，到资本主义制度的确立为止。给人类社会带来了很多新的机械，节省了大量劳动力，使生产方式发生了巨大的变化，产品一下子丰富起来。但是，人对自由生存的追求是无止境的，紧接着而来的第二次工业革命，1870年以重工业变革开始，以电力的应用为标志，以产业结构的巨大变化而告终。不仅传统的钢铁工业、机械加工业发生了根本性的变化，而且兴起了电气、汽车、石油等一系列工业，出现了火车、汽车、电信、电报、电话等，缩短了人际间的距离，发明了抗生素等新药，改善了卫生环境，延长了人的寿命，人类的物质和精神生活质量得到了巨大的改善。汽车的发明让人类在陆地上获得了更多的行走自由，轮船的发明让人类在江湖河海中获得了更多的生存空间，飞机的发明让人类实现了在天空中自由翱翔的梦想。

当今世界，以计算机、互联网等信息技术为代表的新一轮工业革命，呈爆炸式发展，不再像以前那样经常出现石破天惊的伟大发明，如蒸汽机、轮船等专用工具，而是持续迅猛递进发展，分秒都在悄悄地变化着，无休止地拾级而上。无论软件和硬件系统，每天都有新的发明，由于转变太多太快，已察觉不到哪是突破。信息科技革命的新发明，其应用很普遍，人们的工作生活，无孔不入，使世界焕然一新，让人类的生活越发自由自在。

在我国，经历了十年浩劫之后的1978年，开展了一场关于实践是检验真理唯一标准的讨论，国人充分认识到实践对认识的决定作用，实践是检验真理的唯一标准。解放思想，改革开放，使我国的经济社会迅猛发展，体制改革稳步推进，政治局面稳定，人民生活水平不断提高，民主与法制不断进步。30多年来，国民经济保持平稳快速发展，成为当今世界经济发展的奇迹。人民也由此感到精神桎梏得以卸下，自由生活的空间在不断拓展。

在人类探索自然界奥秘的历史长河里，如果没有沃森、塞尔维特、达尔文敢于冒犯"神明"，我们又怎能知道"分子螺旋结构""血液循环论"和"物种进化"？倘若没有牛顿发现"万有引力"、哥白尼提出"日心说"，我们又怎能知道地球和宇宙的规律呢？假使没有贝尔发明电话、爱迪生发明电灯和留声机，人们又怎能知晓电力应用的广泛性呢？没有瓦特发明蒸汽机，人类将如何由手工劳动走向机械劳动？没有前人的科学实验和探索，人类就不可能站在巨人的肩膀上，从迷惘的自然走向自由的未来。

人类正是立足在自然世界与人类社会中，在社会发展的各个历史阶段，有意识和有目的地进行生产活动、科学实验、处理社会关系等实践活动，一步一步地推动人类社会的历史变迁和进步：从渔猎时代走过农业时代、工业时代到达信息时代；从原始社会走过奴隶社会、封建社会到达当今资本主义社会和社会主义社会共存的格局；从地心说到日心说，从中国古代"四大发明"到宇宙飞船的发明，从牛顿"力学三定律"到爱因斯坦的"相对论"，从算盘到计算机；从开发自然资源到注重环境保护，从封闭到开放，从禁锢到自由。

人类的一切实践活动，无论对错，其最终结果都会赋予我们一个正确的答案。人类也正是在不断的实践活动中，越来越认识到和平相处共同发展、保护生态环境发展循环经济、以人为本、积极探索未知世界、不断拓展自由生存空间的科学发展观。因此，只有在正确思想指导下的实践，人类才能从必然王国走向自由王国。"社会的发展到了今天的时代，正确地认识世界和改造世界的责任，已经历史地落在无产阶级及其政党的肩上。……无产阶级和革命人民改造世界的斗争，包括实现下述的任务：改造客观世界，也改造自己的主观世界——改造自己的认识能力，改造主观世界同客观世界的关系。"[①]

[①] 《毛泽东选集》第1卷，人民出版社1991年版，第296页。

二 我们的出发点和落脚点是人
—— 人的解放和人的全面发展

（一）"每个人的发展是一切人的发展的前提"
—— 人的解放及其过程

人类的进化是一个长期而缓慢的过程。当人类从动物界分离出来，由自然界进化到社会领域，开始了创造性的劳动，在不同形式和不同程度上开展着生产斗争、阶级斗争（阶级存在的历史条件下）和科学试验。在这些伟大的斗争中，人类成为了社会历史进程的唯一主体和自我解放的能动力量。回溯历史，整个人类社会的发展，呈现出一个从低级到高级、由自发到自觉的历史过程。对自然的改造程度和社会的发展程度，是人类衡量社会历史进步的客观尺度。社会生产力水平和科学技术成就，成为人改造自然的标尺。于是人类社会的经历被划分为石器时代、铁器时代、铜器时代、手推磨时代、机器工业时代、电子信息时代等；同样，旧的生产方式为新的生产方式所代替，成为社会发展的标尺。出现了原始社会、奴隶制社会、封建制社会、资本主义社会和社会主义社会（初级阶段），将来还会出现共产主义社会，并不停顿地向前发展。每一社会阶梯，都是一种历史的必然，是人类社会发展的一个必经阶段。因而，在客观上也都是人类的一次解放。

人类社会的历史，也是人类自我解放的认识史。

人类社会的历史，也是人类自我解放的认识史。处在野蛮时代的原始初民，对客观世界的改造能力和认识能力十分低下，几乎完全受着自然力的支配，氏族制共同体是他们赖以生存的唯一社会前提，维护氏族的存在与发展是他们的最高价值目标。他们从恐惧自然到图腾崇拜，产生了原始宗教；他们把自己在生存中所受自然压迫而产生的现实苦难，寄希望于回归自然去得到解脱。在原始人类中产生了对自己未来命运的虚幻追求，用被扭曲的幻想、荒诞与神秘来实现"自我解放"，但最终结果只能是顺应氏族制的解体而进入奴隶制的文明时代。从此，人从受纯粹自然的统治过渡到了人对人的统治状态。这是人类一次重大历史性的进步。

历史事实证明，这种以神解放人的追求，人类非但得不到真正解放，恰巧相反，宗教式的种种说教，成为了长期阻碍人类谋求解放的精神枷锁。当欧洲历史进入到工业文明时代，为适应资本主义经济社会发展的需要，代表新兴资产阶级要求的启蒙思想家们，坚决举起自由、平等、博爱理性主义的旗帜，发起了向封建专制神性主义的进攻。一种信奉"天赋人权"的思潮勃然兴起，以人的权利神圣不可侵犯为由建立起"人的宗教"，这标志着人类自我解放的追求进入到了一个新的历史阶段。用历史的眼光来看，这些思想在反对整个欧洲封建专制主义的政治大革命中起了非常革命的作用。但是，历史又很快证明，这些18世纪伟大的思想家，没有能够超出他们自己的时代的限制。"这个理性的王国不过是资产阶级的理想化的王国；永恒的正义在资产阶级的司法中得到实现；平等归结为法律面前的资产阶级的平等；被宣布为最主要的人权之一的是资产阶级的所有权；而理性的国家、卢梭的社会契约在实践中表现为，而且也只能表现为资产阶级的民主共和国。"[①]

人类在从奴隶制到封建制解体的几千年时间里，奴隶和农奴、手工业者和小商人等广大民众，无不是在奴隶主、封建主的残酷剥削与压迫下痛苦求生。以各种形式反对人身奴役，挣脱人生的苦难，成为劳苦大众的普遍要求。他们经过无数次斗争和失败之后，于是在西方产生了一种反映这种要求的消极意识形态，即基督教的兴起。把现实的苦难，寄托于上帝的解决，用神的统治代替人的统治，形成了欧洲历史上被称为"中世纪黑暗统治时代"的精神支柱。恩格斯在揭露这种神对人统治的本质时指出："这种统治文明人类的绝大多数达一千八百年之久的宗教，是骗子手凑集而成的无稽之谈，是帮助罗马世界专制皇帝的最好手段。"

从自然宗教到基督教，再到理性主义的"人道"，都具有时代的局限性和阶级局限性。原始宗教不过是人类受"自然统治"的结果；基督教义是神化了的人对人的统治；而人的理性解放，不过是实行被物化了的资本对劳动的奴役。所有这些关于"人的解放"学说，实质上都是人受奴役和被统治的形式在观念形态上变换的反映，它并不能引导人类谋求真正的解放。历史向人们提出了这样的问题：到底什么是全人类的真正解放？

[①] 恩格斯：《反杜林论》，载《马克思恩格斯选集》第3卷，人民出版社1995年版，第720页。

资本主义果真是人类生存的最终理想社会形式吗？18世纪以后发展起来的资本主义现实作出了否定的回答。

马克思根据亲身目睹的现实，重新开始寻找关于人的解放的科学答案。1843年他在《论犹太人问题》《〈黑格尔法哲学批判〉导言》等文中，对无产阶级人的解放的思想作了最初的论述：资产阶级作为追逐私利、奴役工人的力量，已使它发起的"政治解放"陷入不可解救的矛盾之中，法国大革命不过是资产阶级解放的实现。而真正的人的解放，只有诉诸无产阶级，通过"社会革命"，消除政治国家和市民社会之间的横沟，把社会变成为一个有机整体，才能实现。这个在当时多少带有抽象思辨的论述，表达了马克思后来一直始终坚持的、无产阶级人的解放的重要原理。《共产党宣言》《资本论》《法兰西内战》《哥达纲领批判》等重要著作，对之作了系统而科学的论证。马克思以唯物辩证法和历史唯物论为武器，站在人类社会历史总体发展的高度，建立起了无产阶级和全体劳动者关于人的解放的理论大厦。

探求大工业时代的人的解放是马克思终生的理论主题。从这一主题出发，马克思揭示了造成资本主义社会人的异化的社会根源，并指出了人和人类社会的理想目标和必然归宿，即全人类摆脱盲目的自然力、社会关系以及旧思想、旧观念的束缚，通过无产阶级革命变革社会关系，建立共产主义从而实现人类的解放的道路。这就是马克思主义关于人的解放的本质内涵，也是马克思主义社会发展观的深层本质。如果说"自由、平等、博爱"曾经是资产阶级社会发展的旗帜的话，那么实现"人的全面而自由的发展""每个人的发展是一切人的发展的前提"则是马克思主义人的解放的旗帜。

<u>人的解放学说是马克思社会发展理论的重要部分，也是马克思主义社会发展理论的核心内涵。</u>

马克思在《德意志意识形态》中，明确地把唯物史观界定为"现实的人及其历史发展的科学"。恩格斯在晚年所著的《路德维希·费尔巴哈和德国古典哲学的终结》中，对马克思主义哲学也作出这样的论断："关于现实的人及其历史发展的科学。"人的解放学说是马克思社会发展理论的重要部分，也是马克思主义社会发展理论的核心内涵。在马克思看来，人的全面自由发展作为人类自身发展的理想状态，是社会历史进步的必然

趋势。通过对人类社会以往历史的考察以及对未来社会的天才性的设想，通过对现实的人及其本质的深刻研究，马克思不仅科学地揭示了人的解放的含义，而且阐述了人的解放的具体的历史过程。

共产主义理想与其他抽象理想的根本区别，在于它不是空想，而是建立在马克思主义唯物史观和剩余价值学说基础之上的，符合人类历史发展客观规律，具有历史的、客观的必然性。实现共产主义，标志着无产阶级和全人类的彻底解放，个人得到自由全面的发展。正是这一崇高的理想，激励着千千万万共产党人为实现共产主义前仆后继、英勇奋斗。1928年3月，革命烈士夏明翰为了崇高的理想，从容赴死。他临刑前写下了《就义诗》：

砍头不要紧，
只要主义真，
杀了夏明翰，
还有后来人！

马克思的理想社会的实质性目标，可以归纳为以下三条：（1）生产力的高度发达，物质的极大丰富；（2）社会每一个成员，在其成长和发展过程中的机会公平、公正；（3）社会每一个成员个性自由全面发展基础上的全人类解放。至于如何衡量、检验或标识这些目标是否实现了，马克思也提出三条检验标准，这就是：（1）是否消灭了城乡差别；（2）是否消灭了工农差别；（3）是否消灭了体力劳动、脑力劳动的差别。"实现物质财富极大丰富、人民精神境界极大提高、每个人自由而全面发展的共产主义社会，是马克思主义最崇高的社会理想。"[①]

马克思曾把人的发展过程概括为由低级向高级演进的三个历史阶段。第一个历史阶段是人的依赖关系占统治地位的阶段。第二个历史阶段是以物的依赖关系为基础的人的独立性阶段。第三个历史阶段是"建立在个人全面发展和他们共同的社会生产能力成为他们的社会财富这一基础上的

[①] 胡锦涛：《在"三个代表"重要思想理论研讨会上的讲话》，人民出版社2003年版，第7页。

自由个性"① 的阶段。这第三个阶段也就是生态文明与社会文明协同进步的阶段，也就是由"必然王国"进入"自由王国"的阶段。

（二）"人也按照美的规律来塑造"自己
——人的解放和人的全面发展

古往今来，一切优秀的思想家、哲学家、教育家，都特别看重人的发展。马克思当然属于这一类思想家、哲学家。马克思更为高明的是，他既从人来看人的发展，又从社会的发展来看人的发展，并且，他认为人的充分发展是在生产力充分发展的历史进程中实现的。因此，其社会理想是以人的发展为核心的、人的发展与生产发展相协调的理想。

共产主义是什么？共产主义者所向往的是什么？马克思、恩格斯的回答：那是"每一个成员都能完全自由地发展和发挥他们全部才能和能力"的社会；那是一个以"每个人的全面而自由的发展为基本原则的社会形式"；"个人的全面发展只有到了外部世界对个人才能的实际发展所起的推动作用为个人本身所驾驭的时候，才不再是理想、职责等等，这也是共产主义者所向往的"。人的发展在未来社会理想中的核心地位及这一理想得以实现的"为个人本身所驾驭"得到保障的生产力发展水平，是彼此紧密联系在一起的两个方面。

人的全面发展的程度，是一个国家综合国力的重要体现，也是一个国家文明程度的重要标志。

人的全面发展的程度，是一个国家综合国力的重要体现，也是一个国家文明程度的重要标志。社会发展由人推动，同时，社会发展的根本目的也直接指向于人。努力促进人的全面发展，是马克思主义关于建设社会主义新社会的本质要求。

有学者以为马克思的全面发展学说只是从社会关系去看的。这其实是一个误解。马克思说过："人也按照美的规律来塑造"自己；"自由自觉地活动恰恰是人的类的特性"；人是"把自己的生活活动本身变成自己的意志和意识的对象"的生命体；"人的根本就是人本身"；"人是人的最高本质"……这些话完全可以澄清这种误解。这些基本的看法是如何与社会变

---

① 《马克思恩格斯全集》第 46 卷上册，人民出版社 1979 年版，第 104 页。

革联系起来的呢？"德国惟一实际可能的解放是从宣布人本身是人的最高本质这一理论出发的解放"，"德国人的解放就是人的解放"。这是十分明确的回答，对社会问题考虑的立足点是人，人的解放，人的发展。这样明确的结论，这样重要的理论，显然是对德国以外的任何国家都有效的。

（三）心态决定一切
——建立人类心态新秩序

人类已迈入新的千年，历史进入了21世纪。一日之计在于晨，一年之计在于春。那么，在新千年的第一个世纪，人类该如何筹划呢？以笔者之见，21世纪作为新千年的开端，首先要确立健康的人类心态秩序。

之所以强调建立人类心态新秩序，是因为人类在20世纪里心态出现了某种程度的扭曲和畸形。回顾过去的世纪，人类的物质文明取得了长足的进步，但是，百年回首，世界却出现了种种不和谐，人类中心主义膨胀，霸权主义嚣张，种族歧视严重，纵欲主义和享乐主义蔓延，由此造成的人口、环境、战争、疾病……诸种全球性问题困扰着人类，而且在21世纪都将达到极限。为遏制新的失误，迎接新世纪的挑战，就必须建立新的生存与发展秩序。费孝通先生呼吁，必须建立的新秩序不仅需要一个能保证人类继续生存下去的公正的生态格局，而且还需要一个所有人类均能遂生乐业，发扬人生价值的心态秩序。当前世界的形势发展已使人们觉悟到生态秩序的日渐紧张，但是很多人还没有觉悟到更为迫切的心态秩序的危机。而是否建立起健康和谐的心态秩序，关系到人类在21世纪乃至新的千年的生存面貌。

社会的变革，科技的进步，唤起了人们的种种需求和欲望，物欲的失控和私欲的膨胀必然导致心态的失衡。心态失衡的背后，掩盖着人性深层的扭曲和畸形。社会的转型，必然引起人性的裂变和嬗变，人性的裂变犹如原子的裂变一样，既释放出巨大的社会潜能，也带来巨大的负效应。必须加以自觉地调节和控制，才能保障人性沿着健康的轨道演化。

变革社会的过程同时也应该是社会心态的调适与矫治过程。

变革社会的过程同时也应该是社会心态的调适与矫治过程。资本主义的发展带来了人类历史上空前的物质文明，但其掠夺性生产方式和无节制的消费活动将人类的生存状况推向了恶劣的边缘。发展中国家由于体制的缺失和政策的失衡导致分配不公和腐败现象蔓延。社会主义国家的改革既带来了新的发展机遇，也造成了人们心理的剧烈冲突和震荡。因而，心态秩序的调整与经济、政治秩序的重建是相互制约、互为因果的。

只有从根本上确立以人为本、全面、协调、可持续发展的理念，才能建立合理的经济政治秩序；只有确立健康的社会秩序，才能保障正常的生态秩序，从而保障人类的持续和谐发展。经济发展并非是社会发展的全部内涵，而且经济的片面发展反而会破坏社会各方面的协调，最终经济发展也将失去保障。因而，从社会有机发展的角度出发，必须将经济价值与社会价值有机统一起来，使经济、社会、人等诸方面保持协调的发展。

社会的全面协调发展，有赖于三个方面的和谐：人与自然的和谐，即人的活动与自然规律、自然运行的统一；人与人的和谐，即人与人之间、人与社会之间的互相协同、互相促进、共同发展；个体自身的和谐，即个人的生理与心理之间，智慧与道德、情感、意志之间协调完整地发展。

首先，人类必须改变对大自然的对立态度，调节自身的生存方式，在保持人的主体地位的前提下，恢复和保持人的活动与自然运行的统一，由传统工业文明转换为生态工业文明。在古代社会，人们驾驭自然的能力十分脆弱，面对大自然的淫威表现出无能为力。因而古人所追求的"天人合一"境界，只能是消极无为，统一消融于自然。近几个世纪特别是20世纪以来，伴随着人类改造和征服自然能力的提高，使得人类一跃而成为地球的主宰，但是人与自然之间的矛盾也尖锐化了。因为人们统治自然界，绝不像站在自然界之外的人一样，相反地，我们连同我们的肉、血和头脑，都是属于自然界、存在于自然界的。为此，人类必须改变对大自然的传统态度，变革现行的生存方式，在充分发挥人的主体性的前提下，实现人与自然的新的和谐状态。长期以来，人们只是把自然界当作改造和索取的对象，忽视了对它的顺应和补给，结果，随着人类无节制地干预自然活动的不断升级，地球的负载能力却日渐萎缩。面对共同的全球性危机，人类必须增强主体的责任感和义务感，因为目前的危机是人类自身造成的，也只有人类才有能力引导地球上的生命走出困境、摆脱危机。人们在不断提高驾驭和利用自然界能力的同时，还必须发展顺应和保护自然的能力。人性与兽性的区别，不仅表现在如何对待同类上，而且还表现在如何对待异类及其生存环境上。古人倡言："民吾同胞，物吾与也。"须知，人们毫无节制地攫取和耗费自然资源，终有一日，人类也必将被大自然吞噬掉！所以，人类必须增强生态意识，并把这种意识化作内心信念，形成道德规范，把对地球生命系统的维持放到至关重要的地位。

其次，要提高人的整体意识和协作精神，实现人类社会内部的和谐，因为没有人与人之间的和谐，就不会有人与自然的和谐。在古代，人们只是在孤立的范围内或小农经济的狭隘圈子里生存着，彼此的联系十分松散，甚至于"老死不相往来"。但从15世纪哥伦布探险以来，特别是伴随大工业的发展和科学技术的进步，世界市场形成，国际交往频繁，人类之间的联系空前加强。这种联系和制约关系的增强，不仅从经济上和政治上表现出来，而且也从生态或环境上表现出来了；不仅从积极的方面体现出来，而且也从消极的方面显示出来了。面对共同的全球性问题，人类的利益呈现出息息相关的局面。人们必须正确认识和处理人类内部各种利益之间的关系，在尊重和保持个体、阶级和民族的生存的同时，自觉维护人类的整体利益和长远利益。社会和谐发展的内在价值就在于，它能够产生一种整体效应，使每一种个性素质都有恰当的位置，用文用武各司其职，可以大大增强整体的凝聚力和创造力。在剥削制度下，"人对人是狼"，"他人是地狱"。这种对抗的人际关系，不仅造成人的畸形发展，而且严重阻碍了群体素质的提高，破坏了社会的整合，削弱了社会的潜能。人们应当从传统的个人意识中解脱出来，将自己和自己的创造活动视为社会群体的有机组成部分，从发挥群体的功能的角度去认识自己的价值，提高和完善自身的素质。

最后，还要努力促进主体自身的和谐。每一个个性主体要不断增强自我评价能力，有效地驾驭各方面素质，使之循序渐进地协调发展。人们要驾驭自然，同时要驾驭自己，就必须充分发掘自身的潜能，增强主体的智慧。但是，人的智能的发展和运用必须沿着人类利益的正确轨道，而不能违反人的本性。所以人的智能发展必须伴之以道德水平的提高，培养造就"智慧而人道的人"。每个人在发展多方面才能的同时，必须优化各种能力、素质之间的结构，在创造性思维活动的牵引下，在高尚的道德品质规范和驱动下，使各种能力、素质相互补偿、协调发展，提高整体素质。

潘光旦先生曾根据儒家的中庸之道，阐发了"位育论"。位就是安其所，育就是遂其生。事实上，"位"并不是一成不变的，"位"变了，心自然也要变。问题不在于变不变，而在于如何变，往哪儿变。即应该向着合理、健康的方面变。人类在新的世纪，建立新的国际政治、经济新秩序的同时，必须致力于建立健康合理的心态秩序，努力促进和谐世界建设。社会发展倘若脱离了人性的健康轨道，只能加速人类的灭亡。

坐着谈，何如起而行。正如鲁迅先生所说的，改革，要紧的是做。要许多人做：大众和先驱；要各式的人做：教育家，文学家，语言学家……这已经迫于必要了，即使目下还有点逆水行舟，也只好拉纤；无论怎么看风看水，目的只有一个：向前。

三　坚持科学发展，促进社会和谐
——构建社会主义和谐社会

（一）和谐社会，孜孜以求
——构建和谐社会是科学发展观的必然要求

<u>社会主义和谐社会指的是一种和睦、融洽并且各阶层齐心协力的社会状态。</u>

社会主义和谐社会是人类孜孜以求的一种美好社会，马克思主义政党不懈追求的一种社会理想。社会主义和谐社会，是中国共产党 2004 年提出的一个社会发展战略目标，指的是一种和睦、融洽并且各阶层齐心协力的社会状态。2004 年 9 月 19 日，党的十六届四中全会上正式提出了"构建社会主义和谐社会"的概念。随后，在中国，"和谐社会"便常作为这一概念的缩略语。

2005 年以来，中国共产党提出将"和谐社会"作为执政的战略任务，"和谐"的理念要成为建设"中国特色的社会主义"过程中的价值取向。"民主法治、公平正义、诚信友爱、充满活力、安定有序、人与自然和谐相处"是和谐社会的主要内容。

构建社会主义和谐社会，是我们党以马克思列宁主义、毛泽东思想、邓小平理论和"三个代表"重要思想为指导，全面贯彻落实科学发展观，从中国特色社会主义事业总体布局和全面建设小康社会全局出发提出的重大战略任务，反映了建设富强民主文明和谐的社会主义现代化国家的内在要求，体现了全党全国各族人民的共同愿望。

构建社会主义和谐社会，具有重要的理论意义。

提出构建社会主义和谐社会，是对人类社会发展规律认识的深化，是对马克思主义关于社会主义社会建设理论的丰富和发展。任何社会都不可能没有矛盾，人类社会总是在矛盾运动中发展进步的。构建社会主义和谐社会是一个不断化解社会矛盾的持续过程。马克思、恩格斯创立的唯物史观揭示了社会的本质、发展动力和发展规律，使人类的社会和谐理想变成了科学。马克思、恩格斯创立的唯物辩证法揭示了社会系统内各种要素之间的普遍联系、对立统一和相互转化的规律，阐明了社会结构、人与社会、人与自然以及人与人之间的辩证关系。马克思主义认为，未来理想社会是社会生产力高度发达和人的精神生活高度发展的社会，是每个人自由而全面发展的社会，是人与人和谐相处、人与自然和谐共生的社会。这就是说，社会和谐是科学社会主义的题中应有之义。我们党提出"构建社会主义和谐社会"，就是从社会主义初级阶段的实际出发，把马克思主义的社会建设理论与中国实际相结合，逐步将其变成我国社会发展的现实目标和具体措施。把社会和谐明确为中国特色社会主义的本质属性，有利于更全面地坚持科学社会主义的基本原理，有利于更全面地体现党的奋斗目标和全国各族人民的共同理想，从而也有利于更好地建设中国特色社会主义，更好地实现最广大人民的根本利益。它完全符合人类历史发展规律的要求，是党对马克思主义关于社会主义社会建设理论的丰富和发展。

提出构建社会主义和谐社会，是对社会主义建设规律认识的深化，丰富和发展了中国特色社会主义理论。构建社会主义和谐社会，拓展了中国特色社会主义建设的领域，使社会建设成为与中国特色社会主义经济、政治、文化建设具有同等地位的一个崭新层面。中国特色社会主义是一个全面发展、全面进步、全面现代化的社会。党的十三大明确了"三步走"的现代化建设战略部署，并且提出了包括经济富强、政治民主、精神文明在内的"三位一体"的现代化建设总体格局。进入新世纪、新阶段，面对错综复杂的国际形势和不断变化的国内格局，党顺应历史发展和时代变化的要求，正式提出了构建社会主义和谐社会的命题，强调"社会和谐是中国特色社会主义的本质属性"，使社会主义现代化建设的总体布局，由物质文明、政治文明、精神文明建设的"三位一体"深化拓展为包括和谐社会建设在内的"四位一体"。党的十八进一步扩充为包括生态文明在内的"五位一体"的总布局。由此拓展深化了现代化建设的战略格局，反映了党对社会主义本质的新认识、新发展，进一步丰富了中国特色社会主义理论。

提出构建社会主义和谐社会，是对共产党执政规律认识的深化，是党执政理念的升华。中国共产党是中国特色社会主义事业的领导核心。作为一个掌握全国政权并长期执政的党，只有认真研究和掌握执政规律，不断完善执政方略，提高执政能力，才能有效地推进中国特色社会主义事业。构建社会主义和谐社会，进一步体现了党执政的本质要求。党的十六届四中全会把"使党始终成为立党为公、执政为民的执政党"作为强调党的执政能力建设的总体目标之一，要求坚持权为民所用、情为民所系、利为民所谋，实现好、维护好、发展好最广大人民的根本利益，保证人民群众共享改革发展的成果。提出构建社会主义和谐社会，正是立党为公、执政为民这一本质的内在要求。只有通过构建社会主义和谐社会，广泛调动各方面的积极性，妥善协调各方面的利益关系，切实维护和实现社会公平和正义，全体人民能够平等友爱、融洽相处，人与自然的关系处于和谐状态，党执政为民的目的和要求才能够得到更加充分的体现。明确提出构建社会主义和谐社会，反映了党对执政规律、执政方略的新认识，为我们紧紧抓住和用好重要战略机遇期，实现全面建设小康社会的宏伟目标提供了重要的思想指导。

（二）社会和谐，发展归宿
——构建和谐社会是党的战略任务

构建社会主义和谐社会是中国特色社会主义事业"五位一体"总体布局的重要组成部分。

构建社会主义和谐社会还具有十分重要的实践意义。

构建社会主义和谐社会是中国特色社会主义事业"五位一体"总体布局的重要组成部分，及时对构建社会主义和谐社会作出部署，有利于全面推进中国特色社会主义事业。

使社会更加和谐是全面建设小康社会的重要目标，切实做好构建社会主义和谐社会的各项工作，有利于充分调动社会各方面的积极性，抓住和用好我国发展的重要战略机遇期，切实维护和促进改革发展稳定的大局，确保实现全面建成小康社会的目标。

促进社会和谐是中国最广大人民的根本利益所在，把构建社会主义和谐社会的各项任务落到实处，有利于进一步解决好人民群众最关心、最直接、最现实的利益问题，实现好、维护好、发展好最广大人民的根本利益。

社会和谐是应对外部挑战的重要条件，保持国内安定和谐的社会政治局面，有利于增强民族凝聚力和抗风险能力，更好地维护国家主权、安全和发展利益。

总之，构建社会主义和谐社会，是中国特色社会主义事业的有机组成部分，是推进全面建设小康社会的重大战略举措。它关系到最广大人民的根本利益，关系到巩固党执政的社会基础、实现党执政的历史任务，关系到全面建成小康社会的全局，关系到党的事业兴旺发达和国家的长治久安。党要带领人民把中国特色社会主义伟大事业推向前进，必须坚持以经济建设为中心，"五位一体"，统筹兼顾，把构建社会主义和谐社会摆在更加突出的地位。

（三）和谐创建，抓住关键
——抓住构建和谐社会的"和谐点"

开展和谐创建活动，需要把握好"和谐点"，以提高创建工作的科学性和艺术性。

社会主义和谐社会是在党的领导下全体人民"共同建设、共同享有"的社会。中共中央十六届六中全会的《决定》中强调，要"广泛开展和谐创建活动，形成人人促进和谐的局面"。大力开展以和谐社区、和谐村镇、和谐单位、和谐家庭为主要内容的和谐创建活动，是建设社会主义和谐文化的重要载体。开展和谐创建活动，需要把握好"和谐点"，以提高创建工作的科学性和艺术性。

和谐创建工作中，我们往往面临诸种矛盾需要解决，在复杂的矛盾体系中，其中有一对矛盾是主要矛盾，对其他矛盾的解决起着关键的决定作用。对此，就必须集中主要精力解决这对主要矛盾。抓住了主要矛盾，一切问题就迎刃而解了。这对主要矛盾就是促使事情发展转化、促进社会和谐的"和谐点"。我国社会面临的主要矛盾是，人民群众日益增长的物质文化需要同落后的社会生产之间的矛盾。建设社会主义和谐社会，就是要紧紧围绕党中央提出的和谐社会建设目标和六个基本特征的内在要求，把解决人民群众最关心、最直接、最现实的利益问题作为切入点和突破口，牢固树立以人为本、执政为民的理念，着力解决好民生问题。

矛盾是斗争性与同一性的有机统一体。在矛盾的对立两极之间，往往存在着亦此亦彼的中间环节，对立双方依据这一中间环节而相互联结、过渡、转化和融合。注意把握这些中间环节，对于促使矛盾的转化和融合往往起着至关重要的作用。这些中间环节也就成为解决矛盾和问题的"和谐点"。现阶段，我国的社会矛盾大量地和主要地表现为非对抗性的人民内部矛盾，解决这类矛盾就必须本着"和而不同""求同存异"的精神，善于寻找和把握不同利益群体之间的共同点、合作点、协和点，从而化解冲突、凝聚力量、共创和谐。

事物往往作为系统而存在，一个动态平衡的系统应该是开放、协调、有序的，系统内部各组成部分和要素之间既存在差异，又相对平衡，彼此之间保持一种必要的张力。在这里，系统内部的"和谐点"又是各差异要素之间的平衡点、和合点。在一个单位内部，或单位与单位之间，必然存在着复杂的利益关系，这就需要找准人们利益的平衡点或交叉点，以维护社会的公平和正义，保障社会的稳定与和谐。

我们党提出要建设的和谐社会，是全体人民各尽其能、各得其所而又和谐相处的社会。在和谐创建活动中，要注意把握调动人民群众积极性的"阿基米得点"，充分发掘社会活力，发挥和谐创建活动的杠杆作用，以求达到事半功倍的效果。这个"阿基米得点"在不同单位和行业会有不同的表现和特点，有的是解决问题的切入点，有的是矛盾转化的关节点，有的是质量转化的关节点，有的是合作双赢的结合点，有的是潜在矛盾爆发的"风险点"。具体情况具体分析，是马克思主义活的灵魂。各行业、各单位要结合实际情况，寻找和构建符合自身实际的"和谐点"，形成和谐的家庭邻里关系、服务合作关系、社会人际关系、人与自然关系。

要深入排查和着力消除经济社会发展中的"不和谐点"，解决广大群众关心的热点难点问题，不断增加和谐因素，切实提高群众的满意度，增强群众的幸福感。每一个社会成员也要把握好自身心理的平衡点、和谐点，形成自尊自信、理性平和、积极向上的良好心态，为和谐创建活动尽心尽力，作出自己应有的贡献。

和谐是动态的，"和谐点"也不是一成不变的。随着矛盾地位的转化和事情的发展深化，旧的"和谐点"会被新的"和谐点"取代，初级形态的"和谐点"也会让位给较高形态的"和谐点"，所以在和谐创建活动中，必须依据矛盾转化和事情发展的具体情况，适时地把握"和谐点"

的变化，才能把和谐创建活动不断引向深入。

（四）和谐社会，理想金桥
——社会主义和谐社会是通往共产主义理想社会的特定阶段

社会主义和谐社会是通往共产主义理想社会的金桥。

有人认为，建设和谐社会只是为解决我国当前诸多社会矛盾的即时策略或应对之策。这种观点是错误的。如上所述，提出构建社会主义和谐社会，是对人类社会发展规律认识的深化，是对马克思主义关于社会主义社会建设理论的丰富和发展。构建社会主义和谐社会是一个不断化解社会矛盾的持续过程。社会和谐是科学社会主义的题中应有之义。社会主义和谐社会是人类历史上一种高级的必然的社会和谐状态。我们党提出"构建社会主义和谐社会"，就是从社会主义初级阶段的实际出发，把马克思主义的社会建设理论与中国实际相结合，逐步将其变成我国社会发展的现实目标和具体措施。

当然，我们目前正在建设的和谐社会，与高级形态的和谐社会——共产主义，还存在很大差距，主要还是社会主义初级阶段的、具有中国特色的和谐社会，它是贯穿中国特色社会主义事业全过程的长期历史任务，仍是具有相对性的一种社会主义社会状态。同时，社会主义和谐社会是通往共产主义理想社会的一个特定阶段。积极投入社会主义和谐社会建设，就是为迈向共产主义和谐社会创造条件。换言之，社会主义和谐社会是通往共产主义理想社会的金桥。

四　加强自我修养，构建和谐人生
——人生境界与和谐人生

（一）"一是皆以修身为本"
——自我修养与人生境界

修身才能使人超越原生状态而进入自觉追求崇高的境界。

国家之本在人。再良好的社会制度、再先进的科学技术，如果没有高素质的人作为根本，一切只能适得其反。从孔子开始，包括孟子、荀子，还有以后的宋明理学都强调知、情、意的统一，强调真、善、美的统一，总之，强调人的全面发展。所谓"修身、齐家、治国、平天下"，修身是第一位的。儒家非常强调修身。《四书》的第一本是《大学》，《大学》一开始就讲格物、致知、诚意、正心、修身、齐家、治国、平天下；并强调"一是皆以修身为本"。古代经典《三字经》里说："人之初，性本善。性相近，习相远。"也是强调环境与学习对人的重要影响。现在人们不谈修身，却侈谈"实现自身价值"，但很多人并不真正理解什么是自身价值，更不知道自身价值的可变性。提高自身价值要通过修身，修身才能使人超越原生状态而进入自觉追求崇高的境界。只有自己身修好了，才可以管理好家庭，否则，连家庭都管理不好，更谈不上治国平天下了。正所谓"一屋不扫，何以扫天下?!"

追求精神的自由与和谐是宗教修持的重要内容。传说，当年佛教创始人释迦牟尼菩提树下悟道，顿时心旷神怡，精神焕发。当他经过一个村庄时，有位老乡见此人如此安然自若，神色怡然，便上前问道，你是天神下凡吗？释迦牟尼说不是。那么你是普通人吗？释迦牟尼仍然回答不是。这位老乡接着问，那么莫非你有魔法？释迦牟尼仍然回答不是。这位老乡困惑不解，于是再问，那么你是谁呢？释迦牟尼回答说，我是觉悟者。西方人本主义心理学的创立者马斯洛，曾在自己的日记中这样写道："东方文明中的出世者，如禅师与和尚等，是否比西方文明中的自我实现者在情感上更加和谐呢？答案很可能是肯定的。"[1]

王国维在《人间词话》中曾断言：一个人"有境界则自成格调"。[2]他说："古之成大事业、大学问者，必经过三种境界。第一境界：'昨夜西风凋碧树。独上高楼，望断天涯路。'（柳永诗句）；第二境界：'衣带渐宽终不悔，为伊消得人憔悴。'（柳永诗句）；第三境界：'众里寻她千百度，蓦然回首，那人却在，灯火阑珊处。'（辛弃疾诗句）"

中国文化和人生智慧所追求的目标、理想可以用宋代大儒张载的"横渠四句"来概括："为天地立心，为生民立命，为往圣继绝学，为万

---

[1] 马斯洛、霍夫曼编著：《洞察未来：马斯洛未发表过的文章》，许金声译，改革出版社1998年版，第32—34页。

[2] 转引自邹广文《论文化的境界》，《马克思主义与现实》2015年第2期，第108页。

世开太平。"这四句话是中国古代思想家"仁者气象"和"天地情怀"的生动写照。

冯友兰先生在其《新原人》一书中则提出人生四种境界。他说，人与其他动物的不同，在于人做某事时，他了解他在做什么，并且自觉他在做。正是这种觉解，使他正在做的对于他有了意义。他做各种事，有各种意义，各种意义合成一个整体，就构成他的人生境界。各人的觉解程度不同，每个人各有自己的人生境界，可以把各种不同的人生境界划分为四个概括的等级。从最低的说起，依次是：自然境界、功利境界、道德境界、天地境界。

自然境界的人做事，只是顺着他的本能或其社会的风俗习惯。就像小孩和原始人那样，他做他所做的事，而并无觉解。

功利境界的人意识到他自己，为自己而做各种事。他可以做些事，其后果有利于他人，其动机则是利己的。这就人们所说的"主观为自己，客观为别人"。

道德境界的人了解到社会的存在，这个社会是一个整体，他是这个整体的一部分。有这种觉解，他就为社会的利益做各种事。他所做的各种事都有道德的意义。这就是以雷锋为代表的一代代道德群体。

天地境界的人了解到超乎社会整体之上，还有一个更大的整体，即宇宙。他不仅是社会的一员，同时还是宇宙的一员。有这种觉解，他就为宇宙的利益而做各种事。

生活于道德境界的人是贤人，生活于天地境界的人是圣人。哲学就是教人怎样成为圣人的方法。[①]

我们提倡构建"和谐社会"与"和谐世界"，那么，生活于天地境界的人可否称为"和谐人生"呢？

（二）"千学万学学做真人"
——和谐人格与和谐人生

"千教万教教人求真，千学万学学做真人。"

陶行知先生有一句名言："千教万教教人求真，千学万学学做真人。"

[①] 参见冯友兰《中国哲学简史》，北京大学出版社1985年版，第389—391页。

著名教育家蔡元培认为，教育是帮助被教育的人，给他能发展自己的能力，完成他的人格，于人类文化上尽一分子的责任。哲学大众化的一项重要任务是，通过哲学分析和引导，坚持以人为本，促使人们形成健康的人格，塑造和谐的人际关系，充分发掘每一个人的潜能，激发人们的创造活力。

《中共中央关于构建社会主义和谐社会若干重大问题的决定》指出，构建社会主义和谐社会必须重视和谐文化建设，加强人文关怀，促进人的心理和谐。胡锦涛在党的十八大报告中进一步强调："加强和改进思想政治工作，注重人文关怀和心理疏导，培育自尊自信、理性平和、积极向上的社会心态。"在全社会积极开展哲学分析和心理咨询，引导人们正确对待自己、他人和社会，正确对待困难、挫折和荣誉，培育人的乐观、豁达、宽容精神，提高社会成员的心理承受能力和挫折容忍力。把人文关怀和心理疏导渗透于思想政治工作、学校教育、家庭教育等各个方面，帮助人们塑造健康、和谐、创新型人格，培养社会主义事业的合格建设者和可靠接班人。

古老的《易经》揭示了事物运动变化的基本规律，即一阴一阳之谓道。阴阳之间互相推移、交感应合，万物得以生生不息，广大而和谐。同时还强调"仁知"，知是尊重自然，仁是生命和谐，仁知统一才是和谐人格。"知者既能把握客观，与客观契合无间，达到主客统一，争得行为自由，那末，人人皆可为的仁岂能做不到！"[①] 做到知且仁，就能像《易经》里说的"与天地合其德，与日月合其明，与四时合其序，与鬼神合其吉凶"。当然，唯物主义者是不信鬼神的，不过我们不是也常说"仰不愧于天、俯不怍于地"，"不做亏心事、不怕鬼叫门"吗？内圣外王、天人合一，君子坦荡荡，就权当作和谐人生修养的一种境界吧。

儒家提倡君子"志于道"，这里的道是指人类道德生活的最高真理。儒家视"道"高于生命，孔子说："朝闻道，夕死可矣。"[②] 他自称"吾十有五，而志于学。三十而立。四十而不惑。五十而知天命。六十而耳顺。七十而从心所欲，不逾矩"[③]。

---

① 吕绍纲：《〈周易〉的哲学精神——吕绍纲易学文选》，上海古籍出版社2005年版，第75页。
② 《论语》，上海古籍出版社1997年版。
③ 《论语·为政》。

冯友兰在《中国哲学史新编》① 中认为，这段话是孔子对自己一生精神生活的几个主要阶段的概括。大意是，15 岁志于学就是"志于道"，以求得到他所理想的道德品质，"仁"；"而立"的"所谓立就是学礼已经达到一定的程度"，即"视、听、言、动，都可以循规蹈矩，不至于违反周礼，可以站得住，这就是'立'"；40 岁之所以不迷惑，在于"知人"，即"对于人之所以为人有所理解，有所体会。这就是人对于自己的自觉。有了这种自觉，就可以'不惑'"；50 岁知道"天命"，而"'天命'是上帝的命令"，所谓"知天命"就是懂得一方面天命决定自然界的变化，也决定人的生死、贫富、成败；但天本身则无言，所以必人力尽后，方知命为如何；另外，人的道德品质"是人自己努力所决定的，与天命完全无关"；关于"耳顺"据近人研究，"耳"字就是"而已"，所以"六十而耳顺"就是 60 岁而已顺，"联系上下文，就是顺天命"；70 岁的时候，"能随心所欲而自然不超过规矩"，这个规矩"就是礼的矩，就是'天命'的矩"；这似乎还是 30 岁的样子，其实不然，"因为经过了不惑、知天命、顺天命三个阶段，他的循规蹈矩完全是出于自然，没有一点勉强造作"，"这就是他的精神完全达到自觉的程度"。

孔子在 2500 年前曾说过这样的话："德之不修，学之不讲，闻义不能徙，不善不能改，是吾忧也。"② 意思是不注重自己的道德修养，不讲究学习，听到正义之事不去实践，知道不对的地方也不去改，这是我所担忧的。古希腊哲学家苏格拉底有一句名言："没有思考过的生活是不值得过的。"黑格尔说，目标有价值，生活才有价值。《论语》中有："曾子曰：'吾日三省吾身：为人谋而不忠乎？与朋友交而不信乎？传不习乎？'"其意是说："我每天必定用三件事反省自己：替人谋事有没有不尽心尽力的地方？与朋友交往是不是有不诚信之处？师长的传授有没有复习？"这就是曾子所说的"三省"。这"三省"说了两个方面：一是修己，一是对人。对人要诚信，诚信是人格光明的表现，不欺人也不欺己。替人谋事要尽心，尽心才能不苟且，不敷衍，这是为人的基本德性。修己不能一时一事，修己要贯穿整个人生，要时时温习旧经验，求取新知识，不能停下来，一停下来，就会僵化。

---

① 人民出版社 1998 年版。
② 转引自《光明日报》2014 年 10 月 6 日第 7 版。

我国北宋时期哲学家张载在其《西铭》中写道："民，吾同胞；物，吾与也。"意思是，一切人都是同胞兄弟，一切物都是同伴，应该爱一切人、爱一切物。其核心思想就是爱人爱物。这种天人合一、民胞物与的思想，对于今天我们构建和谐社会、创建和谐人生，仍具有积极的启迪意义。

胡适在阐释人生的意义时，精辟地说过："生命本没有意义，你要能给他什么意义，他就有什么意义。"① 人生的意义是通过一个人的思想和行为所赋予的。走正路，做正事，传递正能量，人生才会有意义。

杜维明先生提出，面对现代人类文明所面临的各种困境，我们首先要堂堂正正做"经济人"，所谓"经济人"就是要体现自由、理性、法治、人权和个人尊严的价值。在"经济人"基础上，做"文化人"，要体现正义、同情、慈悲、责任、社会和谐等具有中国特色的核心价值观。在"经济人""文化人"的基础上，我们还要升华到"生态人"，就是要体现"仁者以天地万物为一体"的精神。体现所有人都是兄弟姐妹，所有的东西包括自然物都是我们的伙伴。②

在《季羡林谈人生》一书中，关于如何做人处世，季先生警示我们："一个人活在世上，必须处理好三个关系：第一，人与大自然的关系；第二，人与人的关系，包括家庭关系在内；第三，个人心中思想与感情矛盾与平衡的关系。这三个关系，如果处理得好，生活就能愉快；否则，生活就有苦恼。"季老的成功的人生经验和精彩的处世格言给人以启迪和激励，很值得我们借鉴和深思。

人皆可以为尧舜。毛泽东在《纪念白求恩》中号召："我们大家要学习他毫无自私自利之心的精神。从这点出发，就可以变为大有利于人民的人。一个人能力有大小，但只要有这点精神，就是一个高尚的人，一个纯粹的人，一个有道德的人，一个脱离了低级趣味的人，一个有益于人民的人。"③ 他还说过，如果我们党有一百个至二百个系统地而不是零碎地、实际地而不是空洞地学会了马克思列宁主义的同志，就会大大地提高我们党的战斗力。李瑞环说过："不懂哲学的领导者就不可能是一个清醒的领

---

① 《胡适全集》第 3 卷，安徽教育出版社 2003 年版，第 818 页。
② 参见杜维明《从"经济人""文化人"到"生态人"》，《光明日报》2013 年 11 月 13 日第 13 版。
③ 《毛泽东选集》第 2 卷，人民出版社 1991 年版，第 660 页。

导。"《学记》里说"虽有佳肴，弗食不知其旨也，虽有至道，弗学不知其善也"。古人说："一年之计，莫如树谷；十年之计，莫如树木；终身之计，莫如树人。"① 用科学的理论教育人、武装人，社会教育与自我修养相结合，才能培养出千千万万社会主义建设者和接班人。

习近平指出，我们党在中国这样一个有着13亿人口的大国执政，面对着十分复杂的国内外环境，肩负着繁重的执政使命，如果缺乏理论思维的有力支撑，是难以战胜各种风险和困难的，也是难以不断前进的。党的各级领导干部特别是高级干部，要原原本本学习和研读经典著作，努力把马克思主义哲学作为自己的看家本领，坚定理想信念，坚持正确政治方向，提高战略思维能力、综合决策能力、驾驭全局能力，团结带领人民不断书写改革开放历史新篇章②。2014年3月9日，习近平在十二届全国人大二次会议安徽代表团参加审议时，进一步强调"既严以修身、严以用权、严以律己，又谋事要实、创业要实、做人要实"。

英国哲学家罗素说过，只有同这个世界结合起来，我们的理想才能结出果实；脱离这个世界，理想就不结果实。马克思强调："思想本身根本不能实现什么东西。思想要得到实现，就要有使用实践力量的人。"③ 有这样一则寓言故事，说孔子、老子和如来佛在极乐世界里相遇，他们一致认为，尽管他们的教义被人赞赏，但如果没有一个永恒的榜样，人类就无法实践这些教义。因此他们决定，每个教派的创始人都应该到人间找一个可以担当此重任的人。结果他们却有着相同的遭遇，即有一位德高望重的老人，对他们的教义都十分精熟，可使他们困惑不解的是，这位老人尽管态度上极为诚恳，却一直坐在那里不动。最后这位老人告诉他们，"我确实仔细研读过《道德经》和其他经籍，并且也的确多少有点明白它们是崇高的、一致的。然而，有一个情况你们没有考虑到：我上身是人，下身却是石头。我擅长于从各种不同观点来讨论人的各种责任，但因为我自身的不幸，就永远无法把其中任何一点付诸实践"。孔子、老子和如来佛深深地叹息了一声，就从地面上消失了。所以说，努力促进人的全面发展，不断提高人民群众的思想道德素质和科学文化素质，哲学才能获得实现其

---

① 《管仲·权修》。
② 参见习近平《在中共中央政治局第十一次集体学习时的讲话》（2013年12月3日）。
③ 《马克思恩格斯文集》第1卷，人民出版社2009年版，第320页。

力量的最根本的主体根据，获得其所有功能与价值得以真正实现的唯一途径。一句话，理论只有掌握群众，才能化作物质力量。

<u>天下兴亡，匹夫有责。中国梦是民族的梦，也是每个中国人的梦。</u>

列宁在1914年11月发表的《卡尔·马克思》中讲道："马克思的社会主义把民族问题和国家问题也放在同样的历史基础上，这就是说不仅仅限于解释过去，而且大胆地预察未来，并勇敢地用实际活动来实现未来。"① 中国梦是对中国特色社会主义发展方向和基本内容的科学设想，建立在人民群众的历史创造性和党的建设科学化基础之上，是科学社会主义本质要求的具体体现。毛泽东说，社会主义制度的建立给我们开辟了一条到达理想境界的道路，而理想境界的实现还要靠我们的辛勤劳动。习近平主席在参观《复兴之路》展览时指出，中华民族的明天，可以说是"长风破浪会有时"。这一富有诗意的概括，把中华民族百余年奋斗的光明前景，生动地呈现在世人面前，使人们清晰地看到，现在，我们比历史上任何时期都更接近中华民族伟大复兴的目标，比历史上任何时期都更有信心、有能力实现这个"中国梦"。

孟子说："天将降大任于斯人也，必先苦其心志，劳其筋骨，饿其体肤，空乏其身，行拂乱其所为，所以动心忍性，增益其所不能。"② 天下兴亡，匹夫有责。中国梦是民族的梦，也是每个中国人的梦。每位中华儿女要有重任在肩的责任感、使命感，紧密团结，万众一心，艰苦奋斗，伟大中国梦一定能实现！

---

① 《列宁选集》第2卷，人民出版社1995年版，第441页。
② 《孟子·告子下》。

附

马克思主义中国化千字文

一八四〇	鸦片战争	一九〇〇	八国联军	轰开国门	列强入侵
太平天国	洋务运动	戊戌维新	辛亥革命	一九一九	五四运动
十月革命	一声炮响	马列主义	指路明灯	一九二一	中共诞生
毛氏泽东	人民救星	农村革命	武装暴动	秋收起义	八一枪声
征二万五	播革命种	持久抗战	打败日寇	三大战役	解放战争
党的领导	武装斗争	统一战线	革命成功	浴血奋战	中华诞生
中共领导	多党合作	长期共存	互相监督	政治协商	区域自治
互助合作	公私合营	一化三改	循序渐进	典型示范	和平过渡
统筹兼顾	适当安排	工农并举	综合平衡	自力更生	艰苦创业
古为今用	洋为中用	批判继承	推陈出新	百花齐放	百家争鸣
实事求是	联系群众	独立自主	活的灵魂	民族特色	中国国情
解放思想	实事求是	真理标准	实践唯一	正本清源	拨乱反正
社会主义	初级阶段	经济建设	一个中心	三步战略	共同富裕
四项原则	立国之本	改革开放	强国之路	基本路线	毫不动摇
党的领导	人民做主	依法治国	有机统一	肝胆相照	荣辱与共
体制改革	稳步推进	市场经济	多种经营	各尽所能	按劳分配
有法可依	有法必依	执法必严	违法必究	法律面前	人人平等
和平统一	一国两制	港澳回归	高度自治	两岸统一	共同繁荣
和平发展	时代主题	冷静观察	沉着应对	韬光养晦	有所作为
三个代表	立党之本	执政之基	力量之源	与时俱进	开拓创新
立党为公	执政为民	依法治国	政治文明	以德治国	文化先进
深化改革	扩大开放	促进发展	保持稳定	全面小康	富而思进

科教兴国	百年大计	尊重劳动	尊重知识	尊重人才	尊重创造
团结统一	爱好和平	勤劳勇敢	自强不息	民族精神	代代传承
人民军队	坚强柱石	党的领导	社会主义	忠于祖国	忠于人民
独立自主	和平共处	平等互利	相互尊重	开放合作	和谐共赢
以人为本	科学发展	五个统筹	全面协调	又好又快	持续平衡
经济发展	政治民主	文化繁荣	社会和谐	生态文明	五位一体
民主法治	公平正义	诚信友爱	充满活力	安定有序	和谐相处
生产发展	生活宽裕	乡风文明	村容整洁	管理民主	多予少取
自主创新	重点跨越	支撑发展	引领未来	创新国家	全面推进
西北开发	东北振兴	中部崛起	东部跨越	区域协调	东西互动
三峡大坝	西藏铁路	西气东输	南水北调	"嫦娥"奔月	"蛟龙"深潜
马列主义	一脉相承	社会主义	始终不渝	成功之路	坚定不移
坚定信心	凝聚共识	道路自信	理论自信	制度自信	广阔前景
富强民主	文明和谐	自由平等	公正法治	爱岗敬业	诚信友善
深化改革	扩大开放	统筹谋划	协同推进	锐意进取	攻坚克难
市场经济	民主政治	先进文化	和谐社会	生态文明	整体推进
科学立法	严格执法	公正司法	全民守法	依法治国	法治中国
党要管党	从严治党	抓铁有痕	踏石留印	三严三实	转变作风
全面小康	深化改革	依法治国	从严治党	四个全面	战略航向
民族复兴	国家富强	人民幸福	中国梦圆		

参考文献

[1]《中共中央关于全面深化改革若干重大问题的决定》，人民出版社2013年版。

[2]《中共中央关于全面推进依法治国若干重大问题的决定》，人民出版社2014年版。

[3] 中共中央办公厅：《关于培育和践行社会主义核心价值观的意见》（中办发〔2013〕24号）。

[4]《中共中央国务院关于加快推进生态文明建设的意见》（2015年4月25日）。

[5] 毛泽东：《矛盾论》，人民出版社1975年版。

[6] 毛泽东：《实践论》，《毛泽东选集》第1卷，人民出版社1991年版。

[7] 毛泽东：《论十大关系》，《毛泽东文集》第7卷，人民出版社1999年版。

[8] 毛泽东：《关于正确处理人民内部矛盾的问题》，人民出版社1957年版。

[9] 习近平：《在中共中央政治局第十一次集体学习时的讲话》（2013年12月3日）。

[10] 习近平：《在纪念毛泽东同志诞辰120周年座谈会上的讲话》，《人民日报》2013年12月27日。

[11] 中共中央宣传部：《习近平总书记系列重要讲话读本》，学习出版社、人民出版社2014年版。

[12] 国务院新闻办公室会同中央文献研究室、中国外文局编译：《习近平谈治国理政》，外文出版社2014年版。

[13] 艾思奇：《大众哲学》（修订本），人民出版社2004年版。

[14] 韩树英：《通俗哲学》，中国青年出版社1982年版。

[15] 王伟光主编：《新大众哲学》，人民出版社、中国社会科学出版社 2014 年版。

[16] 李金山：《大众哲学家：纪念艾思奇诞辰百年论集》，中共党史出版社 2011 年版。

[17] 冯定：《平凡的真理》，中国青年出版社 1955 年版。

[18] 高清海主编：《马克思主义哲学基础》，人民出版社 1985 年版。

[19] 陶德麟：《哲学的现实与现实的哲学：马克思主义哲学及其中国化研究》，北京师范大学出版社 2005 年版。

[20] 孙利天：《让马克思主义哲学说中国话》，武汉大学出版社 2010 年版。

[21] 郑又贤：《马克思主义哲学新探》，社会科学文献出版社 2008 年版。

[22] 《马克思主义哲学》编写组：《马克思主义哲学》，高等教育出版社、人民出版社 2009 年版。

[23] 倪志安等：《马克思主义哲学原理新探》，人民出版社 2010 年版。

[24] 李泽厚：《哲学纲要》，北京大学出版社 2011 年版。

[25] 教育部社会科学研究与思想政治工作司组编：《马克思主义哲学原理（本科本）》，高等教育出版社 2003 年版。

[26] 傅高义：《邓小平时代》，生活·读书·新知三联书店 2013 年版。

[27] 袁贵仁等：《马克思主义哲学：我们时代的真理良心——纪念马克思逝世 130 周年》，《哲学研究》2013 年第 1 期。

[28] 张世英：《希望哲学论要》，《人民日报》2013 年 7 月 18 日。

[29] 张传开等：《中国马克思主义哲学新形态探索的基本经验》，《安徽师范大学学报》2012 年第 6 期。

[30] 田丰：《论问题的哲学》，《学术研究》2012 年第 11 期。

[31] 尹汉宁：《问题导向：马克思主义中国化的原动力》，《哲学研究》2012 年第 10 期。

[32] 孙正聿：《马克思主义辩证法研究的当代课题》，《社会科学辑刊》2012 年第 4 期。

[33] 周国平：《幸福的哲学》，《解放日报》2012 年 11 月 10 日。

[34] 陆树程、崔昆：《论构建社会主义和谐社会的历史必然性》，《马克思主义研究》2012 年第 7 期。

[35] 王锐生、冯卓然主编：《马克思主义哲学基本原理》，高等教育出版

社 1990 年版。

[36] 毕国明：《中国哲学与马克思主义哲学中国化》，人民出版社 2010 年版。

[37] 任平：《论历史唯物主义的当代形态》，《学术月刊》2012 年第 11 期。

[38] 李恒瑞：《社会主义"世纪难题"的破解》，《岭南学刊》2013 年第 1 期。

[39] 周新城：《运用毛泽东关于矛盾的学说来阐述改革问题》，《思想理论教育导刊》2013 年第 4 期。

[40] 韩庆祥、陈远章：《马克思主义中国化时代化大众化要论》，《马克思主义与现实》2013 年第 3 期。

[41] 俞吾金：《哲学是"关于世界观的学问"吗？》，《哲学研究》2013 年第 8 期。

[42] 王家忠：《传承·超越·沟通——民族潜意识研究》，中央文献出版社 2005 年版。

[43] 王家忠：《人性·社会·心灵——社会潜意识研究》，山东人民出版社 2006 年版。

[44] 王家忠：《灵性·潜能·创造——个人潜意识研究》，中国社会科学出版社 2010 年版。

[45] 王家忠：《文化创意产业读本》，中国社会科学出版社 2014 年版。

[46] 王家忠：《〈易经〉与心理分析》，中国社会科学出版社 2015 年版。

[47] 王家忠（执行主编）：《二十世纪中国哲学·人物志》，华夏出版社 1994 年版。

[48] 王家忠：《关于邓小平的思想的主体》，《聊城大学学报》1988 年第 1 期。

[49] 王家忠：《论中介思维与科学生长点》，《学术论坛》1990 年第 1 期。

[50] 王家忠：《论民主意识与法治观念》，《民主》1990 年第 8 期。

[51] 王家忠：《社会意识的构成新探》，《山东社会科学》1992 年第 4 期。

[52] 王家忠：《关于社会潜意识与社会意识形态的研究》，《学术论坛》1992 年第 6 期。

[53] 王家忠：《论民族潜意识与民族文化》，《齐鲁学刊》1994 年第 3 期。

[54] 王家忠：《论民族潜意识》，《学习与探索》1995 年第 6 期。

[55] 王家忠：《社会潜意识对道德的影响浅析》，《贵州社会科学》1996 年第 5 期。

[56] 王家忠：《社会思潮的起源、作用及发展趋势探析》，《齐鲁学刊》1997 年第 2 期。

[57] 王家忠：《论人性演化的基本特征》，《齐鲁学刊》2001 年第 2 期。

[58] 王家忠：《中介、中介思维与中介科学》，《东岳论丛》2001 年第 3 期。

[59] 王家忠：《科学创新的中介范式》，《东岳论丛》2002 年第 4 期。

[60] 王家忠：《人的社会欲望及其调控》，《学习与探索》2002 年第 6 期。

[61] 王家忠：《也谈如何理解中介范畴》，《东岳论丛》2005 年第 1 期。

[62] 王家忠：《〈周易〉定性问题之我见》，《东岳论丛》2007 年第 3 期。

[63] 王家忠：《论社会潜能的调控与和谐社会的构建》，《东岳论丛》2008 年第 4 期。

后　记

　　党的十八大报告提出："推进马克思主义中国化时代化大众化，坚持不懈用中国特色社会主义理论体系武装全党、教育人民。"2013年9月，习近平在河北调研指导党的群众路线教育实践活动时强调，要"坚定理想信念，切实解决好世界观、人生观、价值观这个'总开关'问题"。中共中央政治局2013年12月3日就历史唯物主义基本原理和方法论进行第十一次集体学习。中共中央总书记习近平在主持学习时强调，推动全党学习历史唯物主义基本原理和方法论，更好认识国情，更好认识党和国家事业发展大势，更好认识历史发展规律，更加能动地推进各项工作。中央政治局2015年1月23日就辩证唯物主义基本原理和方法论进行第二十次集体学习。习近平在主持学习时强调，我们党要团结带领全国各族人民实现中华民族伟大复兴的中国梦，必须不断接受马克思主义哲学智慧的滋养，更加自觉地坚持和运用辩证唯物主义世界观和方法论，增强辩证思维、战略思维能力，努力提高解决我国改革发展基本问题的本领。

　　马克思主义哲学是马克思主义的核心组成部分，推动马克思主义大众化首要做的就是推动马克思主义哲学的大众化。推进当代中国马克思主义哲学大众化，必须在认真总结马克思主义哲学大众化历史经验的基础上，结合现阶段我国所面临的新挑战来探求马克思主义哲学大众化的有效途径。

　　《大众哲学》是艾思奇在20世纪30年代为通俗宣传马克思主义哲学而写的优秀著作。以简洁晓畅的语言和文笔，浅显的事例，娓娓道来，其写作方法新颖，内容通俗易懂，开通俗哲学写作之一代风气。《大众哲学》出版已80年，时代已经发生了天翻地覆的变化，民族独立，人民解放，改革开放，国家富强，目前正致力于民族复兴的伟大中国梦。国际国内环境出现新情况，马克思主义哲学研究涌现出新成果，科学认识有了新进展，读者大众也发生了新变化。这一切要求马克思主义哲学的宣传普及工作必须与时俱进、继承创新。适应新情况，做出新探索，形成新概括。《哲学七讲（大众读本）》正是这项工作的探索尝试。

本着"学马列要精、要管用"[①] 的精神，突出基础性、创新性、通俗性和实用性，力求促进马克思主义哲学民族化、大众化与当代化。通过马克思主义哲学的宣传普及工作，促进中华民族哲学素养的提高，助力实现国家富强、民族振兴、人民幸福的伟大中国梦。

作者
2015 年 6 月 30 日

---

① 《邓小平文选》第 3 卷，人民出版社 1993 年版，第 382 页。